JILLIAN MICHAELS

MAGRA PARA SEMPRE

E COM SAÚDE

MAGRA PARA SEMPRE E COM SAÚDE

JILLIAN MICHAELS

Meus segredos valiosos para perder peso de forma rápida, simples e definitiva

Tradução: Santiago Nazarian

Companhia Editora Nacional

Esta tradução foi publicada mediante contrato com Harmony Books, um selo da Crown Publishing Group, uma divisão de Random House, Inc.

Diretor Superintendente: Jorge Yunes
Diretora Editorial Adjunta: Silvia Tocci Masini
Editores: Cristiane Maruyama, Marcelo Yamashita Salles
Editora Júnior: Nilce Xavier
Preparação de Texto: Poliana Magalhães Oliveira
Adaptação dos termos de exercícios físicos e treinamentos para a língua portuguesa: Ronaldo L. Silva
Produtora Editorial: Solange Reis
Coordenação de Arte: Márcia Matos
Estagiária de Arte: Camila Simonetti
Design da Capa (original): Michael Nagin
Foto da Capa: Andrew MacPherson

CIP-BRASIL. CATALOGAÇÃO NA PUBLICAÇÃO
SINDICATO NACIONAL DOS EDITORES DE LIVROS, RJ

M569m
Michaels, Jillian
Magra para sempre e com saúde: meus segredos valiosos para perder peso de forma rápida simples e definitiva / Jillian Michaels ; tradução Santiago Nazarian. - 1. ed. - São Paulo : Companhia Editora Nacional, 2013.
288 p. ; 24 cm.

Tradução de: Slim for life
ISBN 978-85-04-01854-7

1. Dieta de emagrecimento. 2. Hábitos alimentares. 3. Emagrecimento. 4. Nutrição I. Título.

13-04237 CDD: 613.25
CDU: 613.24

1ª edição - São Paulo - 2013

Companhia Editora Nacional
Av. Alexandre Mackenzie, 619 - Jaguaré
São Paulo - SP - 05322-000 - Brasil - Tel: (11) 2799*7799
www.editoranacional.com.br editoras@editoranacional.com.br
CTP, Impressão e acabamento IBEP Gráfica - 42292

Estou cansada de dedicatórias melosas. Este livro não é para os meus pais, meus filhos ou "o amor da minha vida". Este livro é dedicado diretamente para você. É o meu jeito de fazer com que nossas mentes se encontrem e tenham uma conversa sobre saúde, atração e felicidade. É dedicado a todos os corpos atraentes por aí que estão apenas esperando para serem transformados. Esta é para você: arrase. Viva a vida ao máximo. Pense longe e nunca se acomode... uma concessão de vez em quando tudo bem, mas *nunca* se acomode.

Sumário

Introdução

Preciso dizer: sinceramente eu nunca me vi escrevendo um livro sobre "dieta" de novo. Achei que já tinha dito tudo o que é possível dizer sobre perda de peso e manutenção, dieta e nutrição, e até exercícios. Mas, com o tempo, percebi que talvez eu e todos os outros "gurus da perda de peso" tenhamos dito demais, tornando as coisas muito complicadas, confusas e até conflitantes.

Um especialista lhe diz para contar pontos, outro diz para contar blocos de minutos, e outro diz para contar calorias. Tudo significa a mesma coisa na balança, mas ouvir de três formas diferentes faz você pensar em qual método realmente traz os melhores resultados, e qual você deveria seguir. Isso pode fazer uma pessoa se sentir sobrecarregada e ficar um pouquinho confusa. Sem contar aqueles que informam *demais*, com dados sobre bioquímica, cinesiologia e outros assuntos científicos. Mais uma vez, você se sente sobrecarregada e definitivamente não sabe o que fazer.

Os piores nessa prateleira estão aí para ganhar dinheiro fácil com conselhos bons demais para serem verdade. Eles podem te dizer coisas como "você não precisa se preocupar com as calorias para perder peso" ou "você não precisa se exercitar para queimar gordura – você pode ficar sentada e respirar fundo que ela some".

Conclusão: nos últimos anos, percebi que quanto mais simples e diretamente eu puder passar a informação, mais fácil será para você deixar as baboseiras de lado, colocar os meus conselhos em prática e ter os resultados que você quer. Este é *Magra para sempre* – um caminho mais simples e fácil.

Este livro reúne um conjunto de métodos objetivos, dicas, truques e segredos de especialistas sobre dieta, exercícios e estilo de vida em geral. Ao segui-lo, você vai ver o seu peso diminuir rapidamente – e permanecer baixo.

Os conselhos aqui são executáveis, sustentáveis, rápidos e acessíveis. A vida já é dura demais, mesmo sem ter medo dos exercícios, sentir-se culpada pela dieta, ou sentir-se pressionada por seu estilo de vida. Não com *Magra para sempre*.

Vou contestar mito(s) da boa forma e jogar no lixo ideias perigosas de perda de peso que acabam prejudicando seu metabolismo e colocando-a ainda mais distante do resultado pretendido. É isso mesmo, todas as porcarias que você andou testando, tentando e comprando – chega disso.

A dieta do cookie, a dieta Master Cleanse (ou "dieta da limonada"), a dieta sem carboidratos, sem gordura, o desastre – acabaram todas, chega! Não é hora de artimanhas. No lugar disso, eu ofereço o que descobri que funciona: centenas de ideias objetivas que são facilmente implementadas e garantem uma transformação surpreendente do corpo.

Minha última promessa antes de começarmos – continuidade. Eu peguei tudo o que sei sobre perda de peso, destilei e coloquei neste livro. Ele traz apenas o que funciona, e nada do que você não precisa. A notícia ainda melhor é que você não tem de seguir todas as estratégias listadas nestas páginas ou segui-las o tempo todo. *Magra para sempre* permite que você pegue e escolha o que funciona melhor para você e o que é aplicável em sua vida, enquanto te dá resultados melhores do que você pensou que seriam possíveis.

Magra para sempre é dividido em oito capítulos que levam em consideração todas as áreas da sua vida nas quais você pode encontrar um obstáculo ou ter alguma dúvida, seja na hora de comer, de se exercitar, ao ficar em casa ou sair com os amigos – seja o que for, está aqui. Você está amparada, não importa onde esteja ou o que esteja fazendo. Em qualquer situação que puder imaginar, eu te dou cobertura e o conselho certo sobre dieta, exercícios e estilo de vida que você precisa para se dar bem.

Eu também trato da autossabotagem e armadilhas, da falta de apoio e baixa autoestima, além das limitações de tempo, facilidades de acesso e restrições financeiras. Quando algumas dessas questões surgirem, você terá várias soluções na ponta dos dedos para poder contorná-las.

Mas a questão não é apenas evitar a sabotagem. Eu vou mostrar como otimizar seu potencial de queima de gordura e potencializar sua perda de peso com conselhos estratégicos sobre tudo, desde suplementos, combinação de alimentos e hora de comer até manipulação da temperatura do corpo, acabar com os desejos, dicas espertas de moda magra e muito, muito mais.

Agora que você sabe o que a espera, vamos ao trabalho para fazer no seu corpo, na sua saúde e na sua vida as mudanças que você queria há tanto tempo e realmente merece.

Guia do usuário

Como você está prestes a descobrir, há muitas informações neste livro, mas nenhuma delas pretende sobrecarregá-la. Para se certificar de que isso não aconteça, eu criei este guia para mostrar como maximizar seus resultados e personalizar seu programa para que você não apenas tenha o corpo que sempre quis, mas também não tenha problemas em mantê-lo.

Como eu mencionei, você não tem de seguir *todas* as recomendações deste livro. Nem tem de segui-las o tempo todo. Algumas são essenciais, outras são bem mais opcionais. A quantidade e a qualidade das dicas que você escolhe seguir e implementar vão determinar a qualidade dos seus resultados e a velocidade com que você irá alcançá-los.

Qual é a combinação mágica? Quais dicas têm prioridade e quantas delas você deve seguir para ter resultados que irão mudar a sua vida e transformar o seu corpo? A resposta é simples: aquelas que você segue regularmente. Eu também construí uma "hierarquia da boa forma", que te diz especificamente quais conselhos vão oferecer mais resultados para o seu investimento na perda de peso. Essa hierarquia foi esquematizada na forma de um sistema de pontuação que avalia cada conselho como 3, 2 ou 1: 3 é o mais poderoso e importante; 2 é útil e seguro, mas não totalmente essencial; e 1 é um auxílio extra, que oferece conselhos de como implementar seu estilo de vida magro. Os três vão te ajudar na conquista da boa forma – então, se você gosta mais de um do que do outro, fique com ele. É a ideia deste livro: estruturar o que funciona para você e para a sua vida.

No final de cada capítulo há uma lista para você destacar as ideias que podem ser incorporadas à sua vida de uma forma realista – e permanente. Então, no Capítulo 8, nosso capítulo final e conclusivo, vou avaliar sua "pontuação magra" final, agregada de todos os capítulos anteriores, e dizer exatamente o que significa para você e seus resultados. Quando você totalizar seus pontos, vou fazer recomendações com base na categoria em que você se encaixar. Se necessário, vamos aumentar nossas apostas, sintonizando melhor sua seleção de dicas (tanto em qualidade quanto em quantidade) para nos certificar de que você obtenha sucesso.

Escolha as estratégias de que você mais gosta, enquanto ativa o seu conhecimento de quais dicas têm prioridade na perda de peso, e você terá tudo o que precisa para selecionar, organizar, otimizar e implementar um plano de ação personalizado que trará resultados rápidos e durará para sempre.

Esteja ciente: ainda que haja leis universais da boa forma que se aplicam igualmente a todos nós (em geral, informações focadas na bioquímica da comida e dos exercícios), muitas estratégias de *Magra para sempre* vão afetar alguns de nós com mais intensidade do que outras. (Essas estratégias frequentemente são sugestões mais focadas no comportamento, referentes a assuntos como "conseguir apoio" e "cuidar do ambiente que a cerca para obter sucesso".)

Aqui está a minha sugestão: conforme for lendo cada capítulo, preste atenção no número que fica ao lado de cada dica. As dicas que eu classifiquei como 3 (as dicas poderosas) são todas prioridades. Faça tudo o que puder e mais um pouco para segui-las e assinale-as na lista que está no final do capítulo. Para as dicas que eu classifiquei como 1 ou 2, visualize-se implementando-as conforme lê o capítulo. Pergunte a si mesma: "São aplicáveis ao meu estilo de vida? Parecem realistas e realizáveis para mim?" Obviamente, aquelas cuja resposta foi "sim" você deve marcar também. Sobre as ideias em relação às quais você não tem certeza, quero que faça um teste. Tente seguir algumas toda semana. Veja como elas funcionam para você. Foram difíceis de implementar? Foram eficazes? Isso é literalmente como você determina o que funciona e o que não funciona para *você*, para que possa mudar permanentemente seu comportamento para melhor.

Por enquanto, tire da cabeça as dicas com as quais você tem uma reação imediata de "nem que a vaca tussa". Se sua aversão a elas é tão forte, e elas parecem impossíveis ou ridículas para você, não importa quão eficientes elas possam ser – é bem capaz que você não vá conseguir aplicá-las. E adivinhe? Há uma boa chance de que você não vá precisar delas. É provável que você consiga eleger mudanças suficientes que as dicas que você não conseguir seguir serão irrelevantes. Quando chegarmos ao Capítulo 8 e você anotar a sua "pontuação magra" e estiver procurando resultados mais radicais, então vamos rever as dicas que você rejeitou com uma mente mais aberta. Mas se preocupe com isso apenas quando chegarmos lá.

Agora um aviso pertinente: há algumas informações aqui que não lhe darão pontos. Este é o motivo: mesmo sendo ótimas dicas (e eu quero que você as siga), elas não vão *atingir diretamente* sua perda real de peso. Em vez disso, elas vão facilitá-la. Então, por exemplo, dicas para economizar dinheiro em alimentos saudáveis e exercícios e para vestir-se de forma magra não receberão pontos, já que são opcionais e não têm impacto direto na balança. Porém, elas vão suavizar a forma de emagrecer e tornar sua vida melhor de maneira geral; por isso, eu recomendo muito que você as implemente. Afinal, emagrecer e viver magra é realmente o que importa aqui, não é?

Por sinal, há algumas dicas neste livro que não reinventam a roda – provavelmente você já as ouviu antes. Eu questionei se deveria incluir aquelas que são mais comumente conhecidas, como sempre me esforço para dar a você as informações mais atuais e avançadas, mas acabei chegando à conclusão de que eu devo, sim, incluí-las. Estes são os motivos: primeiro, todas vocês têm graus diferentes de conhecimento sobre o assunto da boa forma. No caso de você ser totalmente nova no assunto de dieta e exercícios, eu não gostaria de privá-la do "básico da dieta". Segundo, eu me preocupei que, se você não encontrasse o básico ou as informações já bem conhecidas neste livro, você poderia pensar que não eram importantes – mas são. Além de ensinar a você estratégias novas e modernas para conquistar a boa forma, também vou aperfeiçoar qualquer conhecimento que você já tenha sobre os métodos mais comuns de perda de peso ao explicar *por que* o conselho é importante e *qual* é o melhor jeito de implementá-las em sua vida.

Agora, vamos arrasar.

CAPÍTULO 1

Comer

O propósito deste capítulo é criar uma *base* para o controle do peso ao longo da sua vida, e isso começa com o que você come. Você vai ver que este e o capítulo de exercícios são os mais longos do livro – e é de propósito. Esses dois assuntos são as pedras fundamentais do sucesso na perda de peso. E é meu objetivo ensinar a você como dominá-los e implementá-los da forma mais fácil e eficiente possível.

Eu sempre odiei a palavra *fácil*, porque realmente acredito que nada que valha a pena na vida é fácil, *mas* meu objetivo aqui é tornar sua relação com a comida e com a alimentação saudável mais fácil – o mais fácil possível. Em outras palavras, pode ser que haja um pouco de sacrifício, mas eu me esforcei ao máximo para tornar tudo o mais descomplicado e indolor possível.

A eficácia de *Magra para sempre* está em aplicar à sua vida diária a ciência provada por trás da perda de peso rápida e eficiente. Está tudo digerido nessas páginas por meio de estratégias, dicas, truques e "segredos" que vão permitir que você perca peso sem precisar de aulas maçantes de bioquímica, contagens entediantes de calorias ou horas de exercícios na academia. As mudanças de estilo de vida que eu sugiro vão acabar ajudando você a queimar o máximo de calorias o mais rápido possível sem deixá-la infeliz ou entediada.

Descobrindo o segredo da dieta

HÁBITOS MAGROS DE CALORIAS

VIVA NO VERMELHO • • • 3 PONTOS

O termo *vermelho* tem uma conotação negativa quando se trata de finanças, mas quando se trata de calorias e perda de peso, é essencial. Você simplesmente precisa queimar mais calorias do que consome no dia. Este livro foi feito para ajudá-la a fazer isso sem passar horas contando calorias e fazendo cálculos.

Gordura não é nada além de energia armazenada; uma caloria é uma unidade de energia. A energia que você não usa fica armazenada no seu corpo como gordura. A forma óbvia de perder peso, apesar de todas as bobagens que os charlatões da dieta dizem, é comer menos e se mexer mais. Mas não é sempre tão simples como parece, não é?

Costumávamos acreditar, até recentemente, que podíamos calcular a perda de peso com base numa simples equação: 0,453 kg é igual a 3.500 calorias, então precisamos criar um déficit de 3.500 calorias para perder 0,453 kg. Por exemplo, se você quer perder 11,5 kg, então com base na teoria das 3.500 calorias, se você se exercitar e reduzir sua dieta para um déficit combinado de 1.000 calorias por dia, você deve perder os 11,5 kg em cerca de 10 semanas (1,15 kg por semana). Entretanto, uma pesquisa mais atual, publicada em

2011 em *The Lancet*, sugere que essa regra básica é tão enganadora quanto inadequada. Não apenas algumas pessoas perdem peso mais fácil do que outras, mas a quantidade que as pessoas perdem não é igual dentro do mesmo intervalo de tempo.

Nesse estudo, os pesquisadores sugerem que há outros fatores em jogo em que dificilmente pensávamos anteriormente e que eram relevantes – idade, altura, peso, sexo, porcentagem de gordura e taxa de metabolismo em repouso. Esses fatores devem ser considerados quando se trata de estimar um cálculo verdadeiro das calorias utilizadas contra aquelas consumidas a cada dia.

Para ver o que levará você a perder peso em termos de calorias queimadas em conjunto com a quantidade de atividade que você está disposta a fazer, os pesquisadores criaram uma ferramenta matemática disponível na internet para o público geral: http://bwsimulator.niddk.nih.gov [em inglês]. Simplesmente acesse a página, coloque seus dados pessoais e a quantidade e a intensidade do treinamento físico que está disposta a fazer; em seguida, o simulador vai estimar quanto você deve comer por dia. Experimente, é superbacana. Eu usei durante a Temporada 14 com os nossos competidores de *The Biggest Loser* e funcionou como uma mágica.

MITO
A genética te deixa gorda.

FATO: Apesar de poder ser mais difícil para você se manter magra do que para a sua amiga que come o que ela quer e nunca ganha um grama, você não está condenada à obesidade por causa da genética. Eu nunca conheci uma pessoa que não pude ajudar a perder peso. Mesmo assim, as pessoas aceitam essa teoria de fracasso na hora de perder peso. A genética é dinâmica, não estática. Isso significa que nós afetamos a expressão de nossos genes através de escolhas de estilo de vida. Pare de se comparar com os outros. Eu garanto que, se você comer bem, se movimentar mais e se cuidar bem, você será magra e saudável.

Caso você queira ser um pouco mais tradicional, podemos estimar o que você está queimando por dia agora mesmo com uma caneta, um papel e uma calculadora. A primeira coisa que faremos é calcular sua taxa de metabolismo basal (TMB), a quantidade de calorias que seu corpo utiliza para as funções corporais involuntárias – basicamente quando você está dormindo ou em repouso. Porém, sua TMB não leva em consideração o número de calorias que você queima nas atividades diárias – esta é a TMA, taxa de metabolismo ativo. Vou falar sobre isso num minuto.

A **fórmula TMB** usa as variáveis de altura, peso, idade e sexo para calcular o gasto de energia do corpo. Os únicos fatores que ela omite são massa magra (a proporção de músculo em relação à gordura de um corpo) e bioquímica. Se você tem hipotireoidismo, síndrome dos ovários policísticos, resistência à insulina ou predominância estrogênica, não tem como a fórmula TMB identificar isso – você precisa de um exame de sangue e de um endocrinologista para cuidar dessas condições. Porém, quando não há distúrbios hormonais, essa fórmula costuma ser bem precisa. Uma observação adicional: para pessoas muito musculosas, a fórmula irá subestimar um pouco a queima de calorias, e para aqueles com alto percentual de gordura, ela irá superestimar.

Use a seguinte fórmula, de acordo com o seu sexo, para calcular o seu TMB:

Mulheres:

TMB = 655 + (9,6 × peso em kg) + (1,8 × altura em cm) - (4,7 × idade em anos)

Homens:

TMB = 66 + (13,7 × peso em kg) + (5,0 × altura em cm) - (6,8 × idade em anos)

Após realizar esse cálculo simples e obter o seu TMB, precisamos calcular seu TMA. Esse próximo exercício vai nos dizer quantas calorias você queima por dia *sem* acrescentar sua queima em exercícios – simplesmente a quantidade que você queima num dia normal de sua vida (sem exercícios).

Identifique em que categoria você se encaixa:

1. Se você vive presa à sua mesa, sendo sedentária a maior parte do dia, você é uma 1,1. Pessoas que se enquadram nessa categoria seriam recepcionistas, operadoras de telemarketing e atendentes de serviço ao consumidor.
2. Se você é levemente ativa durante o dia, você é uma 1,2. Pessoas que se enquadram nessa categoria são donas de casa e vendedoras de loja – basicamente pessoas que ficam em pé durante o dia, mas sem se esforçar no trabalho (apesar de as mães talvez reclamarem comigo por causa disso).
3. Se você é ativa e fica em pé, movendo-se rapidamente, você é uma 1,3. Eu caio nessa categoria, como a maioria dos treinadores. O mesmo seria para um encanador ou um eletricista. Isso se aplica àqueles que ficam em pé, se mexendo e gastando energia, mas não estão num trabalho forçado.
4. Se você é extremamente ativa fisicamente, você é uma 1,4. Trabalhadores da construção, atletas profissionais, essencialmente qualquer um que se esforce constantemente ao longo do dia se encaixa neste grupo.

Quando tiver identificado em qual categoria você se encaixa melhor, pegue esse número e multiplique pelo seu TMB. Então se meu

TMB fosse 1.300, por exemplo, eu o multiplicaria por 1,3 e chegaria a 1.690. Agora eu sei que, se eu comer por volta de 1.700 calorias por dia nos dias em que eu não me exercito, eu não vou ganhar peso. Além disso, nos dias em que eu fizer exercícios, vou ser capaz de conquistar uma queima adicional de calorias e elevar meu TMA. Vamos dizer que, se eu acrescentar 1 hora de treinamento ao meu dia e queimar 500 calorias durante essa hora, então meu TMA total será de 2.300.

Com toda a informação que eu acabei de te dar aqui, não tem como você não ser capaz de descobrir seu número mágico pessoal. Use o endereço eletrônico indicado no começo deste item para calcular seus objetivos de perda de peso (a quantidade de peso que você quer perder e o período de tempo em que quer perdê-la), e vou te dizer quantas calorias por dia você deve ingerir. Ou use a equação de TMA que eu forneci aqui. Desde que você não coma mais do que o valor do seu TMA diariamente, você não vai ganhar peso.

VÁ DIRETO AO PONTO • • • 3 PONTOS

Se você não quer saber de nenhuma matemática e só quer um número definitivo para uma perda acelerada de peso, aqui está: 1.200 calorias por dia para as mulheres e 1.600 para os homens. Não vá mais baixo do que isso. Qualquer número menor do que esse vai te deixar triste, com fome e fraca, e possivelmente vai fazer seu corpo canibalizar os próprios tecidos musculares. No final das contas, se você se acostumar a seguir *Magra para sempre*, você não vai ter de contar nenhuma caloria, já que as dicas neste livro, quando aplicadas, vão regular de forma saudável sua ingestão de alimentos sem você nem perceber. *Mas é importante saber o básico, já que esses princípios serão a base do seu novo estilo de vida emagrecedor.*

LIMPE OS ARMÁRIOS DA COZINHA • • • 3 PONTOS

Este é sempre meu primeiro passo quando ajudo as pessoas a perderem peso. Eu vou aos armários, geladeira e despensa e jogo fora as comidas engordativas. Você não pode comer o que não está lá.

DIMINUA: TROQUE POR "PORÇÕES MAGRAS" • • • 3 PONTOS

Já ouviu a máxima *menos é mais*? Essa deveria ser uma lei quando se trata de comida, pois é uma forma fácil de cortar seriamente as calorias *sem* cortar os alimentos que você ama, sem se sentir privada. Se há uma versão menor do alimento que você está comprando e consumindo, compre. Caso você não tenha noção do que estou falando, dou aqui alguns exemplos. Quando pedir comida para viagem, peça sempre o menor tamanho ou a porção infantil disponível. Pegue a opção de batatas pequenas, o sorvete pequeno, o café Mocha pequeno no Starbucks. Escolha o cheeseburguer em vez do hambúrguer triplo com bacon. Entendeu? O mesmo é válido quando estiver fazendo compras: compre os mini bagels, os bolinhos individuais e o iogurte menor. Até escolher um pedaço menor de fruta vai reduzir a quantidade de açúcar que você consome, assim como as calorias. Essa tática simples de controle de porções vai reduzir sua ingestão de calorias com o mínimo esforço físico e mental.

ANOTE E CALCULE • • 2 PONTOS

Isso pode ser tão entediante, especialmente quando você está com pressa. Mas a razão pela qual nós, pessoas saudáveis, dizemos isso o tempo todo é que registrar o que você come ajuda a comer menos. Força você a parar e pensar no quanto você está de fato comendo, ajuda você a perceber quando está beliscando demais, e permite que você calcule suas calorias no final do dia. Por mais que leve tempo, estudos e mais estudos sobre perda de peso bem-sucedida a longo prazo apontam o fato de que anotações diárias e precisas (sem deixar nada de fora, mesmo em dias de farra) são o ingrediente-chave para manter os quilinhos longe. De acordo com um estudo durante 6 meses realizado com 1.685 indivíduos que estavam de dieta, publicado no *American Journal of Preventive Medicine*, aqueles que anotaram diariamente o que comeram conseguiram manter o peso duas vezes mais do que aqueles que anotaram só uma vez por semana ou menos.

Aqui está a parte secreta que ninguém te conta: você não precisa fazer isso para sempre. Nem me lembro da última vez que eu de fato anotei o que comi. Então, dê graças a Deus se você quiser manter esse diário. Mas há apenas três situações em que eu realmente quero que você aperte o cinto e faça essas anotações: (1) agora mesmo, nas duas primeiras semanas, pois conforme você começa a emagrecer, pode ter uma ideia do que está comendo todo dia; (2) quando você estiver perdendo ou mantendo a perda de peso com sucesso e resolver acrescentar uma nova comida ao seu repertório; e (3) se o seu peso estacionar.

Somos de fato criaturas de hábito, e nossas escolhas alimentares mostram isso. Você sabia que a maioria das pessoas come apenas vinte alimentos regularmente, das milhares de comidas disponíveis? Ao registrar o que você come no começo, vai aprender a como contar o número de calorias nas comidas que você está comendo com regularidade, assim como criar uma consciência sobre seus hábitos alimentares e padrões nas suas beliscadas.

Pense nisso. Aposto que você tem as mesmas três ou quatro coisas no café da manhã todo dia, come as mesmas três ou quatro coisas para almoço e vai aos mesmos três ou quatro restaurantes no jantar. Eu sei que eu faço isso. Aposto que você compra a mesma marca de pão, peito de peru, queijo, iogurte e mingau de aveia – assim como eu. Por comer tanto das mesmas coisas, eu sei que há 80 calorias num ovo, 100 calorias no meu iogurte grego desnatado de baunilha, da marca Oikos, e 30 calorias no meu pedaço de queijo orgânico com pouca gordura, da Horizon. Eu também sei que meu café da manhã com dois ovos e duas fatias de torrada integral Ezequiel tem por volta de 360 calorias.

Não preciso mais de um diário alimentar, porque eu sei exatamente o quanto estou comendo. Já tenho isso previamente calculado.

Agora vamos tratar da questão número dois: se um novo restaurante abre na cidade e você passa a incluir o macarrão à fiorentina de lá ao seu jantar habitual, eu não preciso que você comece a anotar tudo o que você come novamente, mas preciso que você procure calcular, por alto, quantas calorias há nesse novo item para ver se faz uma diferença significativa na sua ingestão de calorias. Se a contagem de calorias não estiver listada no menu, pergunte à garçonete o que há no prato e como é preparado, o que deve levá-la à direção certa. Quando souber a quantidade, se necessário, você pode reconfigurar tudo o que você anda comendo para se certificar de que você não coma demais. Novamente, você vai precisar fazer isso só uma vez. Tenho certeza de que vai se lembrar da próxima vez.

Por fim, se o seu peso estacionou, a primeiríssima coisa que você deve fazer é começar a anotar novamente sua ingestão de comida – por 3 dias, para ser exata. Com frequência, as pessoas me procuram arrancando os cabelos, reclamando que "eu estacionei – a balança simplesmente parou, como numa freada brusca". Em algumas raras ocasiões isso é possível, e eu vou te dizer como lidar com isso mais adiante, mas as pessoas geralmente param de perder peso porque andaram comendo demais (ou mesmo pouco demais) e apenas não perceberam.

Ao examinar exatamente *quanta comida* você andou comendo em 3 dias, você será capaz de rapidamente descobrir o que há por trás.

Se você estiver se perguntando como descobrir as calorias de determinado alimento ou refeição quando não tiver um rótulo, há muitos aplicativos, livros de bolsos para contar calorias e websites que permitem que você faça isso facilmente. Eu sei porque eu já criei um de cada. Se você não é fã do JillianMichaels.com, do meu aplicativo Slim-down Solution nem do meu livro de bolso para contar calorias (é difícil de imaginar, eu sei, mas indo ao extremo), há vários outros por aí que vão te ajudar a fazer esse trabalho.

PONHA NUM SACO • • 2 PONTOS

Nunca coma nada de um grande saco *sem fundo* – isso pode levar a uma total inconsciência do quanto se come e às vezes pode equivaler às suas calorias de um dia inteiro. (Veja as calorias de um pacote de tortillas. Um saco de 200 gramas tem cerca de 1.039 calorias— sem contar as calorias do guacamole.) Dito isso, colocar num saco *pode* ser uma coisa boa quando se trata de controlar as porções de lanchinhos. Apenas separe sua porção de um saco grande para um saquinho menor para controlar as calorias, e vá fundo. Além disso, muitas empresas agora fazem saquinhos de salgadinhos com o tamanho exato de 100 a 150 calorias. Há vários itens pré-embalados de 100 calorias.

DIMINUA SUAS CALORIAS AOS POUQUINHOS • • 2 PONTOS

Cortes regulares e diários de calorias são uma forma positiva e eficaz de ir aos pouquinhos rumo a cortes maiores de calorias, a longo prazo. Tente isso: tire 100 calorias por dia durante 1 ano. É mais fácil do que você pode imaginar.

100 calorias é igual a quê?

14 batatas chips ou salgadinhos de milho
1 lata de refrigerante (250 mL)
120 mL de vinho branco
250 mL de cerveja
½ colher (sopa) de molho ranch
2 ½ biscoitos recheados
3 colheres (sopa) de sorvete de chocolate com pedaços
30 g de batatas fritas do McDonalds (porção *kids*)

Esses cortes simples podem eliminar de 4 a 6 quilinhos indesejados num ano. Nada mal, hein? Para mais ideias de como fazer isso quando estiver comendo fora, veja os cortes fáceis e rápidos que espalhei ao longo do livro.

COMA DE VERDADE

DISCRIMINE, NÃO ELIMINE • • • 3 PONTOS
Não corte grandes grupos ou macronutrientes, como carboidratos, gordura ou cereais. Toda vez que alguém quer escrever um novo livro de dieta, ele tenta reinventar a roda e uma das peças-chave que usa para fazer isso é brincar com a quantidade de macronutrientes das refeições ou cortar um tipo de alimento em particular. Sei que você sabe bem do que estou falando, e aposto que você já experimentou pelo menos uma dessas modas, como a dieta sem carboidratos, sem gorduras ou a dieta paleolítica, para citar só algumas.

O negócio é o seguinte: gorduras, carboidratos e proteínas têm papéis fundamentais no funcionamento dos nossos corpos. Precisamos delas – sim, das gorduras também. E uma dieta sem gorduras pode aumentar seus desejos. A gordura é um elemento essencial e deve corresponder a 20 a 30% de sua ingestão diária de comida. Você pode escolher gorduras que sejam boas para a sua saúde e seu sistema imunológico, como salmão, óleo de coco, abacate e castanhas.

MITO
Dietas ricas em proteína e com pouco carboidrato são um jeito saudável de perder peso.

FATO: Carboidratos complexos são uma fonte necessária de vitaminas essenciais e minerais de que o corpo necessita para manter o equilíbrio hormonal, o sistema reprodutor saudável, além de pele, unhas, crescimento de cabelo e visão em boas condições. Além disso, comer menos do que 130 g de carboidratos por dia pode levar a algo chamado cetose, que é um aumento de cetonas (gorduras parcialmente quebradas) em seu sangue. A cetose pode fazer seu corpo produzir altos níveis de ácido úrico, que é um fator de risco para gota (um inchaço doloroso das articulações) e pedras no rim. Lembre-se, a gordura vem de muitas calorias, não de muitos carboidratos.

O ponto-chave é comer com qualidade, optar por versões mais nutritivas de macronutrientes e grupos alimentares. Isso vai servir a outro propósito também: mantê-la satisfeita por mais tempo. Tente *substituir* o arroz branco, que é desprovido de nutrientes, por um grão rico em proteínas e fibras como a quinoa; escolha azeite de oliva, que é uma gordura saudável, em vez de gordura hidrogenada trans. Procure comprar carne orgânica, não carne alimentada com hormônios e antibióticos.

Vou falar mais desse assunto depois, mas a questão é comer com bom senso e equilíbrio. E você não precisa ficar triste porque uma dieta diz que você nunca poderá comer um sanduíche novamente. Desde que você coma com qualidade e certifique-se de ter um bom equilíbrio de proteínas, gorduras e carboidratos saudáveis todos os dias, você ficará bem. Aqui estão alguns exemplos de quais alimentos ou lanches podem ser uma boa.

Café da manhã

Mingau de aveia com castanhas esmagadas; ou omelete de tomate, espinafre e cogumelos com torrada integral; ou iogurte grego desnatado com frutas frescas.

Almoço

Tacos de peixe grelhado com tortilla de milho e arroz integral; ou peito de frango grelhado com quinoa; ou hambúrguer orgânico com pão integral e salada verde.

CORTE FÁCIL DE CALORIAS

Peça uma salada sem croutons.
Corte: 120 calorias (30 g = 20 croutons).

Lanche

Palitinhos de aipo com manteiga de amêndoas; ou *homus* com palitinhos de legumes; ou palitinhos de queijo orgânico sem gordura com fatias de maçã.

Jantar

Fajitas de frango com azeite de oliva acompanhadas de feijão-preto; ou costeleta de porco com couve-de-bruxelas e salada de beterraba; ou bife grelhado com salada de tomate e mussarela.

NÃO COMA PORCARIAS QUÍMICAS • • • 3 PONTOS

Como mencionei brevemente na minha dica "Discrimine", você deve procurar comer alimentos ricos em nutrientes, que vão nutrir seu corpo, aumentar sua imunidade, lutar contra o processo de envelhecimento e queimar gordura. Não se assuste – eles podem ser muito gostosos também. Mas eu não espero que você viva em abstinência. Eu entenderei se você comer um pouquinho de açúcar ou, Deus te livre, um pouco de farinha branca de tempos em tempos. Eu só não quero que esses alimentos componham a maior parte da sua ingestão de calorias. Quando você as consome ocasionalmente, como uma parte menor da sua dieta e estilo de vida saudáveis, elas não causam muitos danos.

Quero que você seja rigorosa é com comida falsa: *frankenmida*. Esforce-se ao máximo para nunca, *jamais* comer alimentos com aditivos químicos: as porcarias impronunciáveis que compõem os alimentos altamente processados por uma variedade de motivos, a maioria dos quais está relacionada ao custo.

Agora, se você está se perguntando o que isso tem a ver com ser magra, a resposta é simples. Na linha de trabalho que eu sigo, nós nos referimos a esses ingredientes como "obesogênicos". Eles podem deixá-la doente também, mas para os propósitos específicos deste livro, o dano metabólico é a nossa preocupação primária. Seu metabolismo é essencialmente sua química pessoal; isso, entre outras coisas, regula seu equilíbrio hormonal *e* seu peso corporal. A química na comida interrompe essa química do corpo e confunde as funções metabólicas. Esses ingredientes literalmente provocam uma guerra no seu corpo, ativando-o para produzir mais células de gordura, armazenar mais gordura, e desenvolver câncer, doenças do coração, problemas de autoimunidade e uma série de outras questões com as quais nós estamos apenas começando a nos preocupar.

AQUI ESTÁ A MINHA LISTA DOS DEZ PRINCIPAIS ALIMENTOS QUE VOCÊ DEVE EVITAR O MÁXIMO POSSÍVEL:

1. Gordura trans, também conhecida como gordura hidrogenada. Gordura trans, usada para melhorar e aumentar a duração dos produtos nas prateleiras estão entre as substâncias mais perigosas que você pode consumir. São frequentes em frituras de *fast-food* e certas comidas processadas feitas com margarina ou óleos vegetais parcialmente hidrogenados. Numerosos estudos mostram que a gordura trans aumenta os níveis de LDL (colesterol "ruim") enquanto diminuem o HDL (colesterol "bom"); elas aumentam o risco de ataques cardíacos, doenças do coração e derrames; e contribuem para o aumento de inflamações, diabetes e outros problemas de saúde.

Encontrada em: qualquer óleo vegetal que foi hidrogenado (óleo de soja hidrogenado, óleo hidrogenado de cártamo etc.), margarina, batatinhas e salgadinhos, produtos assados (de padaria e confeitaria) e a maioria das comidas gordurosas.

2. Glucose de milho ou xarope de milho com alto teor de frutose. Xarope de milho com alto teor de frutose é um adoçante altamente refinado que muitos acreditavam ter se tornado a fonte número um de calorias nos EUA. É encontrado em quase todas as comidas processadas. Com base numa pesquisa recente, é seguro dizer que a glucose de milho acumula quilos mais rápido do que qualquer outro ingrediente e também aumenta os níveis de colesterol ruim, contribui para o desenvolvimento de obesidade, diabetes e danos aos tecidos, entre outros efeitos prejudiciais.

Encontrado em: refrigerantes, a maioria das comidas processadas, pães, balas, iogurtes aromatizados, molhos de salada, legumes enlatados e cereais.

3. Adoçantes artificiais (sucralose, aspartame e sacarina). Basicamente, a maioria dos adoçantes que você encontra no supermercado deve ser evitada. Essas químicas são conhecidas por serem neurotoxinas e cancerígenas. Acredita-se que elas provocam mais reações adversas do que todos os outros alimentos e aditivos alimentares juntos. Estudos mostraram que essas químicas causam desejo por açúcar e podem treinar seu corpo a ser incapaz de reconhecer calorias verdadeiras de açúcar, o que pode levar à obesidade. Os dois ingredientes principais do aspartame – enilanina e ácido aspártico – estimulam a liberação de insulina, um hormônio que instrui seu corpo a armazenar gordura. Uma dose grande de fenilalanina pode diminuir os níveis de seretonina. A serotonina é o neurotransmissor que te avisa quando você está satisfeita. Níveis baixos de serotonina podem causar aumento de desejos, o que pode levar ao aumento de peso.

Também conhecidos por prejudicar a inteligência e afetar a memória de curto prazo, esses adoçantes artificiais podem levar a uma grande variedade de doenças, incluindo tumores no cérebro, linfomas, diabetes, esclerose múltipla, Parkinson, Alzheimer, fibromialgia e fadiga crônica; distúrbios emocionais como depressão e crises de ansiedade; tontura, dores de cabeça, náusea, confusão mental, enxaquecas e ataques epilépticos.

Encontrados em: a maioria dos produtos *diet* ou sem açúcar, incluindo refrigerantes, sobremesas, chicletes sem açúcar, produtos assados (de padaria e confeitaria), adoçantes, cereais, pastilhas para hálito e até vitaminas mastigáveis e pasta de dente.

4. Corantes artificiais (vermelho 40, amarelo 6, azul 1 e 2). Os corantes alimentícios estão associados a tudo, de TDAH a danos cromossômicos nos casos de câncer da tireoide. A tireoide é crucial para sua função metabólica, e tudo que ataca a tireoide é extremamente ruim para sua cintura e sua saúde em geral. Há muitas maneiras naturais de dar cor à comida: a beterraba é usada para o vermelho, o espinafre para o verde e o repolho-roxo para azul e roxo, para citar só alguns.

Encontrados em: balas, bebidas, cereais, queijo, produtos de padaria e sorvete.

5. Nitritos e nitratos de sódio.

Estes dois aditivos alimentares (que são primos bem próximos; a única diferença é que nitratos têm mais átomos de oxigênio do que nitritos) são usados como conservantes e aromatizantes em *bacon*, presunto, salsichas, embutidos, carnes em conserva, peixe defumado e outras carnes processadas. Nitritos são usados também para dar cor aos alimentos. Ambos os ingredientes são altamente cancerígenos ao entrar no sistema digestivo humano. Lá eles formam compostos de nitrosamina que entram na corrente sanguínea e provocam uma devastação nos órgãos internos, no fígado e no pâncreas em particular. Por que você deve se preocupar com o pâncreas? Porque ele é diretamente responsável por sua produção de insulina, um hormônio-chave no bom controle de peso. (Bem, quando você acha que estou preocupada só com a sua saúde, eu provo que posso me desdobrar e ao mesmo tempo me preocupar com a sua cinturinha.) O nitrato de sódio é amplamente visto como um ingrediente tóxico, e o USDA (Departamento de Agricultura dos Estados Unidos) realmente tentou bani-lo nos anos 1970, mas os fabricantes de alimentos vetaram, reclamando que eles não tinham alternativas para conservar produtos com carne. Por que a indústria ainda usa esses produtos químicos? Simples: eles deixam a carne bem vermelha. É um fixador de cor, e faz a carne velha e morta parecer fresca e vibrante.

Encontrados em: salsichas, *bacon*, presunto, embutidos, carnes em conserva, carne marinada, peixe defumado e qualquer outro tipo de carne processada.

6. Hormônios de crescimento (rBST, rBGH).

Hormônios artificiais são dados a vacas leiteiras e gado criados de modo convencional e colocados em suas comidas. Isso é feito tanto para aumentar a produção de leite ou para engordá-los, como para o abate num ritmo extremamente acelerado. Estudos ligaram o consumo humano desses hormônios tanto à obesidade quando à puberdade precoce.

Encontrados em: laticínios e carnes não orgânicas.

7. Glutamato monossódico.

É um aminoácido usado como intensificador de sabor em sopas, molhos para salada, batatas fritas, petiscos congelados e muitas comidas de restaurante. É uma conhecida excitotoxina, uma substância que sobrecarrega as células do cérebro no hipotálamo ao ponto de causar dano ou morte. O hipotálamo, localizado pouco acima do tronco cerebral, é responsável por certos processos metabólicos assim como atividades do sistema nervoso autônomo.

Por que é importante? Uma das funções mais importantes do hipotálamo é conectar o sistema nervoso ao sistema endócrino via hipófise. O hipotálamo controla, entre várias outras coisas, a fome. Já se perguntou por que quando você come alimentos que contêm glutamato monossódico é difícil parar de comer? Esta pode ser a resposta. Estudo mostraram que o glutamato monossódico afeta os caminhos neurológicos do cérebro, desligando a função de saciedade e causando uma crescente fome e fortes desejos por comida. Além disso, o consumo regular de glutamato monossódico pode resultar em vários efeitos colaterais, incluindo depressão, desorientação, danos nos olhos, fadiga, dores de cabeça e obesidade. Não se engane por não vê-lo listado como ingrediente – o glutamato monossódico frequentemente é camuflado sob o disfarce de caseinato de sódio, levedo hidrolisado, proteína vegetal hidrolisada ou levedo auto-hidrolisado.

Encontrado em: comida chinesa e restaurantes de *fast-food* (peça para ver os ingredientes), muitos salgadinhos, batatas, *cookies*, temperos, sopas prontas, comida enlatada, comida congelada e embutidos.

8. Butil-hidroxianisol (BHA) e butil-hidroxitolueno (BHT).

BHA e BHT são conservantes normalmente encontrados na maioria dos cereais não orgânicos, chicletes, batatas fritas e óleos vegetais. São oxidantes que evitam que a comida mude de cor, de sabor ou se torne rançosa. Eles afetam principalmente o sistema neurológico, que pode alterar o comportamento, interromper o sistema endócrino (hormônios) e formar compostos reativos causadores de câncer no seu organismo. Pode ser difícil encontrar produtos industriais sem BHA ou BHT, mas você pode encontrá-los – certifique-se de ler os rótulos cuidadosamente. Definitivamente vale a pena.

Encontrados em: batatas fritas, chicletes, cereais, linguiças congeladas, arroz enriquecido, banha de porco, gordura vegetal, doces e gelatina.

9. Antibióticos.

Antibióticos são dados rotineiramente a animais de fazenda para combater infecções causadas por condições desumanas de confinamento e para fazer os animais crescerem mais e mais rápido do que o normal. Para todos os amantes de peixe por aí que acham que estão seguros, os antibióticos (junto aos pesticidas para parasitas do mar – eca!) também são dados a peixes cultivados pelas mesmas razões.

Caso você não tenha percebido aonde quero chegar com isso, eu digo: antibióticos não afetam apenas os animais que ingerem os medicamentos; eles também afetam os humanos que comem os animais. Vários estudos sugerem que o uso abusivo de antibióticos pode contribuir e muito com o aumento da cinturinha, fazendo as pessoas ganharem gordura, assim como os animais de fazenda. Há muitas suspeitas de razões por que isso acontece. Doses baixas e constantes desses antibióticos causam atividades "incomuns" em genes associados à quebra do carboidrato e regulação do colesterol (gordura no sangue). Os antibióticos também matam as "bactérias boas" em seu intestino, que ajuda a absorver vitaminas e minerais. Se nós não podemos absorver esses micronutrientes, então não podemos efetivamente sintetizar os hormônios.

A lista de problemas é infinita. Para detalhes mais profundos sobre antibióticos e como eles acabam com o seu peso, leia a seção "Medicamentos que sabotam seu emagrecimento" no Capítulo 3. Além de contribuir para a obesidade, o abuso da ingestão de antibióticos está causando uma grande ameaça à humanidade por criar "superpragas" ou pragas que são resistentes a antibióticos, como a MRSA. Seu abuso também está associado à candidíase, síndrome do intestino solto, entre outras doenças.

Você pode evitar ingerir antibióticos (sem intenção) ao escolher carnes orgânicas e comer peixe pescado de forma livre o mais frequente possível.

Encontrados em: rebanhos criados convencionalmente (incluindo aves) e peixes cultivados.

10. Pesticidas.

Um estudo conduzido pela Mercer University School of Medicine analisou se a exposição a pesticidas tinha um papel importante na obesidade de crianças no mundo todo. Os pesquisadores observaram quase 6.800 pessoas entre 6 e 19 anos de idade. Eles determinaram a exposição individual a pesticidas ambientais através de exames de urina, para que pudessem identificar as concentrações de resíduos de pesticidas. Encontraram uma alta prevalência de obesidade nos participantes com altas concentrações urinárias de um pesticida conhecido como 2,5-diclorofenol (2,5-DCP). Por que você deveria se preocupar com esse troço difícil de pronunciar? É simples: o *2,5-DCP é um dos pesticidas mais usados em todo o planeta.* Este estudo em particular focou nas crianças, mas muitos outros estudos encontraram efeitos similares em adultos. Pesticidas afetam o sistema endócrino, o que por sua vez faz o metabolismo funcionar de forma errada. E você sabe aonde isso leva.

Encontrados em: a maioria das frutas, legumes e verduras não orgânicos.

TERRA, MAR OU ÁRVORE • • 2 PONTOS

Se não vem da terra, do mar ou não tem uma mãe – não coma. Pense nisso. Twinkies e Cheetos – que diabo é isso? Não há árvores de Twinkies, e estou bem certa de que nada dá luz a um Cheeto. Isso remete ao que eu estava dizendo antes sobre a química na comida. Comidas que não têm uma origem orgânica óbvia são química pura e, como já concluímos, química nos deixa gordos. Seguir essa dica é uma forma fácil de identificar obesogênicos sem ter de ler horrores de rótulos e pesquisar ingredientes no Google.

Se não veio da natureza, não coma.

VOLTE À NATUREZA • • 2 PONTOS

Não seja derivativa. Coma versões reais da comida que você escolheu consumir. Coma uma batata-doce assada, não um saco de batatas-doces congeladas. Coma uma tigela de frutas vermelhas ou esmague-as como um purê; não compre geleia industrial, que também contém muita glucose de milho – um grande NÃO aqui! Estoure a sua pipoca em vez de comer pipoca de micro-ondas (com manteiga). Coma um pedaço de queijo de verdade, não queijo processado cheio de conservantes. Entendeu a ideia? Basicamente, quando você for comer algo, primeiro se pergunte se a comida está em sua forma mais natural e não processada. Se não for, troque pela comida "integral". Por que estou sendo tão inflexível aqui? Porque esses derivados da coisa de verdade são ultraprocessados e geralmente contêm toneladas de calorias a mais e produtos químicos que nos deixam gordas. É bem simples dizer "não" para esse troço falso quando você sabe o que há nele.

> **CORTE FÁCIL DE CALORIAS**
>
> Em vez de tomar um milk-shake de chocolate de 250 mL, beba um smoothie de frutas.
>
> **Corte: 280 calorias**

PREFIRA OS LIMPOS • • 2 PONTOS

Acho que você já tem uma ideia disto, mas no último caso de não ter: vá de orgânico, sempre que possível. Como eu disse, os pesticidas, hormônios e antibióticos em nossas comidas estão nos deixando doentes e *gordos*. Eu entendo que vivemos uma época difícil, mas a boa notícia é que nem tudo tem de ser orgânico.

Aqui está o que você tem de priorizar com seu dinheirinho: carne, laticínios, frutos do mar e frutas, verduras e legumes de casca fina. Se você conseguir tirar um dinheiro a mais por semana para compras (e usar as dicas no Capítulo 6 para economizar dinheiro em comida), eu prometo que você pode fazer um grande impacto na sua saúde, seu peso e finalmente no seu bolso. Isso mesmo – gastar um pouco mais agora vai economizar uma fortuna depois. Ficar doente é caro. Na verdade, é a causa número um de falência nos Estados Unidos hoje.

Aqui estão os doze legumes, verduras e frutas "mais sujos". Você deve consumir os "doze sujos" apenas se forem orgânicos:

Aipo	Morango
Alface	Nectarina
Batatas	Pera
Cerejas	Pêssego
Espinafre	Pimentão
Maçã	Uvas

Por outro lado, outros legumes, verduras e frutas têm menos resíduos de pesticidas, então você não precisa gastar seu suado dinheirinho em orgânicos. Eles têm ou uma casca grossa ou insetici-das naturais que os protegem de pestes sem química.

Aqui está uma lista de frutas, legumes e verduras que podem ser chamados de os "quinze limpos".

Abacate	Cebola (comum)	Melancia
Aspargo	Cebola-doce	Melão
Abacaxi	Ervilha	Milho
Batata-doce/inhame	Kiwi	Repolho
Berinjela	Manga	Toranja

Se você não pode pagar ou não tem acesso à versão orgânica de nenhum dos "doze sujos", troque pela opção de um dos "quinze limpos". Por exemplo: coma uma manga em vez de uma maçã. Compre toranja em vez de frutas vermelhas. E apesar de não estar na lista, se você não puder pagar por leite orgânico, tente leite de coco ou leite de amêndoas. Eles não têm hormônios ou antibióticos.

ESQUEÇA OS PRODUTOS SEM GORDURA • • 2 PONTOS

Tenho certeza de que em algum ponto da sua vida, mesmo agora, você caiu na onda da comida sem gordura. Tome cuidado – só porque o rótulo diz que é livre gordura não significa que não tem calorias ou que é bom para você. Comida sem gordura frequentemente acrescenta aditivos e porcarias químicas para compensar a falta de gosto, de nutrientes e paladar. Certifique-se de fazer mais do que olhar para o rótulo. É possível que você veja que ele lista glucose de milho, amido modificado, açúcar, sal e uma série de produtos químicos, corantes alimentícios e conservantes. Isso não parece ser livre de nada. Os custos serão muito altos para a sua saúde e sua cintura. Em termos ideais, você vai escolher a versão com pouca gordura. Eu preferiria até que você escolhesse a versão com gordura em vez de opções altamente processadas.

MAXIMIZE SEUS NUTRIENTES

COMA COLORIDO • • 2 PONTOS

Seguir esta regra simples vai trazer grandes resultados: *comida branca = ruim; comida colorida = boa*. Para esclarecer, comida branca, processada é ruim (massa branca, pão branco, cereais não integrais, arroz branco e por aí vai) – basicamente tudo o que vem de farinha branca, alvejada, teve suas fibras e nutrientes removidos. Esses alimentos são desertos nutricionais. Podem ser ricos em calorias, e levam o açúcar do seu sangue às alturas, o que é muito, muito, muito ruim para a perda de peso. Peixe branco, clara de ovo e peito de frango tudo bem – estes são os "brancos saudáveis". Por outro lado, alimentos que são *naturalmente* coloridos são ótimos para você. Frutas bem vermelhas, maçãs, frutas cítricas e folhas verde-escuras são cheias de poderosos fitonutrientes e fibras que ajudam a acelerar o metabolismo, evitar o envelhecimento, melhorar a imunidade, proporcionar energia e controlar a fome. Quanto mais cor no seu prato, melhor!

VÁ DE LOCAL • 1 PONTO

Siga a regra dos 150 km. Sempre que possível, coma alimentos que foram cultivados a cerca de 150 km de onde você mora. Primeiro, isso ajuda a apoiar a economia local e ajuda a descentralizar o sistema alimentício, o que é bem importante, já que grandes empresas alimentícias estão se infiltrando em cada aspecto de nossas vidas e nos tornando gordos com o lixo processado. Segundo, comer produtos locais economiza dinheiro, porque os produtores locais não têm as despesas que as cadeias de supermercado fazem com marketing, transporte e empregados, assim como os verdadeiros custos de armazenamento.

Terceiro e mais importante em relação a este livro – comida local é mais fresca. Frutas, verduras e legumes cultivados por perto são melhores porque tiveram tempo de amadurecer naturalmente (a produção convencional é frequentemente colhida antes de estar madura e, então, é envernizada para parecer bonita), permitindo que os nutrientes amadureçam. Além disso, quando frutas e vegetais viajam longas distâncias, eles oxidam, o que significa que envelhecem na viagem e perdem poderosos nutrientes e antioxidantes. Lembre-se de que a boa nutrição é um componente crucial para a sua saúde em geral e imunidade, assim como a administração do seu peso, já que ajuda a otimizar o equilíbrio hormonal e a função metabólica.

MITO
Dietas vegetarianas são mais saudáveis do que carnívoras.

FATO: Claro, comer muitos vegetais é saudável. Mas, como eu disse antes, cortar um grupo alimentar "verdadeiro" inteiro é uma má ideia. Somos onívoros; evoluímos para comer tanto proteínas animais como vegetais. Produtos animais contêm nutrientes-chave como ferro, vitamina B, ômega 3 e cálcio, que são fundamentais para a sua saúde. Ainda que você possa encontrar produtos vegetais com alguns desses nutrientes, as quantidades com frequência são significativamente menores. Só porque você é vegan não significa que você é saudável. Você ainda pode estar ingerindo toneladas de grãos processados, soja, açúcar e químicas – que não são boas escolhas de alimentos. O ponto-chave é comer muitos vegetais orgânicos, 100% integrais, peixes capturados em ambiente natural e carne alimentada naturalmente e com moderação.

Você pode comer carne, queijo e ovos de fazendeiros locais também. É melhor para o meio ambiente e a economia local, e para descobrir se é melhor para sua cinturinha também, certifique-se de perguntar se eles usam hormônios e antibióticos nos animais. Se usarem, essa compra não é melhor para o seu *peso* do que versões dos mesmos itens compradas em lojas.

Muitos alimentos que você encontra nas feiras de produtores locais são orgânicos. Mas você precisa perguntar. Muitos pequenos fazendeiros não usam pesticidas ou ingredientes nocivos, mas não foram capazes de pagar pelo processo de certificação de orgânico.

Há alguns itens-chave para seguir a regra dos 150 km. Descubra onde fica a feira mais próxima de seu produto e compre lá.

Nos Estados Unidos, existem programas de agricultura comunitária, conhecidos como CSA (*community supported agriculture*), por meio dos quais é possível comprar uma "porcentagem" da fazenda de agricultores locais, ou pagar uma taxa mensal em troca de entregas mensais da produção, muitas vezes direto na sua porta.

Outra opção de negócio à disposição dos norte-americanos é tornar-se membro de uma cooperativa alimentícia, que fornece alimentos e outros produtos com desconto para os associados. A maioria dos produtos é orgânica e vem de fazendas familiares locais. Basta assinar e pagar algumas taxas. Sites do governo e de organizações não governamentais apresentam todas as informações. Se tiver curiosidade, acesse os seguintes endereços eletrônicos: Alternative Farming Systems Information Center (www.afsic.nal.usda.gov); FoodRoutes (www.foodroutes.org); Cooperative Grocers' Information Network (www.cgin.coop); e LocalHarvest (www.localharvest.org).

RESPEITE AS ESTAÇÕES • 1 PONTO

Compre e consuma os legumes, verduras e frutas de época. Isso economiza seu dinheiro: cultivar alimentos fora da estação é dispendioso. É caro manobrar as leis da Mãe Natureza, e esse custo passa para o consumidor – você. Alimentos que são cultivados fora de época frequentemente recebem todo tipo de química (que nos deixa gordos) porque eles precisam de um auxílio artificial para sobreviver ao estranho clima no qual são trazidos ao mundo.

Alimentos de época têm mais nutrientes, o que se traduz em melhor saúde e um metabolismo mais forte, dando maior controle quando se trata de administrar o peso. Pesquisadores no Japão encontraram diferenças três vezes maiores no conteúdo de vitamina C do espinafre cultivado no verão em relação àquele cultivado no inverno, e a vitamina C é um nutriente-chave para combater o estresse e inibir o hormônio de acúmulo de gordura, o cortisol.

Em diferentes partes do mundo, e mesmo em diferentes regiões do mesmo país, as opções de legumes, verduras e frutas de época podem variar. Mas aqui há algumas orientações simples para ajudar a colocar essa dica em prática e para garantir a melhor nutrição:

- PRIMAVERA — Foque em folhas verde-escuras, como acelga, espinafre, alface-romana, salsinha e manjericão. Aspargo e alcachofra estão em seu auge, assim como as frutas cítricas, damasco e morango.
- VERÃO — Concentre suas refeições em legumes como abobrinha, berinjela, milho e tomate; use temperos como hortelã, manjericão e coentro. Fique com as frutas leves e frias como mirtilo, amora, framboesa, assim como uva, melão, pêssego e ameixa.
- OUTONO — Vá de comidas mais quentes, incluindo cenoura, batata-doce, abóbora, brócolis, couve-flor, couve, cebola e alho. Enfatize mais os temperos picantes, incluindo gengibre, pimenta-do-reino e mostarda. Aproveite as maçãs e peras, que estão crocantes e suculentas nesta época.
- INVERNO — Prefira os tubérculos como cenouras, batatas, cebolas e alho, assim como abobrinha. Frutas cítricas como tangerina e bergamota são boas, assim como *cranberries* e romãs.*

Qualquer que seja a estação, seja criativa. Deixe a energia natural e a beleza da primavera, verão, outono e inverno serem sua inspiração culinária.

---

* Para consultar os produtos de época no Brasil consulte:
http://www.ceagesp.gov.br/produtos/epoca/produtos_epoca.pdf. (N. E.)

ADMINISTRE SUAS REFEIÇÕES

NÃO PULE REFEIÇÕES • • • 3 PONTOS

Não pule nenhuma refeição, especialmente o café da manhã. Quando você pula refeições, falta açúcar no sangue e dispara a instabilidade da insulina, o que a faz comer demais depois. Estudos demonstraram que a comida tem um gosto cerca de 25% melhor quando estamos com muita fome, o que naturalmente nos leva a comer demais. Além disso, ter muita fome acaba com a sua força de vontade. Quantas vezes você pegou um punhado de M&M's da tigelinha do seu colega de trabalho porque pulou o café da manhã ou almoço e estava "faminta" (assim como irritada e trêmula – sintomas de que o açúcar no seu sangue despencou)?

Pular refeições também pode causar um estrago na sua saúde. Pesquisadores compararam pessoas que faziam três refeições em relação àquelas que faziam uma grande refeição à noite. Descobriram que aqueles que pulavam refeições apresentavam níveis elevados de glicose e uma resposta atrasada da insulina, ambos possíveis precursores de diabetes se o hábito for mantido a longo prazo. Pular refeições afeta sua habilidade de focar, concentrar-se, tomar decisões e até se exercitar efetivamente. Prive seu cérebro de nutrição por muito tempo e ele pode sofrer por falta de glicose. Alguns sinais claros de que você precisa comer *imediatamente*: tontura, confusão, sonolência, fraqueza ou ansiedade. Pular refeições é um erro idiota que não tem desculpa. Coma algo substancial até 1 hora depois de acordar. Não deixe passar mais de 4 horas entre as refeições (falo mais disso logo adiante). Eu não quero saber quão ocupada você é – não é tão difícil carregar lanchinhos, ou ter comidas fáceis para pegar e levar sem atrapalhar a sua dieta.

MITO

Fazer refeições pequenas e frequentes acelera o metabolismo.

FATO: Este mito é baseado na teoria de que se você continua acrescentando pequenas quantidades de alimento à sua fornalha (a fornalha é o seu metabolismo), você vai manter o fogo alto e queimará mais calorias de modo geral. A verdade é exatamente o oposto. Se você continua acrescentando comida à fornalha, você nunca vai entrar nos depósitos de gordura. Você está constantemente liberando insulina, que coloca seu corpo numa constante fase de absorção. Nessa fase, a insulina não apenas estimula as enzimas que ajudam a armazenar açúcar e construir gordura, mas também inibe outras enzimas que tendem a liberar açúcar dos depósitos e queimar gordura. Estar numa fase constante de absorção nunca permite que seu corpo experimente os picos e quedas de insulina e muitos outros hormônios que ajudam a equilibrar nosso uso de energia. (Lembre-se, gordura é energia armazenada). O objetivo é comer a cada 4 horas para que você possa ir da fase de absorção à "pós-absorção", quando seu corpo recorre aos seus depósitos de energia para se sustentar. Além disso, de uma perspectiva comportamental, beliscar pode fazer você perder o controle de quanto você comeu e acidentalmente comer demais. E, psicologicamente, pode deixá-la se sentindo insatisfeita porque você nunca se senta e tem uma refeição completa. Siga a regra do quatro por quatro e tudo vai funcionar para sua satisfação magra.

SIGA A REGRA DO QUATRO POR QUATRO • • 2 PONTOS

Vamos a esclarecimentos importantes sobre a hora de comer. Eu não quero apenas que você não pule refeições, eu também não quero que você fique beliscando durante o dia. Não quero que você coma "comidinhas" – você conhece a teoria das seis pequenas refeições para melhorar seu metabolismo. Acho isso uma grande bobagem. Quando você belisca durante o dia ou come muitas refeições pequenas, você libera insulina. Essa insulina promove acúmulo de gordura, porque seu corpo está tentando queimar as calorias dos alimentos e utiliza um fluxo constante de açúcar na corrente sanguínea por comer sem parar.

Além disso, frequentemente não nos lembramos de contar pequenos lanches que fazemos quando consideramos nosso limite diário de calorias. Estudos mostram que muitas pessoas não se sentem saciadas com uma pequena refeição, o que pode levá-la a comer demais durante o dia para satisfazer essa falta de saciedade.

Quero que você coma a cada 4 horas. Há apenas uma hora do dia em que eu quero que você faça um lanchinho, e é entre o almoço e o jantar. Você deve ter algo substancioso de lanche. Comer a cada quatro horas estabiliza o açúcar do seu sangue, otimiza a produção de insulina e administra a fome – todas elas questões cruciais para perder e manter o peso.

LANCHE ESPERTO • • 2 PONTOS

Como eu mencionei antes, ao discutir a regra do quatro por quatro, eu quero que você pense no seu lanche mais como uma quarta refeição do que uma maratona de beliscar o dia todo. Veja como fazer certo:

- Faça seu lanche com cerca de 20% de sua cota de calorias. Por exemplo, se você está comendo 1.200 calorias por dia, então faça um lanche de 200 a 240 calorias.
- Equilibre os macronutrientes do seu lanche, assim como você faz com suas refeições. Coma uma mistura de proteína saudável, gorduras e carboidratos.

Aqui há alguns exemplos de lanches ótimos e que satisfazem. (A contagem de calorias é aproximada, e pode variar de acordo com a marca e o tamanho.)

- 1 maçã pequena e 7 avelãs (236 calorias)
- 1 colher (sopa) de manteiga de amendoim e 5 a 7 (dependendo do tamanho) bolachas integrais (200 a 215 calorias)

- 1 xícara de legumes fatiados mergulhados em ¼ de xícara de *homus* (224 calorias)
- 1/8 de xícara de pipoca feita em casa salpicada com 1 colher de sopa de queijo parmesão ralado (240 calorias)
- 6 ou 7 torradinhas de pão sírio com 2 colheres (sopa) de molho de feijão-preto e 2 colheres (sopa) de abacate fatiado (213 calorias)
- 1/2 xícara de queijo cottage com baixo teor de gordura com 1/2 xícara de frutas frescas e 10 amêndoas cruas (222 calorias)
- um smoothie (300 mL) de frutas com iogurte desnatado ou leite (200 calorias)
- 1 ovo cozido e 1 pera grande (211 calorias)
- 4 talos longos de aipo com duas colheres (sopa) de manteiga de amêndoas (224 calorias)

FAÇA DISSO UMA PRODUÇÃO • • 2 PONTOS

Sente-se e coma uma refeição de verdade. Eu não quero *nunca* que você coma na frente da TV ou do computador, parada diante da pia, caminhando entre uma reunião e outra ou pegando o metrô. Mesmo com seu lanche da tarde, sente-se e faça uma "refeição". E aqui está o motivo: fazer várias coisas ao mesmo tempo enquanto come faz você comer mais. Nós somos pegos numa mastigação sem pensar porque nossa mente está preocupada com outra coisa. Isso pode inibir seu corpo a enviar e receber os sinais de "estou cheio!" que ajudam a regular a ingestão de comida. Além disso, estudos mostram que, de um ponto de vista psicológico, quando não nos sentamos para comer, não reconhecemos totalmente que comemos. Como resultado, não nos sentimos satisfeitos.

Pesquisas mostram que a maioria das comidas que comemos de pé tem baixo valor nutricional e alto teor de calorias vazias. Um estudo publicado no *Journal of the American Dietetic Association* demonstrou que jovens adultos que comem no trânsito consomem mais *fast-food* e refrigerantes e menos comida saudável do que seus colegas que arranjam tempo para se sentar e jantar.

Resumindo: sente-se aí e coma sem distrações, exceto a companhia de amigos e familiares, que pode aumentar o prazer da sua refeição.

SIGA A REGRA DOS 80/20 • • 2 PONTOS

Este é um conselho bem comum com que eu vivo: coma uma comida ótima que corresponda a 80% do seu limite diário de caloria e deixe 20% para petiscos. Então, por exemplo, se estou ingerindo 1.800 calorias por dia (lembre-se, não estou tentando perder peso, só manter), cerca de 1.450 das minhas calorias diárias serão provenientes de alimentos supersaudáveis como peixe, verduras, grãos integrais e por aí afora, enquanto 350 calorias serão de um cookie ou uma tacinha de sorvete.

Todo dia, se eu escolher, posso aproveitar os alimentos sem os quais eu não quero ficar. Outra boa forma de implementar esse conselho é praticar o rodízio de refeições. Depois de "enganar o estômago" ou comer um petisco, continue com pelo menos cinco refeições saudáveis (incluindo lanches). Apesar de não comer um petisco todo dia, este método permite que você tenha mais calorias no seu petisco quando você se permitir, e ainda assegura que estará comendo certo pelo menos 80% das vezes.

CORTE FÁCIL DE CALORIAS

Troque 1 xícara de sorvete normal por 1 xícara de frozen yogurt de baixa caloria.
Corte: 121 calorias

Essa estratégia funciona porque evita que você seja privada. Força de vontade só nos leva até certo ponto, e quando nós nos privamos das coisas de que realmente gostamos de comer, o desejo pelo que não podemos ter pode nos levar a um excesso nos momentos "de fraqueza" (um dia difícil no escritório, crianças te enlouquecendo, trânsito – seja o que for). Privar-se é triste e insustentável. Você não vai passar o resto da sua vida sem uma mordida num chocolate ou um pedaço de pizza.

Porém, eu ainda quero que você escolha versões sem química de seus petiscos favoritos. Por exemplo, eu escolhi os copinhos de manteiga de amendoim Unreal porque eles não tem glucose de milho, gordura trans ou outras porcarias. Ou como cookies Newman's Own, novamente porque eles não têm química ou porcaria.

Outras pessoas podem sugerir um dia de folga em vez da regra do 80/20. Eu sou radicalmente contra. De uma perspectiva psicológica, faz você viver a semana toda esperando pela farra – não é bom. Além disso, um dia de folga frequentemente não tem parâmetros calóricos. Muitas pessoas comem demais no dia de folga e acabam com o esforço que fizeram durante toda a semana. Também já vi o dia de folga fazer muita gente surtar, porque elas se sentem culpadas por "enlouquecer" com a comida. A regra dos 80/20 para comer diariamente é a forma de continuar a perder ou manter o peso. É suportável a longo prazo e eficiente na balança.

O BÁSICO DAS BEBIDAS

NÃO BEBA SUAS CALORIAS • • 2 PONTOS

A maior parte das bebidas calóricas – como refrigerantes e sucos – estão cheia de açúcar e levam o seu nível de insulina lá para cima. Além disso, elas não têm fibras para ajudá-la a se sentir satisfeita, então você acaba bebendo mais de 100 calorias de açúcar líquido e, para piorar ainda mais as coisas, você vai continuar com fome.

Os sucos também têm uma tonelada de açúcar e calorias – quase tanto quanto os refrigerantes. É bem melhor comer a fruta. Se você acha que vai consumir a versão sem açúcar dessas bebidas para contornar o problema do açúcar e calorias, lembre-se da minha dica anterior sobre não consumir química. Ela nos deixa gordos.

Aqui há algumas sugestões simples de bebidas que vão matar sua sede sem afundar na balança:

SIM

Água, chá e café (com moderação – 2 xícaras fortes por dia no máximo) são boas escolhas. Se você encontrar uma bebida que é adoçada com um adoçante natural de baixa caloria como estévia ou xilitol, tudo bem – esses substitutos do açúcar não são conhecidos por provocar picos de insulina. Mas água é sempre a melhor escolha. Leite orgânico e outros tipos de leite, como de amêndoas ou coco tudo bem, se você considerá-los como parte da sua refeição e contar as calorias na sua ingestão total diária.

NÃO

Refrigerante, suco, chás adoçados, água com sabores, bebidas dietéticas com adoçantes artificiais e álcool. (Para quem não consegue se imaginar seguindo esta dica, veja o conselho de "dois drinques no máximo", a seguir.)

BEBA NO MÁXIMO DOIS DRINQUES • 1 PONTO

Bebidas alcóolicas fazem você engordar. Estão cheias de calorias vazias e, com exceção de vinho tinto e cerveja, têm pouco ou nenhum nutriente. O álcool também acaba com a força de vontade, frequentemente levando você a comer demais. Pior, estudos mostraram que o álcool anula o metabolismo da gordura em até 70%. Ele também contribui para o armazenamento indesejado de gordura, porque quando você bebe álcool, ele é quebrado e transformado em algo chamado acetato, que seu corpo vai queimar antes de qualquer coisa – e todas as outras calorias extras serão armazenadas como gordura.

Veja bem, eu sei que você não vai abrir mão totalmente da bebida, então vamos falar como fazer isso de forma inteligente e bem-sucedida. A primeira regra é limitar sua ingestão a dois drinques por semana. Escolha uma noite, faça com que seja sua noite de farra, e tome até dois drinques. Se você acha que não vai te "deixar alegre", está errada. Quanto menos você bebe, menor é a sua tolerância. Quando você não bebe muito ou com frequência, dois drinques devem funcionar.

Quando você beber, escolha o seguinte:

- **Vinho tinto.** Vinho tinto é moderado em calorias e cheio de antioxidantes e benefícios para a saúde. Por exemplo, o resveratrol no vinho tinto pode prevenir danos nas veias, reduzir o colesterol "ruim" e inibir coágulos.
- **Cerveja preta.** Moderada em calorias e cheia de antioxidantes e flavonoides, esta bebida também faz bem para o coração.
- **Destilados claros.** Estas bebidas devem ser consumidas direto, com gelo, ou misturadas com ingredientes sem calorias, como tequila com gelo e umas gotas de limão ou vodca com água gaseificada.

Se você acha que as recomendações anteriores não têm graça e você quer seu Bloody Mary de domingo ou sua *margarita* de sexta-feira, pense qual é a graça da gordura. Não tem. Você realmente se dá mal misturando álcool com misturas cheias de açúcar. Além disso, uma inclinação habitual para o álcool está ligada a todos os tipos de problemas de saúde, de câncer a demência. Também não tem graça. Finalmente, quero que você agradeça por eu deixá-la tomar dois drinques por semana, mesmo que não tenham graça, mas eu não sou uma carrasca *completa*. Aqui há algumas versões magras de coquetéis populares, caso você não possa viver sem um deles:

COLADA MAGRA (160 calorias)
50 mL de vodca Infusions sabor coco SKYY
50 mL de *club soda*
Um toque de suco de abacaxi
Um toque de limão-siciliano espremido
Misture todos os ingredientes com gelo e sirva num copo alto.

MAGROJITO (140 calorias)
50 mL de rum branco
12 folhas de hortelã amassadas no copo
1 colher (sopa) de adoçante Truvia
25 mL de suco de limão fresco
75 mL de *club soda*
Misture todos os ingredientes e sirva num copo alto.

MAGRARITA (150 calorias)
15 mL de tequila Milagro Silver 100% Agave
15 mL de licor de laranja Patron Citronge (ou substitua por suco de romã)
140 mL de água mineral com aroma natural de limão ou limão-siciliano (o Trader Joe's tem uma boa)
Gotinhas de limão
Misture todos os ingredientes com gelo e sirva num copo alto.

EMPANTURRE-SE • • • 3 PONTOS

Todos nós sabemos que água é bom para perder peso, ajuda a conter a fome, a eliminar toxinas que nos deixam doentes e gordas, aumenta a energia e acelera o metabolismo em até 3%. Embora 3% possa não parecer muito, quando você pensa no curso de uma vida inteira, faz uma grande diferença na sua cinturinha. Eu garanto.

Houve muita confusão durante os últimos anos sobre quanta água deveríamos beber. 250 mL por dia, 1 copo por hora, 6 copos por dia – e a lista continua.

O negócio é o seguinte: a água do nosso corpo e a hidratação precisam de variedade e dependem de uma série de fatores, que vão desde as mudanças climáticas ao nível de atividade até a nossa bioquímica única. A melhor regra para ficar bem hidratado é beber água até seu xixi parecer limonada. Se a cor estiver escura – suco de maçã – você precisa de mais água. Se você estiver tomando suplementos, pode ter uma cor viva, tudo bem; mas se ficar amarronzado, você precisa de mais água. É simples assim.

Se você estiver se perguntando ou se preocupando com o tipo de água que você deve beber – como a alcalina (água com pH baixo) ou a ionizada (água com minerais ionizados que têm carga elétrica) –, não precisa esquentar a cabeça. Aqui você não precisa pensar demais. Ainda que algumas pesquisas digam que as águas alcalina e/ou ionizada são melhores, você não precisa de uma água chique para aproveitar seus benefícios emagrecedores ou saudáveis. Se você não tem acesso a essas águas, ou se elas são muito caras, não se sacrifique!

ABRA A TORNEIRA • 1 PONTO

Água filtrada ou mineral? Cuidado. Só porque a água é engarrafada não significa que esteja livre de contaminação. Em alguns casos, pode até ser o oposto. Nos Estados Unidos, por exemplo, a água da cidade é bem regulada e monitorada para ser segura. Isso pode não ocorrer com todas as marcas de água mineral. Tecnicamente, nos EUA o FDA monitora a água engarrafada, mas acontece que 70% das garrafas de água vendidas num estado são isentas de regulamentação federal. Muitas águas engarrafadas tiveram resultados positivos para bactérias, substâncias químicas artificiais e arsênico. Optar pela água da torneira economiza dinheiro e salva o meio ambiente. Você evita que a natureza fique cheia de garrafas plásticas e reduz a emissão de carbono proveniente do transporte da água, de locais distantes para a sua geladeira.

Mas espere – o problema ainda não acabou. Ao beber água da torneira, contudo, existe o risco de ingerir chumbo, cloro, pesticidas, fungos, herbicidas, hormônios, antibióticos e nitratos. Por isso, é importante verificar a qualidade da sua água local, informando-se no estabelecimento que fornece água, coleta e tratamento de esgotos na sua cidade.*

Sua melhor opção é filtrar a água da torneira. A filtragem por osmose reversa é uma ótima opção. Ela elimina metais pesados, vírus e alguns produtos farmacêuticos. Ou você pode usar um filtro de carvão ativado, como o Brita. A qualidade varia de produto para produto, mas a maioria elimina metais pesados, pesticidas e alguns produtos farmacêuticos.

* No Brasil, a água da torneira passa por tratamento químico e físico, e sua qualidade é verificada por análises microbiológicas obrigatórias antes de ser distribuída nas cidades. Por ser proveniente de fontes naturais, a água mineral não passa por nenhum tipo de tratamento. Porém, no Brasil, os fabricantes de água mineral são regulamentados pela Anvisa e são fiscalizados pelas vigilâncias sanitárias estaduais e municipais. Para minimizar os riscos apontados pela autora, compre água mineral somente com registro da Anvisa e filtre a água da torneira antes de consumi-la. (N. E.)

Última reflexão sobre a água: com ou sem gás? A água com gás é criada (ou existe naturalmente) ao se dissolver dióxido de carbono (CO2) na água. Isso cria ácido carbônico, que é mais ácido do que a água normal (fica entre o suco de maçã e o de laranja), mas é muito menos ácido do que o seu estômago. É importante entender que o corpo humano mantém um equilíbrio de pH numa base constante e que seu pH não será afetado pelo consumo da água. Existe certa preocupação em relação à corrosão do esmalte dos dentes, dada a acidez acentuada, mas um estudo de 2001 do *Journal of Oral Rehabilitation* mostrou que, embora a água mineral com gás mostrasse um potencial erosivo levemente superior do que a água normal, o potencial era considerado baixo, cem vezes menor do que o dos refrigerantes.

MITO
Eu posso emagrecer mudando para o refrigerante diet.

FATO: Tomar essa porcaria com certeza vai inchar a sua pança. Lembra da nossa conversa sobre "obesogênicos"? Um estudo da Purdue University descobriu que ratos que receberam adoçantes artificiais consumiram mais calorias e ganharam mais peso do que ratos que receberam açúcar. Fique com água.

Algumas águas engarrafadas ou com gás contêm sódio a mais para diminuir a acidez e melhorar o gosto. Se você estiver numa dieta de redução de sódio e consumir água com gás engarrafada, certifique-se de prestar atenção ao conteúdo de sódio e escolha opções com menos sódio.

Dito tudo isso, a hidratação é a parte mais importante da equação. Apenas beba água, com gás ou sem, alcalina, ionizada ou natural – até que o seu xixi se pareça com uma limonada.

DISFARCE COM SABORES • 1 PONTO

Tudo bem se você decidiu trocar seu refrigerante por um copo de água, mas você simplesmente não aguenta o gosto de beber água pura. Aqui vai uma dica ótima para você: adicione sabor à sua água com suco de *cranberry*, romã, maçã, limão ou uva – são só umas gotinhas para tirar o gosto sem graça. Certifique-se de escolher suco puro, natural, não as versões concentradas para drinques, com toneladas de açúcar e porcarias.

Um produto que eu amo chamado Soda Stream permite que você crie seus próprios refrescos. Você pode customizar o gás na sua água (levemente borbulhante, médio ou muito borbulhante) e acrescentar o suco natural de que mais gostar. É ótimo para o meio ambiente, economiza uma fortuna, é bom para você ter sua cota de água e é um presente dos deuses para aqueles que lutam para desistir dos refrigerantes. Bob Harper e eu assinamos embaixo desse utensílio; ele nos ajudou muito quando optamos por abandonar nosso hábito de tomar refrigerantes de uma vez por todas.

VÁ DO PEQUENO, NÃO DO GRANDE • 1 PONTO

Se você é um desses confessos avessos à água, tente usar um copo pequeno (daqueles de suco ou de uísque) e beba tudo num gole só. Um já foi, agora só faltam mais alguns. Você pode repetir facilmente durante o dia. À noite, você vai ficar surpresa com a quantidade de água que você bebeu com facilidade, sem o temor de olhar para uma garrafa alta e cheia durante o dia.

COMA ALIMENTOS RICOS EM ÁGUA • 1 PONTO

Se você costuma não beber água o suficiente *e* você é uma glutona, inclua na sua dieta alimentos que têm naturalmente uma quantidade alta de água e poucas calorias, como melancia, abobrinha e pepino. Isso vai acrescentar água à sua ingestão diária e fazê-la mastigar sem engolir sua cota diária de calorias – literalmente.

GANHE E PERCA

GANHE 3 PONTOS

- ☐ Viva no vermelho
- ☐ Vá direto ao ponto
- ☐ Limpe os armários da cozinha
- ☐ Diminua: troque por "porções magras"
- ☐ Discrimine, não elimine
- ☐ Não coma porcarias químicas
- ☐ Não pule refeições
- ☐ Empanturre-se

GANHE 2 PONTOS

- ☐ Anote e calcule
- ☐ Ponha num saco
- ☐ Diminua suas calorias aos pouquinhos
- ☐ Terra, mar ou árvore
- ☐ Volte à natureza
- ☐ Prefira os limpos
- ☐ Esqueça os produtos sem gordura
- ☐ Coma colorido
- ☐ Siga a regra do quatro por quatro
- ☐ Lanche esperto
- ☐ Faça disso uma produção
- ☐ Siga a regra do 80/20
- ☐ Não beba suas calorias

GANHE 1 PONTO

- ☐ Vá de local
- ☐ Respeite as estações
- ☐ Beba no máximo dois drinques
- ☐ Abra a torneira
- ☐ Disfarce com sabores
- ☐ Vá do pequeno, não do grande
- ☐ Coma alimentos ricos em água

____

Total de *pontos* do Capítulo 1

____

Total de *dicas* que estou aplicando

CAPÍTULO 2

Mexa-se

Como já mencionei no item "Viva no vermelho", do Capítulo 1, o cálculo da TMA indica o máximo de calorias que você deve consumir em um dia, caso queira manter o peso: para emagrecer, você deve consumir uma quantidade inferior a este número. Ainda que provavelmente você tenha de comer menos para alcançar esse déficit, a verdadeira velocidade dos seus resultados e da manutenção do seu peso também vão depender muito de como, quando e por que realizar o seu plano de exercícios. Seguir uma dieta saudável é imperativo para evitar o ganho de peso, mas para de fato perder quilos e modelar o seu físico, um plano poderoso de exercícios é igualmente importante.

Os truques e dicas a seguir são talvez alguns dos mais importantes neste livro. Você tem de se mexer para perder peso e/ou manter um corpo magro e sexy, *mas* você não precisa malhar horas e horas para ter resultados impressionantes. Assim como acontece com as suas escolhas alimentares, o ponto-chave aqui é a *qualidade* do seu treino, não necessariamente a quantidade. Então preste muita atenção, porque o que você está prestes a aprender vai poupar muitas horas do seu tempo, mudar sua cabeça, transformar seu corpo e tornar sua malhação algo muito mais possível e divertida.

Descobrindo o segredo dos exercícios

AS BASES

VISTA-SE ADEQUADAMENTE • 1 PONTO

Vestimentas adequadas são imprescindíveis tanto para segurança quanto para o seu desempenho. Use calçados confortáveis, do tamanho adequado, e roupas que são apropriadas para o clima e a atividade. O investimento inicial vale a pena, confie em mim. Eu me lembro de quando eu comecei a pedalar nas ruas. Achei aquela roupa toda ridícula. As calças com enchimento no bumbum me faziam sentir como se eu usasse uma fralda. Então, um dia saí para pedalar com uma calça de moletom. No final, eu achei que o banco teria de ser removido cirurgicamente do meu traseiro. Confie em mim – ter a roupa certa é indispensável.

Se você não souber o que comprar, pergunte a alguém que seja entendido de esportes. Meu treinador de equitação me ajudou a comprar as botas certas para a minha altura e o meu nível de habilidade. Meu instrutor de surfe se certificou de que eu comprasse o traje certo para o meu tamanho, sexo e temperatura da água em que eu geralmente surfo. Um ótimo lugar para começar é ir a uma loja de sapatos ou de artigos esportivos e perguntar ao atendente. Diferentes esportes pedem diferentes características e funções nas vestimentas, então se certifique de especificar o que você fará. O vendedor deve levar em conta a sua anatomia, modo de andar, nível do exercício, e por aí vai, tudo com base no esporte ou na atividade que você vai praticar.

Como regrinha básica, compre seus sapatos meio número maior do que você normalmente usa, já que os pés tendem a inchar durante o exercício. Você pode resolver comprar um ótimo tênis de *cross-training*, que é feito para um treino pesado. Se você estiver praticando um esporte ou atividade específica e estiver muito focada nisso, é melhor você comprar tênis que otimizem seu conforto e desempenho. Se quer correr, compre tênis de corrida, e não os use para as suas aulas aeróbicas na academia – eles não fornecem apoio lateral suficiente. O mesmo vale para bicicleta *indoor* ou dança, ou seja lá o que você escolher.

Quando se trata do que vestir, escolha roupas que não restrinjam seus movimentos. Você vai querer blusas, calças e meias feitas de tecidos absorventes, que têm propriedades especiais para tirar a umidade da sua pele e absorvê-la no tecido, e assim você e suas roupas não ficam nojentas de suor. Tecidos como algodão orgânico, lã merino e fibra de bambu, para dar alguns nomes, oferecem uma infinidade de benefícios que podem melhorar sua experiência com os exercícios e valem totalmente o investimento. Procure roupas feitas de tecidos que tenham:

- Controle térmico – que regulem a temperatura para mantê-la quente quando estiver frio, e fria quando estiver quente.
- UPF – proteção ultravioleta contra raios solares nocivos, embutida no tecido.
- Compressão – fibras especiais de Lycra ou elásticas que a mantêm firme ou têm faixas especiais para lembrá-la de... bem, encolher a barriguinha.

- Propriedades antibacterianas e antimicrobianas – isso se traduz em: sem odores!
- Repelente de insetos – se você estiver ao ar livre e num clima tropical, é uma necessidade. Você não vai sentir cheiro de nada, mas o tecido vai manter os mosquitos e outros insetos bem longe.

MITO
Alongamentos estáticos antes de se exercitar são cruciais para evitar lesões.

FATO: O alongamento estático após um exercício pode ser benéfico, mas o alongamento estático antes de um exercício não melhora sua amplitude de movimento. Alguns estudos sugerem que se alongar pode até desestabilizar os músculos e enfraquecê-los em até 30%, tornando-os menos preparados para exercícios puxados, especialmente se você estiver fazendo algo como levantar peso. Então, procure se aquecer com movimentos dinâmicos e ativos como girar pernas e braços, fazer agachamentos simples, uma corrida leve (jogging) ou até uma caminhada – você estará mais preparado para qualquer que seja a sua atividade e correrá menos riscos. cuidar bem de você, você será magra e saudável.

Se você quiser o desempenho de uma máquina de exercícios preparada para suar a camisa e arrasar, vista-se para isso. Se você se sentir ótima com o que veste, há uma boa chance de que vá treinar mais duro e se empolgar mais em ir para a academia.

CONSISTÊNCIA É O PONTO-CHAVE • • • 3 PONTOS

Por anos eu disse para as pessoas que o melhor momento do dia para se exercitar é quando você consegue encaixar na sua agenda. Para alguns, isso significa logo de manhãzinha; para outros, significa depois do trabalho ou à noite, quando seu dia já terminou. Porém, pesquisas recentes sugerem que a resposta está em *consistência.* O melhor momento para se exercitar é o mesmo, todos os dias. Seu corpo fica condicionado a se exercitar nesse momento e se adapta para isso, liberando cargas de energia, hormônios de construção dos músculos como testosterona, que ajudam no desempenho do exercício e do metabolismo da gordura. Se você puder entrar numa rotina firme, poderá extrair um pouco mais do seu desempenho, o que por sua vez queimará mais calorias. Se não, não se estresse – o mais importante é que você se exercite regularmente (de 4 a 6 vezes por semana), não importa a hora do dia.

FAÇA UM AQUECIMENTO DE CINCO MINUTOS • 1 PONTO

Um estudo no *Journal of Applied Physiology* descobriu que aquecimentos prolongados podem cansá-la, particularmente se você estiver se aquecendo com alongamentos estáticos e fixos. De acordo com inúmeros estudos, aquecimentos inadequados deixam seus músculos "adormecidos". Isso não é bom: você quer seus músculos prontos para a ação! Cinco minutos de alongamentos aeróbicos e dinâmicos (alongamentos ativos com movimentos fluidos, em vez de alongamentos estáticos como aquela coisa de se sentar e tocar os dedos dos pés) vão ser eficientes e deixá-la pronta para a parte principal do exercício. Qualquer tipo de exercício aeróbico é válido, desde que eleve seus batimentos cardíacos e literalmente aqueça seu corpo, até produzir um leve suor. Experimente bicicleta, esteira ou exercícios de remo; você pode até pular corda ou usar os velhos polichinelos.

Quantos aos alongamentos ativos, experimente movimentos como encostar as mãos nos dedos dos pés (mantenha os braços nas laterais do corpo, dobre a cintura, abaixe-se e toque diagonalmente sua mão esquerda no pé direito e repita do outro lado), fazer círculos com os braços, com a cintura, girar o tronco, dar pequenas investidas, agachar-se, ou até ficar na posição do gato ou da vaca da aula de ioga.

O conselho aqui é: sim, você precisa se aquecer para pegar pesado. Não vá direto. Seu corpo precisa de uma elevação gradual na atividade cardíaca, lubrificação das articulações e preparação mental – mas, para fazer da maneira certa, você deve levar só uns cinco minutinhos.

REMODELE SEUS MÚSCULOS • • • 3 PONTOS

Você realmente consegue ficar longe do peso que perdeu? Pode mesmo acelerar seu metabolismo? A resposta para essas perguntas é: sim e sim. A solução para fazer isso é levantar (como no levantamento de peso) para perder. Se você tem quilos a perder, treino de força é o seu E-tíquete: E de "energia utilizada". Deixe-me explicar. Quantas vezes você já ouviu que, se você tiver mais músculos, mais massa magra, vai aumentar sua queima de gordura, sua capacidade de queimar calorias, até enquanto dorme? Pesquisadores entenderam apenas recentemente o processo pelo qual seus músculos passam depois de um treino de força. Esse processo não apenas acrescenta tecido muscular; após a queima, seus músculos são remodelados.

Eu sempre digo que você deve se esforçar até chegar à verdadeira fadiga, e aqui está o motivo: quando você faz isso, seus músculos passam por um processo normal de reconstrução. Isso ocorre naturalmente com qualquer treinamento de força. Esse processo de remodelagem leva cerca de 24 a 96 horas para se completar depois que você treinou (outra razão pela qual você deve descansar na sua rotina semanal). Durante esse tempo, células-satélite cercam as fibras musculares e fornecem proteína para elas, a fim de que novos tecidos musculares se desenvolvam com maior capacidade de força. A energia pós-queima, usada para remodelar os músculos, cria uma queima adicional de calorias, numa média de 100 a 105 calorias/dia.

Um treino regular de peso resulta num aumento real da sua taxa de metabolismo em repouso – com a qual você pode contar, desde que continue treinando. Deixe-me te dar uma ideia da queima de calorias: 30 minutos de treino aeróbico constante queima por volta de 300 calorias. Mas, diferentemente, do caso do treino de força, nenhum processo de remodelagem segue o trabalho aeróbico; então, a pós-queima é mínima. Num trabalho de 30 minutos de resistência, você queima por volta das mesmas 300 calorias. A diferença é que você queima um adicional de 100 calorias/dia por 3 dias depois do seu treino! O que você prefere fazer: queimar 300 calorias num treino aeróbico ou 600 calorias num treino de resistência? Um treino de força por semana pode ajudá-la a queimar de 31.000 a 36.000 calorias extras ou de 14 a 15 kg de gordura em um ano! Agora você sabe – eu quero que você faça um treino de força pelo menos duas vezes por semana para que esses números possam dobrar.

Se você quer perder peso, acelere seu metabolismo e queime mais calorias, faça seu treino de força em circuitos, como irei explicar no próximo parágrafo. Este tipo de treino é chamado de treinamento de resistência metabólica (TRM), às vezes tratado como treinamento de circuito metabólico (TCM) porque o efeito é que você estará – sem querer fazer trocadilhos – pegando pesado com o seu metabolismo.

SEMPRE EM MOVIMENTO • • • 3 PONTOS

Há muitas formas diferentes de realizar o seu treino. Mas quando se trata da perda de peso de *Magra para sempre*, há um método que vai arrancar quilos do seu corpo do jeito mais rápido possível: treino de circuito. O treino de circuito é quando você faz séries de exercícios de força e/ou de condicionamento em seguida, um depois do outro, com pouco ou nenhum descanso entre os movimentos. Esse tipo de treino traz o melhor do aeróbico e do treinamento de força num só treino porque exercita e tonifica os músculos enquanto, simultaneamente, desafia o sistema cardiovascular. Economiza tempo e maximiza sua queima de calorias, porque nunca há um momento desperdiçado.

Com esse tipo de eficiência, você não tem de passar horas absurdas se exercitando, o que deixa mais tempo para outras coisas que você queira fazer. Todos os meus programas de exercícios – das minhas aulas de *bodyshred* aos meus DVDs e meu outro livro, *Making the cut* – foram criados usando circuitos de exercícios. Aqui dou um exemplo de um bom circuito básico usando exercícios conhecidos para fazer após o aquecimento:

CIRCUITO 1

Flexões
Agachamento com desenvolvimento para ombros
Tríceps no banco
Polichinelo

Essencialmente, você pula de um exercício para o outro sem intervalo entre eles, fazendo cada exercício por 30 segundos. Ao completar o circuito, você pode ter um breve descanso de 30 segundos e, então, repetir o grupo todo num segundo circuito. Para exercícios que requerem pesos livres, como halteres, use peso suficiente para fatigar o músculo enquanto trabalha até o final desse tempo de fadiga – prefiro que você faça isso, em vez de contar repetições.

Essa discussão também pode responder a qualquer outra dúvida que você tenha sobre fazer exercício aeróbico ou focar em força. Eu quero que você faça exercício aeróbico puro apenas nos dias em que você não estiver fazendo seu treino de circuito, já que o primeiro é menos eficiente do que o segundo.

Por que não fazer circuito todo dia já que queima muito mais, mesmo depois do treino? Para isso eu digo um grande não – veja em seguida para entender o motivo.

DIVIDA E TIRE UM GRANDE PESO • • 2 PONTOS

Muitos entusiastas de qualquer exercício passam muito tempo treinando, mas reconhecendo muito pouco o poder e a necessidade de recuperação. Na verdade, a maioria dos seus ganhos será feita nos dias de recuperação. O exercício é o arquiteto, mas a recuperação é o pedreiro. Sem o devido tempo de recuperação, você cansará seu corpo, inibirá seu progresso e possivelmente se machucará.

O que você deve fazer em vez disso? Certifique-se de tirar pelo menos um dia inteiro por semana de folga dos exercícios. Não treine um grupo muscular intensamente mais do que duas vezes por semana. E a maioria dos pesquisadores concorda que você deve reservar cerca de 48 a 72 horas de descanso entre as sessões de exercícios, particularmente as mais intensas, em que você faz um treino pesado de resistência.

Como você faz isso sem parar de se exercitar 5 a 6 dias por semana, que é o que eu recomendo? Não se preocupe, estou aqui para te mostrar. Nós utilizamos uma técnica chamada divisão de músculos. Você cria seus circuitos para trabalhar certos grupos musculares em certos dias, mas não todos os grupos musculares no mesmo dia. Se estiver confusa, não se preocupe. Eu vou te mostrar a divisão ideal de músculos e o treino logo em seguida. Mas, antes de fazer isso, quero esclarecer uma coisa: o treinamento do corpo inteiro, em que você atinge cada grupo muscular no mesmo treino, pode produzir resultados impressionantes. Só não permite que você otimize o tempo de recuperação – então, ou você não pode fazê-lo todo dia ou não pode treinar tão intensamente.

No meu mundo perfeito, você pode fazer exercícios pesados de 5 a 6 dias por semana e ainda garantir a recuperação dos seus músculos e, assim, elevar seus resultados.

As divisões do seu treinamento (músculos que você treina no mesmo dia) ficariam assim:

Dia 1: peito, tríceps, ombros, pernas com foco nos quadríceps, abdominais inferiores, oblíquos.
Dia 2: costas, bíceps, pernas com foco nos isquiotibiais, glúteos, abdominais superiores.
Dia 3: aeróbico.
Dia 4: peito, tríceps, ombros, pernas com foco nos quadríceps, abdominais inferiores, oblíquos.
Dia 5: costas, bíceps, pernas com foco nos isquiotibiais, glúteos, abdominais superiores.
Dia 6: aeróbico.
Dia 7: folga.

Eu coloquei esses grupos musculares juntos por uma razão baseada em função. Peito, tríceps, ombros e quadríceps são todos músculos de empurrar, enquanto costas, bíceps e isquiotibiais são músculos de puxar; isquiotibiais e glúteos geralmente funcionam em conjunto, então é um par que faz sentido. Músculos com a mesma função geralmente trabalham juntos para fazer um movimento, então o ideal é treiná-los no mesmo dia. Se você não treinar seus músculos com a mesma função nos mesmos dias, será quase impossível maximizar sua força durante exercícios e sua recuperação depois.

Por exemplo, se você fizer flexões de bíceps na segunda-feira, e então fazer remadas (que recrutam os bíceps como músculos assistentes) na terça-feira, você estará exercitando os bíceps por dois dias seguidos, sem perceber. Além disso, o exercício das costas sofrerá, porque os bíceps estarão fatigados demais por causa do exercício do dia anterior.

Em dias divididos, eu gosto de incorporar uma técnica chamada de ação cardíaca periférica (ACP). O treino de ACP normalmente alterna os membros superiores e os inferiores, dando um intervalo ao músculo que acabou de trabalhar, sem deixar seu corpo descansar ou a queima desacelerar. O treino de circuito, que você já estará fazendo, tende a ser ACP por natureza – outra razão pela qual é tão eficiente. Essa técnica força o fluxo sanguíneo a circular de forma contínua pelo corpo todo ao alternar os grupos musculares repetidamente, assim como as direções musculares (de cima para baixo e vice-versa), o que leva à aceleração cardíaca e à queima de calorias. O segredo é enfatizar grandes grupos musculares como peito, costas e pernas, que requerem maior produtividade cardiovascular, resultando num treino mais metabólico.

Aqui vai uma amostra de circuito ACP para músculos em dias divididos:

Segunda-feira e quinta-feira

Supino reto na bola suíça

Agachamento com elevação anterior

Tríceps no chão ou usando um banco

Elevação de joelhos (intervalo TIAI – veja página 82, "Empurre com vontade", para mais informações)

Elevação de membros inferiores, alternadas (versão mais fácil) ou com as duas pernas juntas

Terça-feira e sexta-feira
Puxada com polia alta ou remada alta inclinada
Levantamento terra com rosca bíceps direta
Remada sentada
Marcha com chute no traseiro (intervalo TIAI)
Abdominais na bola suíça

Agora, se estiver frequentando aulas em grupo no seu treino, pense em quais músculos eles estão treinando. Suponhamos que você faça ioga na segunda-feira: pela natureza dos exercícios – muitas pranchas, chatarungas e postura do cachorro olhando para baixo –, a intensidade está no peito, ombros e tríceps. Então, não faça uma aula de treinamento militar (fitness ao ar livre) na terça-feira, em que flexões, supinos e paralelas serão usados nos mesmos grupos musculares – são exercícios básicos na maioria das aulas de treinamento militar. Em vez disso, faça uma aula que foque mais nos membros inferiores, como uma aula de treino para a porção baixa dos glúteos. Embora isso possa exigir um pouco mais de planejamento da sua parte, eu garanto que o esforço vale a pena e vai fazer uma enorme diferença na velocidade dos seus resultados.

Se você estiver seguindo um DVD de ginástica ou uma aula onde você treina o corpo todo, tudo bem – desde que o exercício não foque demais em determinados grupos musculares e seja mais concentrado em condicionamento geral e queima de calorias. Minha aula de *bodyshred*, por exemplo, dura só 30 minutos e inclui cada músculo do corpo, mas não insiste num músculo em especial.

Para terminar, não quero que você faça treino de força num músculo que ainda esteja dolorido de um treino anterior. É uma regra de ouro. E, para que fique bem claro, certifique-se de tirar pelo menos um dia inteiro de folga dos exercícios para melhorar a recuperação e os resultados.

AGRUPE • • • 3 PONTOS

Quando você estiver fazendo seu treino, quero que você pense em eficiência. Eu junto músculos pequenos com grandes no mesmo exercício porque sinergizar múltiplos grupos musculares simultaneamente requer uma tremenda quantidade de energia e produz uma queima maior de calorias. Trabalhar grupos musculares menores – como bíceps, ombros ou tríceps – e pernas juntos, faz uso substancialmente melhor do seu tempo. Isso é, essencialmente, o que você está fazendo em circuitos divididos, como eu acabei de discutir.

Há várias formas de fazer isso, e eu defino esses tipos de movimentos de três formas: levantamentos combinados, mix de exercícios e exercícios de definição muscular. Levantamentos combinados é quando você faz um exercício e então parte diretamente para outro, sem descansar. Um mix de exercícios é quando você faz dois movimentos ao mesmo tempo. Exercícios de definição muscular são movimentos que treinam essencialmente múltiplos grupos musculares, ao mesmo tempo, fazendo você se mexer e mudar de posição. Levantamentos combinados são mais fáceis porque não requerem tanta coordenação, força ou estabilidade quanto um mix de exercícios ou os exercícios de definição; por isso, comece com eles e vá trilhando o seu caminho. Apresento aqui alguns exemplos de movimentos para você experimentar:

MITO
Treino de abdominais vai eliminar a sua barriga.

FATO: Você não pode reduzir gordura localizada. Não em seu abdome, bumbum, coxas ou qualquer lugar que você queira transformar. Para tonificar suas áreas problemáticas, primeiro você tem de reduzir sua gordura corporal como um todo, o que significa um treinamento de alta intensidade combinado com uma boa alimentação e exercícios em regiões específicas para condicionar o músculo embaixo da gordura.

LEVANTAMENTOS COMBINADOS

Agachamento com desenvolvimento
Agachamento sumô com rosca tríceps direta
Levantamento terra com remada alta e pegada aberta
Avanço frontal com rosca bíceps direta
Avanço cruzado com abdução de ombro

MIX DE EXERCÍCIOS

Avanço lateral com extensão de ombro
Prancha com remadas alternadas
Afundo com rosca bíceps martelo
Avanço frontal com deslocamento diagonal de halteres
Agachamento lateral com elevação de halteres no peito

EXERCÍCIOS DE DEFINIÇÃO MUSCULAR

Você pode ter notado que os exercícios que eu listei são bem autoexplicativos ou fáceis de serem seguidos pelos novatos. Em muitos exercícios de definição, no entanto, o nome não diz tudo o que você precisa saber, então eu te dou uma breve descrição de como fazer. Você também pode encontrar a maioria deles na internet, se quiser exemplos visuais.

Jogada de quadril – De uma posição agachada, em quatro apoios (ponta dos pés e palmas das mãos no chão), traga seu joelho direito para baixo e gire o corpo, levando o joelho em direção à axila esquerda. Então, traga o braço esquerdo para trás de você, para que você gire seu corpo para olhar para cima, com os joelhos dobrados, equilibrando-se nos calcanhares e palmas das mãos. Em seguida, gire de volta à posição inicial, trazendo o calcanhar direito por baixo, em direção ao seu ombro esquerdo, enquanto traz o braço esquerdo sobre ele. Repita do outro lado.

Caminhada de caranguejo – Sente-se no chão com os joelhos dobrados, braços retos e mãos perto da cintura, com os dedos apontando para a frente. Levante-se numa posição de ponte e "caminhe", dando quatro passos à frente e quatro passos para trás, certificando-se de caminhar com braços e mãos opostos, ao mesmo tempo.

Passo de urso – Fique de quatro, com os joelhos elevados para que não toquem no chão, e rasteje quatro passos para a frente, depois quatro para trás. Certifique-se de mover as mãos e os pés opostos simultaneamente.

Rolamento lateral em prancha com extensão de perna – Deite de lado, apoiada no seu antebraço com os joelhos dobrados. Levante o tronco numa prancha lateral. Enquanto estiver equilibrada no joelho de baixo, estenda sua perna de cima para o lado, num chute lateral ou em posição de estrela, com os pés flexionados. Abaixe-se na esteira, role de lado e repita a prancha lateral e o chute. Role de volta. Continue alternando os lados.

Levantamento turco – Deite com o rosto para cima, um braço estendido verticalmente, enquanto segura um halter leve. Levante-se sentando, cruze as pernas e fique em pé, mantendo o braço estendido; então, volte a se deitar. Repita, segurando o halter na mesma mão por 30 segundos, e leve o halter para a outra mão para uma segunda rodada.

As possibilidades são infinitas e os resultados são rápidos e eficazes. Além disso, treinar dessa forma vai economizar tempo e tornar seu corpo bem mais funcional.

DUAS VEZES: ESTÁ DE BOM TAMANHO • • 2 PONTOS

Frequentemente as pessoas me perguntam quantas repetições ou quantas séries devem fazer de um determinado exercício. Se você está procurando essa informação, é provável que você tenha ouvido conselhos diferentes, desde fazer poucas repetições com peso pesado até fazer muitas repetições com peso leve. Ou talvez você tenha ouvido falar para variar seu treino com suas repetições, tipo numa semana fazer uma série de cinquenta repetições, depois na outra fazer três séries de vinte. Ainda que não haja nada de errado em misturar as coisas dessa forma, há um número de séries ideal para *Magra para sempre* – que é também uma forma de responder à pergunta sobre repetições.

O ponto-chave para obter resultados é fatigar seus músculos, então frequentemente é recomendado que você faça mais de uma série de um exercício, se não três, quatro ou cinco. Meu ponto de vista: não quero que você seja repetitiva no seu treino. Eu prefiro que você treine seus músculos de todos os ângulos diferentes com uma variedade de exercícios do que repetir um movimento em várias séries. Quando você treina um músculo com diversidade, tanto nos exercícios como nos ângulos, você atinge mais fibras musculares e condiciona o músculo mais completamente, levando a resultados melhores e mais rápidos. (Eu explico mais sobre isso na próxima dica.)

O ideal para você é fazer duas séries de cada exercício (que devem ser elaboradas em formato de circuito, lembra?), por 30 segundos para cada exercício, como eu disse antes, em vez de uma série com um número de repetições. Já que eu não gosto de repetições de movimentos, para acrescentar variedade e melhorar os resultados, você pode se perguntar por que eu não te digo para fazer apenas uma série. A resposta é que, se você estiver trabalhando unilateralmente (só de um lado), você precisará repetir a série para treinar do outro lado. Por exemplo, se fizer uma série de agachamentos em pêndulo com flexão de bíceps apoiada na perna esquerda, você com certeza vai precisar fazer uma segunda seção para poder treinar igualmente a perna direita.

E a razão pela qual eu gosto dos 30 segundos, em vez de repetições, é que o tempo permite que você maximize seu potencial. Você ainda pode brincar com pesos maiores ou menores, mas o segredo é fazer o máximo que puder em 30 segundos de uma forma que seja boa. Seguindo isso, seu corpo vai automaticamente ajustar as repetições de acordo com a sua capacidade.

DE TODOS OS ÂNGULOS! • • 2 PONTOS

No *Magra para sempre*, eu peço que você faça duas séries de 30 segundos de cada exercício para que possa maximizar seu treino com uma variedade de movimentos para fatigar seus músculos. Ao treinar os mesmos músculos em múltiplas direções ou ângulos, você cria uma melhor tensão dos músculos e aciona mais fibras musculares! Além disso, isso ajuda a evitar um treinamento estacionado, em que seus músculos se acostumam a fazer os mesmos exercícios da mesma forma e simplesmente param de responder de maneira tão efetiva.

Vou ser só um pouquinho chata com os assuntos científicos por um instante, mas vou tentar ser simples. A questão é a seguinte: pegue seu ombro, por exemplo, que tem fibras musculares correndo em três direções – para a frente, para o lado e para trás –, que consistem nas três partes do seu ombro, os músculos deltoides. Se você quer ombros sexy, definidos, com músculos trincados que aparecem quando você levanta seus braços, você precisa exercitar o ombro de todos os ângulos. Se você treinar apenas levantando os braços para a frente e nunca erguê-los de lado ou para trás, aquelas outras fibras musculares não serão obrigatoriamente trabalhadas, e lá se foi a sua definição.

Por isso, lembre-se de usar diversidade nos seus exercícios para poder trabalhar os músculos de diferentes ângulos e acelerar para ter resultados malucos.

BOMBEIE • • 2 PONTOS

Esqueça o "foque na queima de gordura" – você sabe, aquela teoria idiota de que, durante o seu treino, você deve se exercitar numa intensidade moderada (de 65 a 70% do máximo de sua frequência cardíaca) para queimar predominantemente calorias de gordura. Isso é uma grande bobagem e total perda de tempo. Exatamente o oposto é verdade. Para resultados excepcionais, você vai precisar trabalhar numa intensidade acima dos 85% da sua frequência cardíaca máxima.

Deixe-me explicar. Durante o treinamento físico, seu corpo tem três fontes possíveis de energia: glicose e glicogênio (açúcar do sangue e açúcar armazenado nos músculos), gordura e proteína. Proteína é o último recurso; das três fontes de energia, seu corpo é menos propenso a recorrer à proteína. Para o seu corpo pegar energia dos depósitos de açúcar ou de gordura, vai depender da intensidade do seu treino. Treinar num alto nível de intensidade força seu corpo a pegar uma porcentagem maior dos depósitos de glicose e glicogênio, porque são uma fonte mais eficiente de combustível, que seu corpo vai precisar durante o treinamento intenso. Se você estiver treinando com baixa intensidade, seu corpo não precisa ser tão eficiente, então ele vai tirar uma porcentagem maior de calorias de gordura para ter combustível.

Soa então como se o treino de baixa intensidade fosse mais eficaz quando se trata de perder gordura, certo? Errado. Esses fatos fisiológicos levaram à crença errônea de que treinos de baixa intensidade são melhores do que treinos de alta intensidade quando se trata de queimar gordura e perder peso.

A verdade é que, mesmo que um percentual maior de calorias de gordura seja usado durante exercícios de baixa intensidade, o número total de calorias de gordura usadas durante o treinamento de alta intensidade é maior porque, em geral, mais calorias são queimadas.

Deixe-me ilustrar essa discussão com dois estudos: um do *New England Journal of Medicine* e o outro do American College of Sports Medicine (ACSM). O primeiro estudo mostra que um cara de 100 kg que caminha a 5 km/h numa superfície plana por 60 minutos queima 5,25 calorias/minuto. Agora, quando o mesmo cara corre a 9 km/h, ele queima 16,22 calorias/minuto. Ok, vamos dar uma olhada na matemática aqui: correr e malhar numa intensidade maior queimaram 975 calorias comparadas com as 315 que ele queimou caminhando e malhando numa intensidade menor. Ele queimou 660 calorias a mais no total.

No segundo estudo, dez pessoas se exercitaram com baixa intensidade, caminhando a 5,5 km/h por 30 minutos. Elas queimaram 8 calorias/minuto, chegando a um total de 240 calorias. Das 240 calorias queimadas, 59% (144 calorias) vieram da glicose e do glicogênio e 41% (96 calorias) vieram da gordura. Esse mesmo grupo se exercitou por 30 minutos a 10 km/h, queimando 15 calorias/minuto. Eles queimaram um total de 450 calorias, com 76% de glicose e glicogênio (342 calorias) e 24% de gordura (108 calorias). Então, eles queimaram 210 calorias a mais no total (450 – 240) e 12 calorias a mais de gordura (108 – 96).

Como você pode ver, mesmo que a porcentagem de calorias de gordura queimada seja mais alta durante o treino de baixa intensidade, durante o exercício de alta intensidade você queima mais calorias de gordura e mais calorias no total.

Mas espere, tem mais. O que você acha que acontece com as calorias de glicose e glicogênio que não são queimadas? Elas se transformam em gordura acumulada. É por isso que no final das contas, o maior determinante da perda de peso é a quantidade de calorias queimada, não a composição das calorias queimadas.

Meu último comentário sobre isso, eu prometo. Se você se exercitar numa frequência cardíaca maior, seu corpo vai queimar muito mais calorias logo depois que seu treino acabou. Isso, como eu mencionei antes, é chamado de pós-queima.

Uma das vantagens de treinar com maior intensidade, particularmente no treino de força, é que você pode acelerar seu metabolismo para que de fato você queime mais calorias numa base de repouso. Seu corpo se torna mais eficiente no treinamento, então você se torna uma fornalha de queima de calorias – esse é o objetivo!

Como eu mencionei, quero que você trabalhe nos 85% de sua frequência cardíaca máxima enquanto treina. Para descobrir qual é esse número e como atingi-lo, simplesmente coloque sua informação nesta equação simples:

Subtraia sua idade do número 220. Isso vai te dar sua frequência cardíaca máxima (FCM). Então, se eu tenho 38, minha FCM é 220 – 38 = 182. Portanto, eu quero que você trabalhe predominantemente por volta de 85% desse número, exceto quando eu colocar o meu TIAI (treino intervalado de alta intensidade – eu falarei disso logo mais) na jogada (que funciona em quase 100% do TIAI). Então, multiplique 0,85 vezes 182 e termine com 155 batimentos por minuto. Você não precisa de um frequencímetro para identificar isso, apesar de ser útil. Você só precisa parar e contar seus batimentos por 6 segundos durante seu treino e então multiplicar por 10. Eu sei que eu preciso que meu coração bata de 15 a 16 vezes a cada 6 segundos para chegar a 155 batimentos por minuto, trabalhando a 85% da minha FCM.

Conhecer sua frequência cardíaca a torna mais familiarizada com qual intensidade faz você queimar mais calorias. Se você quiser uma forma mais fácil de identificá-la, pense no seguinte: você não deve estar ofegante enquanto malha, mas conversar deve ser difícil.

SEJA VERSÁTIL • • 2 PONTOS

Não fique presa numa rotina de treino. Em vez disso, misture seus treinos regularmente. Fazer isso traz múltiplos benefícios. Primeiro, evita que sua mente se entedie. Segundo, evita que seu corpo estacione tanto no desempenho físico quanto na perda de peso. Terceiro, é crucial para a sua saúde geral, assim como para a eficiência do seu treino, que você treine com "igualdade holística". Isso significa que você precisa trabalhar com seu corpo para enfatizar diferentes habilidades – velocidade, força, agilidade, equilíbrio, flexibilidade – para se tornar uma atleta versátil. Isso é ótimo para prevenir lesões e para aperfeiçoar suas capacidades de exercício – e você terá uma queima melhor de calorias.

Se você está pensando: não sei como treinar de todas essas formas diferentes, o mais fácil é fazer várias aulas diferentes. A maioria das academias, se você frequenta uma, tem uma gama diversa de aulas. Você pode basicamente fazer uma aula diferente por dia. Para tentar se manter renovada, faça uma aula de ioga para ter flexibilidade e força abdominal; faça uma aula de treinamento militar para força, velocidade, resistência de músculos e agilidade; e faça uma aula de bike indoor para desenvolver a resistência cardíaca e a força das pernas. Ou faça uma aula que ofereça tudo isso, como o kickboxing. Eu me esforcei para fazer isso com meu *bodyshred*, e ele não apenas deixa as pessoas magras, como também as deixa realmente em forma.

Eu não quero que você pense demais nisso, apenas tente coisas novas na sua malhação experimentando diferentes treinos. Se você fizer isso, tudo se encaixará automaticamente.

MAXIMIZE SEUS MÚSCULOS

EMPURRE COM VONTADE • • • 3 PONTOS

Quer ficar magra com menos tempo na academia? Então você precisa aprender a fazer o TIAI certinho. TIAI significa treino intervalado de alta intensidade. Se algum termo foi usado demais em malhação nos últimos anos, pode ser esse, mas é por uma boa causa. O TIAI é uma estratégia de exercícios que alterna períodos curtos de exercícios anaeróbicos intensos com períodos de recuperação menos intensos. Pesquisas atuais mostram claramente que, se você quer uma atividade aeróbica mais eficiente, vá de TIAI. Se você comparar o treinamento intervalado de alta intensidade com treinamentos contínuos de estados fixos, realmente não há discussão; o TIAI muda o jogo quando se trata de queima de calorias e utilização de gordura.

Numerosos estudos olharam para esse tipo de treino intermitente – alternando exercícios aeróbicos de alta e baixa intensidade, seja andar/correr numa esteira, numa bicicleta ou o que quiser – e os resultados finais chegam à mesma conclusão: o TIAI queima mais gordura e cria uma pós-queima maior do que o treino fixo numa frequência cardíaca menor. Para aqueles que querem saber, essa pós-queima é chamada de consumo de oxigêncio pós-exercício (COPE).

Pesquisadores também descobriram que exercícios de TIAI parecem elevar o metabolismo de forma significativamente maior do que outros exercícios aeróbicos. A última razão para fazer o TIAI, se essas duas não foram suficientes, é que seu treino será significativamente mais curto! Você não precisa de 60 minutos quando 20 a 30 minutos de intervalos pesados vão te dar mais do que essa uma hora que demora para passar.

Embora as sessões de TIAI sejam tradicionalmente breves e utilizem um treino aeróbico, eu adaptei essa filosofia para incorporá-la em qualquer tipo de treino, seja aeróbico ou de força.

Durante seu rodízio semanal, você pode fazer TIAI em seus dias aeróbicos ou durante o treino de circuito. Simplesmente trabalhe numa frequência cardíaca de alta intensidade no final do seu circuito por 30 segundos a 1 minuto.

Pesquisadores estimam que o intervalo ideal deve ter de 30 segundos a 2 minutos para aumentar o teto da intensidade. Para fazer o TIAI corretamente, você precisa direcionar o seu esforço para 85 a 100%, e então se recuperar. Eu mesma gosto de períodos mais curtos porque posso intensificar o finalzinho num tempo também mais curto.

MITO
Sempre trabalhe um músculo até não aguentar mais.

FATO: Enquanto você pode ter lido em alguma revista de saúde que abusar ao máximo do seu corpo durante cada treino é uma grande ideia, não é. Pode levar a exageros, diminuição de força e possíveis lesões. Malhe até o ponto de fadiga (o ponto onde você poderia fazer mais uma repetição, mas teria de trapacear), mas não a ponto de dor.

Confie em mim — se você fizer qualquer um dos exercícios seguintes na intensidade que eu peço para fazer, você não será capaz de fazer por mais de 2 minutos; é a beleza da eficiência do TIAI. Não pense que você pode fazer 1 hora de escaladores e queimar 900 calorias em 1 hora; eu sei que você está pensando nisso. Esses movimentos devem ser intensos e curtos, e você só tem esse tipo de queima de caloria se estiver se exercitando acima dos 89%.

Aqui estão alguns exercícios para você escolher:

- Avanços com saltos alternados — 12 calorias/minuto
- Saltos com agachamento — 13 calorias/minuto

- Polichinelos — 13,5 calorias/minuto
- Patinadores velocistas [salto com agachamentos laterais] — 13,5 calorias/minuto
- Escaladores [salto alternando pernas com apoio das mãos no chão] — 15 calorias/minuto
- Marcha com chute no traseiro [saltos batendo os calcanhares nos glúteos] — 12 calorias/minuto
- Elevar os joelhos — 13 calorias/minuto
- Pular corda — 11 calorias/minuto

E aqui apresento uma amostra de circuito. Os primeiros quatro exercícios são de movimentos de resistência e condicionamento; o último exercício é um intervalo de TIAI:

- Barra fixa com ajuda (a não ser, é claro, que você possa fazer sem ajuda) ou remada inclinada.
- Avanço em pêndulo (mesma perna, um avanço frontal seguido por um afundo) com rosca alternada (rosca bíceps partindo com a palma para baixo e terminando para cima).
- Remada sentada.
- Salto duplo de corda (duas rotações da corda por salto).

Quando estiver usando TIAI num dia de atividade aeróbica, um exemplo clássico de protocolo TIAI é o Treino Tabata, com uma proporção de 2 para 1, como 20 segundos de alta intensidade, o mais forte que você puder, seguido por um descanso de 10 segundos. Você repete isso por 8 intervalos. Sim, dura apenas 4 minutos. Isso não é sustentável para qualquer um, mas é o melhor para atletas avançados. Eu modifiquei os princípios um pouquinho para que possam funcionar melhor para atletas do começo ao intermediário, então é administrável e ainda assim extremamente eficaz. Seguindo esse protocolo, eu pude queimar 500 calorias de um dos meus competidores do *Biggest Loser* em 30 minutos. Então, a proporção de alta para baixa intensidade que eu recomendo é: 30 segundos de máxima intensidade (90 a 100%) seguida por 30 segundos de intensidade menor, por volta de 50% de esforço.

Independentemente de quais treinos você decida aplicar o TIAI, essas rotinas curtas e intensas aumentam e muito sua capacidade atlética e condicionamento, levam a um melhor metabolismo da glicose e aumentam de maneira incrível a queima da gordura.

ACELERE • • 2 PONTOS

Você pode brincar com a velocidade de suas repetições para desafiar seu corpo a aumentar a queima de calorias. Quando se trata de velocidade de repetições, a maioria das pessoas fica com o testado e aprovado: um ritmo lento e controlado com cerca de dois segundos do positivo (levantar, empurrar ou puxar o peso) e cerca de dois segundos do negativo (abaixar ou soltar o peso). Isso é totalmente certo, mas se quiser tirar mais do seu treino, considere fazer mais rápido a parte positiva da repetição durante alguns de seus treinos semanais. Repetições super-rápidas e explosivas podem ajudar a desenvolver mais força e energia enquanto aumentam sua queima e ajudam a perder mais gordura.

Nessas repetições rápidas, levante, empurre ou puxe durante a contração positiva, o mais rápido que você puder num bom movimento. (Se não puder manter um bom movimento, diminua o peso que está levantando). Então, abaixe o peso com controle por 2 a 4 segundos de volta à posição inicial. Não use velocidade para a parte negativa da sua repetição – nunca! Para aqueles que se perguntam sobre repetições negativas ou lentas com o propósito de emagrecer, não faça. Alguns estudos mostram um aumento do tamanho do músculo com essa metodologia, mas não notam mudanças significativas em condicionamento ou queima de gordura. É mais eficiente como uma técnica de musculação para aumentar os músculos. E eu não quero que sua frequência cardíaca despenque enquanto você estiver treinando num ritmo desacelerado. Você não tem de levantar rápido em todo treino, mas pelo menos uma vez por semana certifique-se de mudar a velocidade de suas repetições, assim como você muda outros aspectos de seus treinos – para ganhar força e energia e acelerar o metabolismo da gordura.

FAÇA EM DOBRO • • 2 PONTOS

Conheça a devidamente intitulada "supersérie" — um jeito seguro e natural para ficar mais esguia e forte num período mais curto de tempo. Há diferentes tipos de superséries, mas para o nosso programa de treino, vamos usar superséries com os mesmos grupos musculares. Este é um método avançado de treinamento no qual você faz dois exercícios para o mesmo grupo muscular, um em seguida do outro, sem descanso entre eles. O treino de superséries tem várias vantagens básicas sobre o treino convencional. Ao fazer as superséries, você se livra do período de descanso entre as séries e acrescenta intensidade ao seu treino, e, como sabemos, mais intensidade significa melhores resultados. As superséries permitem que você sobrecarregue seus músculos sem usar pesos pesados – perfeito para alguém que queira ficar esguia, e para melhorar a força e a resistência sem aumentar de tamanho.

Aqui estão alguns exemplos de superséries eficientes:

- Puxada com polia alta seguida de remada em prancha.
- Flexões de braço seguidas de crucifixo com elástico.
- Extensões de membros inferiores seguidas de saltos em estilo tesoura.
- Abdominal em bicicleta seguido por levantamento de membros inferiores.
- Levantamento terra seguido de extensão dorsal na cadeia romana.
- Avanços frontais e agachamentos com saltos alternados.

E aqui está como a supersérie deve ficar em formato de circuito:

- Supino reto.
- Crucifixos com elevação pélvica.
- Supermans (elevação de membros inferiores e braços alternados, deitada de barriga para baixo).
- Escaladores.

ALAVANQUE-SE • • 2 PONTOS

Seus músculos, ossos e articulações funcionam como um sistema de alavancas que trabalham em conjunto e permitem que você levante peso, seja o peso do seu próprio corpo ou com resistências externas, como um halter. Conforme você aumenta a distância entre o objeto que está levantando e a articulação (o pivô) que se move, seus músculos geram mais força.

Essencialmente, ao estender o comprimento da alavanca – seus braços, pernas ou tronco – você coloca os músculos em desvantagem. Eles têm de fazer mais força para fazer o mesmo trabalho, ao mesmo tempo tornando-a mais forte e esguia. Aqui há um exemplo do que eu quero dizer: quando você está fazendo flexões apoiada em suas mãos e pés, e então cai de joelhos, você basicamente diminuiu a alavanca, e assim fica bem mais fácil. Nosso objetivo é tornar mais difícil, para queimar mais calorias e ter melhores resultados mais rápido.

Apresento há algumas formas de aplicar essa técnica:

- Faça flexões apoiada nas mãos e pés – mesmo se suas mãos estiverem numa plataforma elevada, como um degrau.
- Faça levantamentos laterais com os braços esticados em vez de dobrados.
- Faça crucifixos com pesos ou elásticos em vez de usar a estação de musculação, em que os cotovelos ficam flexionados.
- Se fizer levantamento de pernas, estique sua pernas em vez de dobrar os joelhos.

Se ainda estiver confusa com a melhor forma de fazer um exercício com a máxima eficácia, siga esta orientação: mantenha seu corpo o mais alongado possível, o tempo todo. Se tem a opção de fazer um movimento com pernas dobradas ou esticadas, ou com braços dobrados ou esticados, escolha a forma esticada para um treino mais intenso.

Aqui vai uma advertência para todos: faça a versão mais difícil apenas se puder fazer da forma perfeita. Você pode ter de se preparar para isso. Eu prefiro que você tente alguns mais difíceis e, então, faça a versão mais fácil perfeitamente, do que nunca tentar. Você vai ganhar força e aumentar seus resultados ao acrescentar continuamente versões mais desafiadoras do seu treino.

TORÇA E RETORÇA • • 2 PONTOS

Não precisa exagerar, mas quero que você se contorça, bastante, em todas as direções possíveis. Embora alguns equipamentos, como a máquina de cabos livres e a máquina de cabos com polias altas para crucifixos, exijam que você use os músculos abdominais para fazer o exercício corretamente, a melhor forma de implementar essa dica é trabalhar com o peso do seu corpo e pesos livres e evitar equipamentos que isolam artificialmente grupos musculares e funcionam num plano – da frente para trás, de lado a lado, de cima para baixo. Uma rosca sentada é um exemplo perfeito. Nossos corpos não funcionam assim no mundo real; quando treinamos dessa forma, não é natural e não é eficiente. Quanto mais você se exercitar de maneira "tridimensional", mais calorias você queima e mais em forma e funcional você estará. Aqui vão alguns exemplos para tentar.

- Avanços com deslocamento diagonal (movimentos diagonais descendentes que cruzam a frente do corpo, que você faz enquanto avança com pernas alternadas).
- Patinadores velocistas (avanço em diagonais).
- Saltos agachados a 180° (agache-se, salte e gire 180° no ar, agache-se na outra direção e repita).
- Burpees laterais (no solo, jogue as pernas para as laterais em vez de para trás).
- Levantamento de surfista (salte de uma posição deitada com o rosto para baixo, como se estivesse numa prancha de surfe).

Se você não se sente confiante o suficiente para fazer um treino de levantamento de peso multidimensional, comece tentando fazer as seguintes aulas na sua programação, uma vez por semana no mínimo, para ir ganhando experiência: kickboxing, dança, ioga ou o meu *bodyshred*.

PARA BAIXO! • • • 3 PONTOS

Uma boa amplitude de movimentos, ou a distância que seu corpo se move de um ponto para o outro durante o exercício, é um ponto-

-chave para ficar em forma e, ao mesmo tempo, para tirar o melhor do seu treino. Ao se mover amplamente, usando cada uma das articulações, você ganha flexibilidade, mobilidade, força e uma melhor queima de calorias.

Aqui estão algumas formas com as quais você pode estar boicotando a amplitude de seus movimentos durante o treino:

- Um agachamento em que você deixa de trazer suas coxas paralelas ao chão.
- Uma flexão de bíceps ou puxada alta em que você nunca solta totalmente o peso de volta à posição inicial ou estica os braços.
- Um avanço onde o joelho de trás fica a apenas 15 cm do chão, em vez de 5 cm.
- Supino com halteres em que você nunca estica totalmente seus braços acima da cabeça.

É claro que, se você estiver fazendo um esforço extremo e não puder chegar ao máximo da sua amplitude para baixo ou para cima, não se lesione tentando. Mas se estiver fazendo seu treino sem pensar, boicotando ou apenas não se esforçando o suficiente, pare de enganar a si mesma. Movimente o seu corpo aqueles centímetros a mais e aumente sua queima durante e após o treino, enquanto simultaneamente adquire um corpo mais em forma.

MITO
Músculo se transforma em gordura ou gordura se transforma em músculo.

FATO: Assim como gordura não pode se transformar em músculo, músculo não se transforma em gordura. Ganhar músculos e perder gordura são dois processos completamente diferentes. Você queima gordura corporal e cria músculo, mas a ideia de converter um no outro é tão possível quanto transformar chumbo em ouro.

PARA CIMA! • • 2 PONTOS

Saltite, pule, solte-se, avance, levante, voe – isso mesmo! Eu quero que você voe, com uma técnica avançada de fitness chamada pliometria, ou treino de salto. Apesar de ter surgido para os atletas nos anos 1960 e 1970, mais ou menos na última década, o treino de salto se tornou um dos métodos favoritos para melhorar o desempenho atlético.

A pliometria é uma forma de treino de alta intensidade que pode aumentar significativamente sua força, velocidade e resistência, permitindo que você queime mais calorias e perca gordura corporal. Além disso, por ser tão árduo, o treino pliométrico eleva sua taxa de metabolismo ou pós-queima nas horas seguintes.

É assim que funciona: você faz um movimento de alta velocidade (como um salto agachado) que depende da energia gerada através do "ciclo de diminuição de alongamento". Um músculo que está estendido antes de uma contração explosiva (recuo) vai se contrair com mais força e mais rapidamente.

Usando um salto agachado como exemplo, o agachar-se um pouco antes do salto diminui o centro da gravidade e estende levemente os músculos envolvidos. Isso é uma fase preparatória. Então, conforme você estende as suas pernas para saltar e deixar o chão, você aciona mais potencial de explosão devido à contração que você acabou de criar com o agachamento abaixado.

Aqui vão alguns exemplos de como usar isso no seu treino:

- Um avanço em que você salta conforme estica as pernas.
- Saltos de caixa, em que você literalmente dobra os joelhos e depois salta sobre um caixote ou uma plataforma.
- Flexões em que você empurra seus membros superiores verticalmente, da posição abaixada (alongada), com uma força tão grande que suas mãos saem do chão.

Para esclarecer e simplificar ainda mais: acresentar um salto ou um pulo a seus exercícios básicos vai aumentar a intensidade e potencializar a queima de calorias que vem com o impacto. Para obter os benefícios totais da pliometria e ampliar drasticamente a eficácia do movimento, certifique-se de se contrair ao aterrissar. Você vai ter o benefício extra do "ciclo de alongamento encurtado" quando ocorrer a explosão do movimento. Certifique-se também de que você se proteja contra lesões ao aterrissar suavemente nos dedos e no calcanhar.

Um aviso: embora os benefícios físicos da pliometria em relação ao desempenho físico sejam insuperáveis, esse tipo de treino é extremamente intenso. Não tente realizar essa técnica, a não ser que você já tenha uma forma física moderada ou boa. Se tiver problemas de coração, certifique-se de consultar seu médico antes de fazer essa atividade.

TORNE-SE INSTÁVEL • • 2 PONTOS

Já viu na academia todos os equipamentos estranhos e acessórios, como almofadas circulares, meias-bolas Bosu e pranchas flexíveis, e se perguntou para que servem? Bem, sorte a sua que estou aqui para te dizer: são para treino de equilíbrio. Porém, ao me preparar para escrever este livro, eu fiz um enorme trabalho de revisão das pesquisas recentes, comparando treino de equilíbrio no chão e treino com esses acessórios, particularmente em conjunto com o treino de força. Eu descobri estudos que embasam a minha filosofia, que é a de que você deve ser capaz de treinar mais duro e obter melhores resultados quando você está em superfícies sólidas, e é o seu corpo que fica sem equilíbrio, não o lugar onde você está.

Não estou dizendo que um equipamento de equilíbrio não vai

melhorar o seu equilíbrio. Mas se você quer melhorar a força dos músculos, o estímulo dos músculos e o uso deles – no que se baseia toda a queima de calorias – eu quero que você fique instável, não a plataforma em que você está. Exercícios que requerem estabilidade utilizam mais músculos e são muito mais difíceis do que aqueles que não requerem; isso vai ajudar a queimar calorias, que é o que estamos buscando. Além disso, equilíbrio é uma parte integral do treino físico global para melhorar coordenação, habilidade atlética e postura. Essas parafernálias e acessórios são bacanas e divertidos de se usar. Eu não estou dizendo para você nunca utilizá-las. Lembre-se apenas de que eu penso em eficiência e em fazer o melhor uso do seu tempo.

Aqui vão alguns exemplos de como treinar o seu equilíbrio de maneiras que maximizam a queima de gordura:

Erga um membro. Em vez de se equillibrar em ambos os pés ou ambos os braços durante um exercício, erga um braço ou perna acima do solo para criar instabilidade, tais como:

- Faça flexões e tente erguer uma perna do chão enquanto você faz o exercício.
- Faça agachamentos com uma perna só.
- Realize um avanço lateral e, quando voltar à posição inicial, em vez de colocar sua perna que avançou de volta ao chão, erga-a com o joelho.
- Faça uma prancha com um braço elevado ao lado do corpo, ou estenda tanto um braço como uma perna.
- Faça levantamento do solo com uma perna só, com halteres (sempre que você se abaixar e se levantar de novo, isso desafia seu sistema sensorial).
- Faça remadas com cabo, de pé, com uma perna em vez de duas.

As possibilidades são infinitas. Simplesmente avalie o exercício que está fazendo e veja se pode remover um pilar de apoio.

Segredo da plataforma. Este método incorpora o uso de uma superfície sólida, da qual você ergue ou abaixa seu próprio peso corporal (uma forma de queimar calorias e de fortalecer a musculatura de todo o tronco) enquanto ainda testa o seu equilíbrio. Aqui estão alguns exemplos.

- Faça step-ups com uma perna só, com um joelho levantado num banco ou degrau alto.
- Fique de pé num degrau e avance para trás dele.
- Coloque seu pé de trás num banco reto e faça avanços, parada.
- Coloque um pé sobre um degrau e faça uma flexão.

Para obter o máximo do treino de equilíbrio, incorpore os dois princípios anteriormente descritos, usando o peso do corpo ou pesos livres; com os resultados, você irá para a próxima fase.

AUMENTE SUA FREQUÊNCIA CARDÍACA

AUMENTE A INCLINAÇÃO • • 2 PONTOS

Tudo o que é necessário para queimar 15% a mais de calorias numa esteira é um pouco de inclinação. Até mesmo elevar uma esteira numa inclinação de 5% e caminhar faz uma enorme diferença. Quanto mais alto você for, mais calorias você queima em qualquer velocidade, sem consumir mais tempo do seu treino. Aqui vai um exemplo: se uma mulher de 65 kg caminhar por 30 minutos em 6,5 km/h (um ritmo bom de fitness) sem inclinação ela vai queimar 132 calorias. Se ela acrescentar 5% de inclinação, ela vai queimar 220 calorias. Suba a inclinação para 10%, com ela ainda andando, e ela vai queimar 312 calorias. Bônus: aumentar a inclinação queima aproximadamente a mesma quantidade de calorias do que uma corrida leve por 30 minutos numa esteira plana. Então, se você não pode fazer cooper ou correr, caminhar com inclinação te dá uma intensidade a mais, acrescenta queima de calorias e um grande condicionamento muscular, sem acrescentar impacto.

SEM AS MÃOS • • 2 PONTOS

Com certeza você me ouviu gritar com os participantes do *Biggest Loser* para tirar as mãos da esteira, do treino elíptico ou stepper. Faço isso porque você queima 25% a menos de calorias quando você se segura. É muita coisa, certo? Agora você sabe por que eu grito com eles! Sinceramente, se você vai gastar esse tempo com treino, não vai querer maximizar seus resultados? Então, da próxima vez que tiver um dia de treino aeróbico na academia, solte as mãos dos apoios! Isso não só aumenta sua queima de calorias e o desafio do treino, mas também é um treino ótimo e intenso para toda a musculatura do tronco.

MITO
Se aeróbica é parte do seu treino, você não ganha músculo.

FATO: Ainda que exercícios aeróbicos rápidos possam tornar o ganho de músculos um pouco mais difícil, ainda é possível dar uma secada com eles. Se "trincar" é seu objetivo e você adora fazer aeróbica também, apenas se certifique de continuar fazendo treino de resistência durante a semana, ingerir os nutrientes adequados para manutenção dos músculos e trocar suas aulas aeróbicas de sessões mais longas de resistência para sessões mais curtas de velocidade. Já viu as pernas de quem corre?

FAÇA EXERCÍCIOS AERÓBICOS COM OS BRAÇOS • • 2 PONTOS

Quando estiver caminhando, fazendo cooper ou correndo, mantenha seus cotovelos apontados para trás em vez de balançar seus braços soltos ou deixá-los pendurados. Isso vai instantaneamente aumentar seu passo com menos esforço das pernas e vai aumentar a eficácia do treino do corpo todo.

TROQUE DE APARELHO • • 2 PONTOS

Se você anda malhando na esteira e nunca pensou em ir para outro aparelho aeróbico, essa dica é para você. Cada aparelho vai desafiar seu corpo de uma forma diferente e, acredite ou não, é fácil se acostumar ao velho treino de sempre. Para conseguir os benefícios do treino aeróbico, assim como sair de uma frequência cardíaca estacionada e afastar o tédio, use um equipamento diferente para treino cardíaco. Ou seja criativa e use dois ou três aparelhos diferentes em cada treino. O tempo vai correr mais rápido e você vai ter um treino impressionante!

OTIMIZE ESPAÇOS EXTERNOS

VÁ PARA A RUA • 1 PONTO

Uma grande forma de afastar o tédio é levar seu treino para o ar livre. Você tem tudo do que precisa fora de sua casa, no seu próprio bairro. Você pode ter uma megaqueima usando o ambiente ao seu redor para criar sua própria academia. Encontre um parque ou um outro espaço aberto e faça a velha ginástica de polichinelos, escaladores, pular corda, bater os calcanhares nos glúteos ou elevar os joelhos. Faça treinos de peso como agachamento, pliés, avanços, flexões ou abdominais. Você pode utilizar equipamentos locais como um banco, um trepa-trepa de criança, um muro, uma árvore ou até um poste.

Aqui vão algumas ideias divertidas:

- Faça agachamentos com as costas apoiadas numa parede.

- Faça flexão de tríceps, flexões de braço, abdominais ou agachamentos num banco.
- Faça puxadas com polia alta segurando em um galho forte ou em um poste de rua.
- Faça avanços reversos ou saltos de step no meio-fio (não numa esquina movimentada!).
- Barra fixa no trepa-trepa de um playground.
- Para aeróbica, faça intervalos de TIAI usando quarteirões como marcadores de intervalos: caminhe um quarteirão, corra um quarteirão. Inclua qualquer exercício listado antes no seu caminho.
- Num parque ou na praia, crie dois marcadores com cera de 50 m de distância um do outro. (Um passo largo tem cerca de um metro.) Então, vá de uma marca a outra vinte vezes. Cada vez que você chegar a uma marcação, faça um dos seguintes exercícios: 20 avanços, 20 agachamentos, 20 flexões, 20 abdominais, ou apoie-se em prancha por 20 segundos. Descanse em intervalos de 30 segundos.

MITO
Calçados tonificantes realmente modelam suas pernas e levantam seu bumbum.

FATO: É claro que não! Essa ideia entra na categoria de "parece bom demais para ser verdade, e é!" Dois estudos recentes do American Council on Exercise (ACE) concluíram que simplesmente "não há evidências que corroborem a alegação de que esses sapatos ajudam quem usa a se exercitar mais intensamente, queimar mais calorias ou melhorar a força e tonificação dos músculos".
Todd Galati, do ACE, não encontrou diferença entre esses calçados especiais e tênis normais (além do preço). Ele observou: "Esses tênis não são pílulas mágicas". É a caminhada que faz a diferença na sua vida, não o calçado.

SINTA A TERRA SE MOVER • 1 PONTO

Fazer sua aeróbica ao ar livre pode aumentar drasticamente sua queima de calorias. Estudos mostram que, graças às variações de inclinação e instabilidade dos terrenos (assim como a resistência extra de correntes de vento e água contra seu corpo), sua frequência cardíaca aumenta cerca de 5 a dez vezes por minuto quando você malha ao ar livre. No seu próximo treino, se o tempo ajudar, escolha o asfalto em vez da esteira. Tente andar de bicicleta na rua em vez de ir à aula de spinning; corra na arquibancada da quadra de uma escola, em vez de usar o step da sua academia. Nade no mar em vez da piscina; em vez de usar o aparelho de remo, experimente andar de caiaque num rio próximo.

GANHE E PERCA

GANHE 3 PONTOS

- ☐ Consistência é o ponto-chave
- ☐ Remodele seus músculos
- ☐ Sempre em movimento
- ☐ Agrupe
- ☐ Empurre com vontade
- ☐ Para baixo!

GANHE 2 PONTOS

- ☐ Divida e tire um grande peso
- ☐ Duas vezes: está de bom tamanho
- ☐ De todos os ângulos!
- ☐ Bombeie
- ☐ Seja versátil
- ☐ Acelere
- ☐ Faça em dobro
- ☐ Alavanque-se
- ☐ Torça e retorça
- ☐ Para cima!
- ☐ Torne-se instável
- ☐ Aumente a inclinação
- ☐ Sem as mãos
- ☐ Faça exercícios aeróbicos com os braços
- ☐ Troque de aparelho

GANHE 1 PONTO

- ☐ Vista-se adequadamente
- ☐ Faça um aquecimento de cinco minutos
- ☐ Vá para a rua
- ☐ Sinta a terra se mover

____

Total de *pontos* do Capítulo 2

____

Total de *dicas* que estou aplicando

CAPÍTULO 3

Em casa

Como eu disse, o propósito deste livro é garantir que você é à prova de bombas. Eu quero que você tenha um número absurdo de estratégias para que você possa lidar com tudo e mais um pouco que possa comprometer sua habilidade de perder peso e se manter saudável. Com isso em mente, é imperativo que nós cuidemos de tudo o que acontece em sua casa que possa afetar seu peso e bem-estar. Sua casa é literalmente sua base. Por essa razão, nós temos de nos certificar de que ela seja sólida como uma rocha. Estou falando sobre as compras que você faz, a academia que você pode pensar em construir em casa, os produtos de beleza que você mantém no banheiro, e até os produtos de limpeza que usa. Isso mesmo, não vou deixar nenhuma pedra sobre pedra. Eu estou aqui para cuidar de tudo para você. Se você já está entrando em pânico e pensando que este capítulo vai te custar uma fortuna, pense novamente. Você provavelmente vai economizar dinheiro quando tudo tiver sido feito.

Comprando comida

Primeiramente, vamos tratar do obstáculo mais óbvio: o que tem na sua cozinha. No Capítulo 1, falamos muito sobre os princípios e as estratégias da dieta; agora é hora de começar a aplicá-los.

A comida que você guarda em casa e cozinha é uma parte integral do seu sucesso, e este capítulo vai mostrar todas as formas de emagrecer suas escolhas para que elas, em seguida, a emagreçam.

COMPRAS MAGRAS

O CENTRO AUMENTARÁ O SEU CENTRO • • • 3 PONTOS

Este é óbvio assim. Evite gôndolas centrais o máximo que puder, e compre nas partes periféricas do mercado, onde produtos frescos como frutas, legumes, verduras, laticínios, carnes e peixes geralmente estão localizados. As gôndolas do centro são onde são encontradas as porcarias – biscoitos, batatinhas, pães, cereais matinais e outras tentações desnecessárias.

MANTENHA A CABEÇA ABAIXADA • • • 3 PONTOS

Se você se aventurar nas gôndolas centrais procurando por alguma coisa, olhe para as prateleiras de baixo. Os itens mais vendidos – aqueles que são mais processados e que se tornam mais baratos com ingredientes falsos e porcaria – são mantidos na altura dos olhos. As comidas mais saudáveis, que custam mais às empresas alimentícias para produzi-las, geralmente são colocadas em prateleiras mais baixas, para incentivá-la a comprar os itens que vendem mais.

VÁ DE CARRINHO • 1 PONTO

De acordo com um estudo recente publicado no *Journal of Marketing Research* sobre consciência corporal (a ideia de que os movimentos físicos afetam nossa função cognitiva e nossos processos de tomada de decisão), se você caminhar pelas gôndolas do supermercado com um carrinho de compras em vez de com uma cestinha, você estará propensa a fazer escolhas mais saudáveis. Quem compra com cestinhas está mais propenso a escolher doces e outras comidas de calorias vazias, em vez de itens saudáveis e nutritivos, porque segurar uma cesta pode disparar um desejo por gratificação instantânea. Mas quando você empurra um carrinho, você está com frequência mantendo os braços estendidos, uma linguagem corporal "repetidamente associada com rejeitar objetos indesejados." Então, da próxima vez que estiver no supermercado, pegue o carrinho em vez da cesta. E, se nada adiantar, você pode queimar calorias guiando-o como um patinete – é o que eu sempre faço.

NÃO COMPRE QUANDO ESTIVER COM FOME – NUNCA! • • • 3 PONTOS

Quando você puder evitar, nunca compre quando estiver com fome. Esta é uma receita para evitar o desastre. Ter fome compromete seu julgamento e compromete sua força de vontade, levando-a a comprar comida demais e dos tipos errados.

Não é apenas ruim para a sua dieta, é também ruim para o seu bolso. Certifique-se de encher a barriga antes de chegar ao supermercado.

FAÇA COMO O PAPAI-NOEL • • 2 PONTOS

Tirando o título cafona, o ponto que eu quero enfatizar aqui é que você deveria fazer uma lista de compras e verificar duas vezes. Isso vai fazer com que você tome decisões melhores, porque con-

MITO
Ficar em jejum é uma ótima forma de perder peso.

FATO: Ficar em jejum é um tiro certo para destruir o seu metabolismo. Mesmo que você veja uma perda temporária de peso, a palavra-chave aqui é temporária. Você perde peso enquanto jejua, mas quando comer novamente, você vai ganhar de volta, e mais um pouco. Aqui está o motivo: de uma perspectiva bioquímica, ficar em jejum deixa seu corpo faminto. Seu corpo responde lançando hormônios para desacelerar o metabolismo, canibalizar os músculos e acumular gordura. A gordura é necessária para a sobrevivência, ao passo que os músculos não. Além disso, músculos queimam mais calorias do que gordura, e quando o corpo está no modo de conservar calorias, ele tenta se livrar do máximo possível de músculos para sobreviver. Não fique em jejum, a não ser por um propósito religioso sério, e mesmo assim você deve fazer apenas por um período bem curto de tempo.

forme você planeja suas refeições semanais, as comidas não saudáveis não estarão bem na sua frente, tentando fazê-la cair em tentação.

Além disso, a lista se torna um guia, então você não fica vagando sem rumo por aquelas perigosas gôndolas centrais sem decisão, submetendo-se a impulsos engordativos de compra.

VÁ SOZINHA, NÃO LEVE AS CRIANÇAS • • 2 PONTOS

Se você tem pequeninos em sua vida, não os leve ao mercado, se puder evitar. Aprendi isso da forma mais difícil, passando pela gôndola de cereais matinais com a minha filha de dois anos. Ela, claro, queria cada caixa de porcaria com um personagem de desenho, e quando eu não colocava no carrinho, ela fazia birra. Crianças são crianças; nós somos adultos. É nosso dever protegê-las e tomar decisões saudáveis para a família toda. Força de vontade é difícil o suficiente para nós mesmos termos, sem contar o estresse extra de lidar com uma birra que nos deixa arrasadas.

Mesmo se seus filhos passaram da "terrível fase dos dois", você realmente precisa dessa pressão de ter de argumentar contra os Froot Loops?

USE SUA CALÇA JEANS APERTADA • 1 PONTO

Deixe de lado sua calça de moletom e coloque aquela calça jeans apertada para sua próxima visita ao mercado. Isso servirá como um lembrete de que você ainda quer ficar bem nela, e isso a incentivará a não sucumbir aos desejos de comprar o que você não precisa.

COMIDAS QUE EMAGRECEM

PEGUE LEVE • • 2 PONTOS

Eu mencionei no Capítulo 1 que você precisa tomar cuidado com comidas sem gordura porque elas têm toneladas de aditivos e porcarias para compensar a falta de textura e sabor. Por outro lado, você também não precisa de toda a gordura das versões integrais. Precisamos de uma quantidade determinada de gordura saudável na nossa dieta, mas gordura ainda é alta em calorias (9 calorias/g, em contraste com 4 calorias/g de proteína e carboidratos). Por essa razão, a opção com pouca gordura é a melhor; você tem os benefícios nutricionais sem as calorias a mais. Escolha leite desnatado, iogurte grego desnatado, queijo cottage com pouca gordura e cortes mais magros de carne.

CORTE FÁCIL DE CALORIAS

Substitua duas colheres (sopa) de maionese comum por duas colheres (sopa) de maionese light.

Corte: 83 calorias

ESCOLHA INTEGRAL • • • 3 PONTOS

Vá da versão 100% integral de todos os grãos. Seus pães, cereais, produtos assados, macarrão e, claro, guarnições devem ser integrais.

MITO
Se quer emagrecer, não coma glúten.

FATO: A não ser que você realmente tenha intolerância a glúten e/ou tenha um distúrbio autoimune conhecido como doença celíaca (que corresponde a 1 a cada 133 norte-americanos, de acordo com a Celiac Disease Foundation), tirar o glúten da sua dieta não faz diferença. Na verdade, alimentos sem glúten frequentemente têm mais calorias e menos fibras do que seus correspondentes com glúten. Além disso, alimentos sem glúten são mais caros. Fique com os cereais integrais como melhor escolha.

Não seja enganada pelos rótulos multigrãos, sete grãos, doze grãos ou farinha orgânica. Isso é importante, porque grão 100% integral significa que nenhum dos nutrientes nem as fibras foram removidas durante o processo. Comer cereais integrais é associado a inúmeros benefícios à sua saúde, como diminuir a pressão sanguínea a evitar diabetes tipo 2 e doenças cardíacas. Além disso, as fibras estabilizam o açúcar no nosso sangue e nos mantêm satisfeitos por mais tempo, nos ajudando a comer menos. Certifique-se de que o pacote diga "100% integral" ou tenha uma etiqueta de "integral". Se ainda não tiver certeza, verifique a lista dos ingredientes.

Aqui vai uma lista de grãos integrais que você pode encontrar. Para mais informações sobre cada um, e como comê-los, verifique este link do Whole Grain Council: www.wholegrainscouncil.org/whole-grains-101/whole-grains-a-to-z.

Amaranto
Arroz, o integral e os coloridos (como vermelho, roxo e preto)
Arroz-selvagem
Aveia e flocos de aveia
Centeio
Cevada
Milho, incluindo farinha integral de milho e pipoca

Painço

Quinoa

Teff

Trigo, incluindo variedades como espelta, kamut, trigo-duro, triguilho (trigo para quibe) e trigo em grãos

Trigo-sarraceno

Triticale

Quando ler o pacote, todos os grãos e farinhas listados devem ser seguidos da palavra integral. Suponhamos que você veja um pacote que diga "trigo integral". Isso quer dizer que o cereal é integral, mas a não ser que diga "100% integral", existe a chance de que o produto contenha farinha integral 100% refinada. Obviamente, as seleções de grãos 100% integrais são a melhor opção. Sua melhor escolha é a farinha de 100% trigo integral.

Aqui estão algumas das minhas escolhas favoritas de grão 100% integral para macarrão, cereais matinais e pães:

Opções de macarrão:

Eden Organic 100% Whole-Wheat Pasta

Eden Organic 100% Whole-Grain Kamut & Quinoa Twisted Pair

Eden Organic 100% Whole-Grain Rye Spirals

Heartland 100% Whole-Wheat Pasta

Hodgson Mill Gluten-free Brown Rice Pasta

Hodgson Mill 100% Whole-Wheat Pasta

Opções de cereais matinais:

Kellogg's Mini-Wheats

Nature's Path Crunchy Vanilla
Nature's Path Flax Plus Pumpkin Raisin Crunch
Nature's Path Hemp Plus Oatmeal
Nature's Path Heritage Flakes *ou* Flax Plus Flakes

Opções de pães:

EarthGrains 100% Natural 7-Grain
EarthGrains 100% Natural Wheat Berry with Honey
EarthGrains 100% Natural Whole Wheat 100% Stone Ground
Pão da marca Ezekiel (qualquer um)
Nature's Own Organic 24 Grams Whole Grain 100% Whole Wheat
Nature's Own 100% Whole Grain
Pepperidge Farm 100% Natural, 15 Grain
Pepperidge Farm 100% Natural, Whole Grain German Dark Wheat
Pepperidge Farm 100% Whole Grain, Whole Wheat
Pepperidge Farm Whole Grain Oatmeal
Sara Lee Hearty and Delicious 100% Whole Wheat with Honey
Sara Lee Hearty and Delicious 100% Whole Grain
Sara Lee Soft & Smooth 100% Whole Wheat
Sara Lee Soft & Smooth Whole Grain White

Escolha entre essas guarnições:

Amaranto
Arroz-selvagem
Arroz de grão longo
Arroz integral
Cevada
Quinoa
Triguilho

Marcas em que eu confio:

Arrowhead Mills
Bob's Red Mill
Ezekiel
Grain Place Foods
Nature's Path

Você não está limitada aos itens das listas anteriores; eu só quero te dar uma pequena direção. Se você seguir as instruções gerais que eu elaborei aqui, estará de bom tamanho.

VÁ PESCAR • 1 PONTO

Escolher frutos do mar pode ser confuso, especialmente em relação a como isso afeta sua saúde e sua cinturinha. Aqui há regras fáceis para seguir que manterão você nadando na direção certa, sem ter de ir contra a maré:

CORTE FÁCIL DE CALORIAS

Você adora sushi? Em vez de um rolinho com cream cheese e abacate, escolha o Califórnia, com manga.
Corte: 128 calorias

- Sempre escolha "pescado livremente". Muitos peixes cultivados são geneticamente modificados, recebem antibióticos e estão cheios de pesticidas. Todas essas porcarias provocam um caos no seu metabolismo, como eu expliquei no Capítulo 1.

- Pelo bem da sua saúde, evite grandes peixes predatórios, como peixe-espada e cação; eles acumulam mais mercúrio e toxinas do que outras espécies marinhas.

Aqui vai a minha lista. Todas essas escolhas são boas, mas as com asterisco são os melhores frutos do mar e peixes magros, com menos calorias:

Abalone
Anchovas
Arenque
Atum* (conservado em água)
Bacalhau*
Blanquillo*
Caranguejo
Dourado*
Estalinho*
Garoupa*
Hadoque*
Halibute do Pacífico*
Halibute*
Ostras/mexilhão
Peixe-carvão do Pacífico
Pescada-polaca
Robalo
Rockfish do Pacífico
Salmão-selvagem do Alasca (fresco, congelado ou enlatado)
Sardinha*
Solha*
Stone, kona e dungeness
Truta
Truta do Atlântico*
Vôngoles (no vapor)

NÃO CORTE OS CANTOS • 1 PONTO

Quando comprar frutas e vegetais, certifique-se de que não foram pré-cortados. Produtos cortados previamente foram expostos ao ar e estão oxidados. As frutas, legumes ou verduras estão perdendo seus nutrientes e envelhecendo. Já viu uma maçã uma hora depois que você deu uma mordida? Fica marrom, certo? É a oxidação atuando.

Não seja preguiçosa. Quero dizer, é difícil comer inteiro ou cortar você mesma? Frutas pré-cortadas são mais caras e possuem menos nutrientes que ajudam no metabolismo.

JULGUE A COMIDA PELA CAPA • 1 PONTO

Quando tiver de atravessar camadas de papéis e plástico para pegar sua comida, provavelmente ela é ruim para você. Além disso, muitas das embalagens plásticas estão cheias de perfluoroquímicos, que desregulam os hormônios. As empresas não precisam eliminar essas químicas nocivas até 2015, mas você pode fazer isso agora. Experimente a estratégia da próxima dica como a melhor alternativa.

CANSE O CAIXA DO SUPERMERCADO • 1 PONTO

Compre alimentos sem código de barras. Pense bem. Tudo que é saudável, fresco e minimamente processado não tem um pacote extra ou código de barras. Legumes, verduras e frutas; grãos, feijões e sementes vendidos a granel; e carne – ela vem naturalmente, sem um código de barra. Então, transforme em sua missão cansar o caixa do supermercado, fazendo-o procurar pelo preço de todas as suas escolhas saudáveis!

CHUTE A LATA • 1 PONTO

O interior de muitas latas de comidas está coberto de uma camada tóxica chamada de bisfenol A. Numerosos estudos mostraram os efeitos dessa perigosa química na nossa saúde. Pesquisadores também sugerem que o bisfenol está diretamente associado à obesidade infantil. Não pense que você está livre, cresça! Os adultos ficam gordos por causa dele também. E aqui está o motivo: o bisfenol pode agir como o hormônio feminino estrogênio, que, quando está descontrolado, pode desregular o seu sistema endócrino e acionar o crescimento de suas células de gordura. Procure comidas vendidas em vidro em vez de latas; opte por vegetais frescos ou congelados; compre feijão a granel. Se precisar comprar algo em lata, procure no rótulo a informação "sem bisfenol".

CORTE DE VEZ • • 2 PONTOS

Como eu expliquei no Capítulo 1, a qualidade da comida que você come é crucial para ser *Magra para sempre*. Entretanto, quando se trata de carne, não é apenas a qualidade que importa – o corte também. Mesmo que algo seja saudável, não quer dizer que tenha poucas calorias. Aqui estão os cortes mais magros de carne para todos os carnívoros por aí que estão procurando ficar esbeltos:

- **Porco** – Lombo, bisteca e pernil
- **Ave** – Peito
- **Boi** – região do lombo e cortes nobres como filé mignon. Cortes do lombo incluem a maminha e a alcatra. (A alcatra é bem magra, com 6,8 g de gordura por uma porção de 100 gramas.)
- **Cordeiro** – pernil, costeletas, pratos cozidos e assados

NÃO SEJA ENGANADA PELOS MARKETEIROS

A maioria dos conselhos neste livro é bem direta, mas aqui é um ponto que pode ficar confuso: nem todos os alimentos processados são ruins para você. O termo processado tem uma definição ampla. Basicamente significa "preparado para consumo fácil". Legumes congelados ou farelo de aveia 100% integral são alimentos processados, e eu nunca diria para você não consumi-los. A forma de diferenciar os alimentos saudáveis e emagrecedores dos que provocam doenças e engordam é aprender a olhar nos rótulos. É o que vou te mostrar agora: como decodificar rótulos e escapar do marketing traiçoeiro dos alimentos para que você nunca mais seja enganada ou se confunda novamente.

GUIA DE RÓTULOS DE ALIMENTOS

SERVE ATÉ... • • • 3 PONTOS

Muitos rótulos de alimentos escondem a verdadeira quantidade de calorias naquela comida ao dividir em porções. Por exemplo, você compra uma garrafa tamanho padrão de Snapple (o que eu peço a Deus que você nunca faça), e é muito pouco provável que você tenha pensado em dividi-la com alguém. O bom senso dita que a garrafa inteira seria uma porção. O rótulo diz que tem 120 calorias por porção, o que parece bom. Porém, olhe o rótulo mais de perto e você vai ver que essa garrafa deve servir 2,5 pessoas. Beba a garrafa inteira e você estará engolindo 300 calorias. Você acabou de beber a quantidade de calorias inteira de uma refeição sem nem comer um sanduíche.

Moral da história: quando você ler o rótulo de um alimento, sempre verifique o número de porções primeiro, depois o número de calorias por porção. O tamanho da porção é a quantidade que você tem de comer para ingerir os nutrientes mostrados no rótulo – nada mais, nada menos.

CURTO E SIMPLES • • • 3 PONTOS

Compre comida com o mínimo possível de ingredientes listados no rótulo. Se estiver se perguntando quantos ingredientes são demais, pensar em até cinco itens é uma boa regrinha.

VERIFIQUE: UM, DOIS, TRÊS • • • 3 PONTOS

Os ingredientes são listados na ordem decrescente de quantidade do alimento. Então, os três primeiros ingredientes são basicamente o que você está comendo. E quando você pode achar que algo é saudável porque tem romã na composição (ou alguma outra fruta ou legume), os três ingredientes principais também podem incluir alto teor de glucose de milho, farinha enriquecida e amido de milho. Não se engane. Se os três ingredientes principais são porcarias, então a comida é porcaria. Devolva e faça uma escolha mais saudável.

SEJA CASAMENTEIRA • • • 3 PONTOS

Já brincou com uma criança que reúne os mesmos animais ou as mesmas formas de um quebra-cabeça? Isso é essencialmente o que eu quero que você faça quando ler os ingredientes de um rótulo – agrupe aqueles que são a mesma coisa, mesmo que tenham nomes diferentes. Um dos truques mais comuns para se enganar no rótulo é listar açúcares como ingredientes diferentes para que o açúcar não apareça nos três primeiros itens. Por exemplo, o rótulo de um alimento rico em açúcar pode listar sucrose, xarope de frutose de milho, glucose de milho, açúcar mascavo, dextrose e outros ingredientes de açúcar para evitar manter o açúcar na posição mais alta da lista dos ingredientes. Então, se você vir um rótulo que lista duas formas separadas de açúcar, coloque-o de volta na prateleira só por princípios, não apenas porque vai engordá-la.

MITO
A lista de ingredientes no alimento é feita para informar o consumidor.

FATO: A lista de ingredientes é usada por fabricantes de alimentos para enganar consumidores a pensar que seus produtos são mais saudáveis (ou de melhor qualidade) do que realmente são. Veja todas minhas dicas para decodificar rótulos para evitar ser enganada.

DIGA EM VOZ ALTA • • • 3 PONTOS

Se não conseguir pronunciar, não compre. A probabilidade é que, se um ingrediente não é um alimento ou tempero comum, então foi modificado geneticamente ou é um ingrediente químico, falso, fabricado. E provavelmente também é obesogênico. Você não quer. Seu corpo não precisa. Deixe para lá e deixe para trás.

PEGUE SEU DECODIFICADOR • • • 3 PONTOS

É impressionante como esse povo de marketing consegue ser esperto. E eles sempre agem de formas que você nunca imaginariam que são legais.

Aqui está uma forma de ler nas entrelinhas e descobrir a bobagem.

- **"Não contém glúten."** Só porque algo não contém glúten não significa que tem poucas calorias ou é bom para você. Glúten é uma proteína encontrada em alimentos à base de trigo ou processados com trigo. A não ser que você tenha doença celíaca ou tenha sido diagnosticada com intolerância a glúten, você não precisa se preocupar. Na verdade, como eu disse na página 106, alimentos sem glúten frequentemente têm mais calorias, menos fibras e são mais caros. Não compre só pela moda.

- **"Totalmente natural."** Este alimento não alega literalmente nada. Claro, traz à mente pensamentos de comida fresca, minimamente processada. Muitas pessoas até confundem com "orgânico", mas não é nem remotamente a mesma coisa. A palavra natural não é regulamentada, enquanto orgânico é. Fabricantes de alimentos podem colocar um rótulo de "natural" mesmo quando os ingredientes não são tão naturais. Certifique-se de ler exatamente o que há no produto antes de comprar.

- **"Fortificado."** Muitos alimentos processados são "fortificados" com fibras, ômega 3, cálcio e outras coisas para fazer você pensar que são saudáveis. O problema é que a qualidade dos nutrientes usados frequentemente é baixa. Pegue a inulina, por exemplo, uma fibra pobre processada da raiz de chicória. Um fabricante pode alegar que seu produto é "fortificado" com inulina e que vai ajudar nas suas necessidades diárias de fibras. Porém, estudos mostraram que a inulina não abaixa o colesterol ou cria a sensação de saciedade, como as fibras de grãos 100% integrais fazem. Similarmente, o ômega 3, que é usado para "fortificar" a comida, é frequentemente o ALA, que é fraco em comparação com variedades que vêm do peixe, como o DHA e o EPA. Mais uma vez, alimentos fortificados geralmente são porcarias que foram enriquecidas com versões mais baratas de vitaminas e minerais para enganá-la a pensar que eles são saudáveis. Não caia nessa.

- **"Sabores de frutas."** Não há fruta no sabor de fruta. Apesar de um rótulo poder dizer que tem "sabor natural", isso só significa que em algum ponto se originou de uma planta ou animal. Hoje em dia, os cientistas de alimentos criam sabores usando bactérias e os chamam de "sabor natural de morango" (sem morango). Por que os fabricantes usam isso, você pergunta? Porque são mais baratos.

- **"Saudável para o coração."** Esta alegação é usada em produtos que contêm óleo de milho. Porém, se você olhar de perto no pacote, você vai ver as letrinhas miúdas, que dizem tudo: "O FDA conclui que há poucas evidências científicas para apoiar essa alegação." Óleo de milho é, na verdade, rico em ômega 6, uma gordura que, segundo estudos do *British Journal of Nutrition*, está ligada, entre outros, à obesidade e ao aumento do colesterol.

SE SOA BOM DEMAIS PARA SER VERDADE, É BOBAGEM • • •
3 PONTOS

Aqui há uma enganação impressionante que fabricantes de alimentos podem fazer para levá-la à ruína: eles roubam para menos. Legalmente, eles podem dizer que o alimento contém "0 grama de gordura trans" ou "0 caloria" quando o alimento de fato está cheio de gordura trans e calorias. Este é o meu exemplo favorito: quando eu ainda era idiota de comer uma tonelada de alimentos diet e "sem gordura", eu me apaixonei pelo spray de I Can't Believe It's Not Butter ["Não Acredito que Não É Manteiga"]. Eu colocava em tudo. Em pipoca, ovo cozido, nas minhas torradas. No que você quiser – encontrei um jeito de dar sabor à comida vagabunda de dieta com ele. Quer dizer, por que eu não faria isso? Tinha gosto de manteiga, e tinha zero caloria e zero grama de gordura trans – certo? Errado!

Eu olhei no rótulo. O ingrediente mais listado era óleo de soja hidrogenado. Veja bem, eu não sou um gênio, mas não é preciso ser gênio para saber que óleo não é um alimento sem calorias. A par de uma coisa ou outra naquele momento, eu sabia que hidrogenado também era sinônimo de gordura trans. Como aquilo era possível? Confusa e de saco cheio, eu liguei para o fabricante e a verdade veio à tona. Porque havia apenas 0,9 caloria numa borrifada e uma porção era uma espirrada, eles eram capazes legalmente de arredondar para baixo. Então eles diziam que tinha zero caloria e zero de gordura trans, mesmo que tivesse cerca de 1.200 calorias naquela garrafinha – quase tudo proveniente de gordura trans.

Para resumir minha longa história, se uma alegação parece boa demais para ser verdade, investigue para chegar à verdade. Se você não tem tempo e está em dúvida, não consuma. Faça uma escolha diferente, que esteja claro que é mais saudável.

PEGUE LEVE NO SAL • • • 3 PONTOS

Apesar de o sódio ser um eletrólito com zero caloria, ele pode afetar o seu peso de forma negativa. Alguns estudos sugerem que o sódio pode influenciar os níveis de cortisol no corpo (e os altos níveis de cortisol foram associados ao aumento de gordura abdominal). Além disso, alimentos ricos em sódio em geral são altamente processados e ricos em calorias.

Sódio em excesso é ruim para a sua pressão sanguínea e faz com que você fique inchada. Então, em relação a este mineral, menos é mais. Certifique-se de que suas escolhas de alimentos têm menos sódio do que calorias por porção. E como uma regrinha básica geral, pessoas com 50 anos de idade ou menos devem buscar não consumir mais do que 2.000 mg de sódio por dia. Aqueles com 51 em diante não devem ter mais de 1.500 mg.

MITO
Você deve comer apenas a clara do ovo, não a gema.

FATO: Nos últimos anos (quero dizer, por anos e anos), a gema de ovo foi demonizada, tida como supostamente terrível para o seu colesterol. Agora sabemos que não é bem assim. Os ovos não afetam o colesterol, a não ser que sejam fritos em manteiga e servidos com bacon. Na verdade, um estudo da University of Connecticut descobriu que a gordura na gema do ovo ajuda a diminuir o colesterol ruim. E, como se isso não bastasse, a gema contém a maior parte das vitaminas e minerais do ovo, além de metade da proteína.

PEGUE LEVE NO AÇÚCAR • • • 3 PONTOS

Açúcar em grande quantidade é ruim para a sua dieta, mas não apenas porque alimentos processados são ricos em açúcar e geralmente ricos em calorias. Alimentos ricos em açúcar também fazem o nível de insulina bombar. Esses picos elevam o açúcar no seu sangue, te deixam com fome e promovem acúmulo de gordura. Para evitar esse problema, no caso de qualquer comida industrializada, mantenha sua ingestão de açúcar abaixo de 5 g por porção.

SEJA COMO A VOVÓ — COMA SUAS FIBRAS • • • 3 PONTOS

Sua avó nunca te disse o quanto é importante ter fibras na sua dieta? A minha era obcecada por fazer com que nós, crianças, comêssemos nossas fibras todo dia. As avós são inteligentes. Você sabe que eu quero que você compre produtos que são 100% integrais. Mas, se por algum motivo, esta não for uma opção, certifique-se de que o produto que você escolha tenha pelo menos 2 g de fibra a cada 100 calorias. Lembre-se: as fibras são importantes porque ajudam a estabilizar o açúcar do sangue e satisfazê-la, diminuir sua fome e inibir a tendência de comer demais.

Vá cozinhar

Tudo bem, agora que você trouxe a comida saudável do mercado para casa, que diabos você faz com ela? Não é suficiente que a comida seja especificamente boa para você. Qualquer comida saudável pode se tornar não saudável de acordo com a maneira como é preparada. Vamos garantir que suas estratégias na cozinha façam a balança apontar a seu favor (ou, neste caso, não apontar para elas).

A CHEF MAGRA

QUEBRE AS REGRAS • • • 3 PONTOS

Muitas receitas não têm perda de peso e saúde como foco principal. Então, não siga sempre a receita – modifique de acordo com as suas necessidades. Isso não significa que você precisa sacrificar o sabor. Porém, na maioria dos casos, uma grande quantidade de sal, açúcar e gordura que uma receita pede é desnecessária. Você pode cortar tudo o que tiver a mais, e o resultado ainda vai ter um gosto bom, posso garantir. Experimente este método para preparar seus pratos de forma bem mais saudáveis e ainda manter o sabor:

- Corte um terço da gordura.
- Corte o açúcar pela metade.
- Corte o sal pela metade. Então, continue reduzindo aos poucos, cada vez que você preparar sua receita favorita, até chegar ao mais baixo possível enquanto ainda mantém o sabor da comida.

FAÇA UMA TROCA • • • 3 PONTOS

Em vez de reduzir a quantidade de ingredientes não saudáveis, você vai substituí-los por aqueles mais saudáveis, com menos calorias:

- Para pratos apetitosos, em vez usar manteiga ou óleo, tente usar caldo de galinha com pouco sódio e pouca gordura.
- Para doces assados, em vez de usar manteiga, substitua por:
  - ✔ calda de maçã sem açúcar;
  - ✔ banana amassada;
  - ✔ ameixas;
  - ✔ azeite de oliva ou óleo de coco (eles não têm menos calorias, mas trazem benefícios à saúde que o óleo de milho, por exemplo, não traz).
- Para doces assados, no lugar da cobertura, use um merengue ou iogurte desnatado.
- Em vez de usar creme de leite, experimente leite de coco.
- Em vez de usar geleia ou xarope, use purê de frutas.
- Em vez de usar creme azedo integral ou maionese, use iogurte desnatado.

- Troque o açúcar por:
  - ✔ calda de maçã sem açúcar;
  - ✔ xarope de agave;
  - ✔ xarope orgânico de bordo (não tem menos calorias, mas pelo menos traz benefícios à saúde);
  - ✔ mel puro (novamente, não tem menos calorias, mas traz benefícios à saúde);
  - ✔ stevia;
  - ✔ xilitol (é doce como o açúcar com 40% menos calorias e 75% menos carboidratos; não eleva o açúcar do sangue);
  - ✔ eritrol (este álcool de açúcar contém quase zero caloria e não tem efeito no açúcar do sangue; é usado principalmente em doces assados).
- Substitua farinha de trigo branca por:
  - ✔ farinha de espelta;
  - ✔ farinha de trigo integral;
  - ✔ farinha de amêndoas.

TEMPERE • • 2 PONTOS

Usar tempero seco em sua carne é um jeito ótimo de evitar calorias, já que eles ajudam a evitar que você recorra a molhos gordos. Você pode comprar vários temperos pré-prontos muito bons. Mrs. Dash é uma ótima marca e não tem sódio. Se quiser se esforçar um pouquinho mais, aqui estão algumas boas opções de tempero caseiro que você pode fazer:

> **CORTE FÁCIL DE CALORIAS**
>
> Substituta 230 g de nuggets de frango por 230 g de peito de frango.
>
> **Corte: 272 calorias**

JERK RUB (PARA COSTELA, FRANGO OU PEIXE)

1 colher (sopa) de cebola em pó

1 colher (sopa) de açúcar mascavo

1 colher (sopa) de tomilho seco triturado

1 ½ colher e ½ de pimenta-da-jamaica

½ colher (sopa) de sal

1 colher (sopa) de pimenta-do-reino fresca moída

½ colher (sopa) de noz-moscada

½ colher (sopa) de canela em pó

½ colher (sopa) de cravo-da-índia em pó

¼ colher (sopa) de pimenta-malagueta em pó

TEMPERO SULISTA (PORCO)

2 colheres (sopa) de páprica

1 colher (sopa) de pimenta-do-reino grosseiramente moída

1 colher (sopa) de pimenta-branca

½ colher (sopa) de cebola em pó

¼ de colher (sopa) de sal de alho

1 colher (sopa) de pimenta-vermelha em pó

1 colher (sopa) de açúcar mascavo escuro

1 colher (sopa) de mostarda em pó

TOQUE CÍTRICO (FRANGO OU PERU)

¼ xícara de folhinhas frescas de alecrim
6-8 dentes de alho, grosseiramente picados
Casca de uma laranja
Casca de um limão-siciliano
2 colheres (sopa) de tomilho fresco
2 colheres (sopa) de suco de laranja
1 pitada de sal

CHILI (CARNE E FRANGO)

2 pimentas Chipotle secas (use 3, se quiser um pouco mais picante)
3 colheres (sopa) de pimenta-do-reino
2 colheres (sopa) de orégano seco
1 colheres (sopa) de coentro
1 folha de louro
1 colher (sopa) de cominho
1 colher (sopa) de cebola em pó
1 colher (sopa) de casca de laranja em pó

MASQUE CHICLETE DE MENTA • 1 PONTO

Quantas vezes você estava cozinhando e experimentou um pouco aqui, lambeu uma colher ali? (Quando criança, eu adorava lamber as pás da batedeira quando minha mãe ia assar alguma coisa. Agora adulta, eu ainda tenho vontade de fazer isso, mas meus filhos não deixam.) Essas calorias realmente fazem diferença. Uma forma simples de evitar esse excesso é mascar chiclete – de preferência de menta. Pense nisso – se estiver mascando chiclete, você provavelmente não ficará tentada a roubar um pedacinho de queijo de cabra da salada de tomate que você está preparando para a família. A maioria dos chicletes estão cheios de químicas e porcarias como adoçantes artificiais e corantes, mas há uma marca que não tem nada disso e eu aprovo completamente: chama-se Spry. Experimente quando estiver dando uma de chef.

AMPLIE O SEU LIVRO DE RECEITAS • 1 PONTO

Quero que você experimente uma nova receita todo mês. Isso ajudará a expandir sua biblioteca de opções saudáveis e evitará que você fique entediada com sua comida. Comidas saudáveis são fáceis de se encontrar. As revistas Cooking Light, Shape e Women's Health são ótimas fontes para opções saudáveis, gostosas e com poucas calorias.

FRITE A JATO • • 2 PONTOS

Como eu não quero que você nunca frite sua comida, há uma forma de burlar isso para que você não estrague o orçamento das calorias. Quando se trata de comida frita, o que afeta seu peso não é a quantidade de óleo com que você cozinha a comida – é a quantidade de tempo que ele fica no óleo. A quantidade de gordura e calorias que são absorvidas na comida frita estão relacionadas com o tempo, não com a quantidade. Se você precisar mesmo fritar alguma coisa – digamos, para uma ocasião especial – faça assim: use um óleo que tenha um ponto de fumaça alto, como óleo de abacate, açafroa ou girassol. Coloque o suficiente na panela para que o alimento fique submerso. Esquente o óleo até ferver, por volta de 200°C. Mergulhe a comida por 30 a 60 segundos, tire e absorva o excesso de óleo.

Uma advertência: quando se trata de frango ou peru, você precisa pré-cozer o alimento antes de fritar rapidinho para se certificar de que fique pronto e passe o tempo mínimo no óleo. Faça assim: ponha todos os pedaços de frango num refratário e tempere dos dois lados. Coloque o refratário no micro-ondas e cozinhe em potência alta por 1 minuto e 30 segundos. Tire o refratário e vire os pedaços de frango. Coloque no micro-ondas novamente em potência alta até que os pedaços estejam cozidos, por cerca de mais 1 minuto e 30 segundos ou 2 minutos, dependendo do seu micro-ondas. Deixe o frango esfriar em temperatura ambiente. Em seguida, empane com clara de ovo e farinha de trigo. Por fim, frite rapidinho o frango ou peru por cerca de 30 segundos de cada lado.

POUCO ÓLEO • • 2 PONTOS

A forma como você prepara sua comida pode ter um impacto surpreendente no seu físico. O objetivo é usar o mínimo possível de óleo e manteiga para economizar em calorias indesejadas. Como eu já mencionei antes, evite fritar a sua comida; os métodos mais saudáveis são assar, tostar, grelhar e cozinhar no vapor. Quando se trata de dourar, a técnica é tudo. Um pouquinho de óleo é saudável (experimente azeite de oliva, óleo de semente de uva, de semente de linhaça ou de coco), mas não use muito. Se puder comprar, cozinhe em panelas de titânio. Não é tóxico, como o teflon, e não gruda, então você não vai precisar de muito óleo ou manteiga. É um pouco caro, mas vale a pena, se tiver um dinheirinho extra.

FIQUE FRIA E ECONOMIZE CALORIAS • • 2 PONTOS

Você pode ter visto sua mãe ou avó fazendo isso, ou talvez você mesma tenha feito. Deixe os guisados e molhos esfriarem, então tire a gordura solidificada de cima. Ao fazer isso, você salva suas artérias do excesso de gorduras saturadas e pode eliminar até 100 calorias por porção.

FIQUE FIRME • • 2 PONTOS

Meu Deus, fiz muitos trocadilhos nos títulos desses itens. Bom, pelo menos sei que estou mantendo sua atenção. Quando você fizer macarrão, cozinhe al dente. Você vai digerir mais lentamente, o que ajuda a controlar a taxa com que você libera insulina na sua corrente sanguínea. Essa liberação mais lenta vai ajudar você a estabilizar o açúcar no sangue e inibir o acúmulo de gordura.

EQUIPE SUA COZINHA MAGRA

MONTE SUA CAIXA DE FERRAMENTAS • • 2 PONTOS

Seja proativa e esteja preparada estocando sua cozinha com ferramentas magras. Estou me referindo a itens que vão ajudar você a contar e cortar calorias.

- **Tenha uma balança de cozinha.** Eu sei – pesar suas porções pode parecer entediante, e torna o ato de comer mais uma obrigação do que um prazer. Mas precisão é fundamental para contar calorias e, afinal, você está numa missão de emagrecimento aqui. E esta é a boa notícia: assim como com seu diário de comida, você provavelmente não vai precisar fazer isso mais do que por algumas semanas, já que vai acabar aprendendo como preparar suas porções só de olho. E esse talento, uma vez aprendido, será bem interessante quando estiver comendo fora. Usar uma balança de cozinha para medir porções vai te dar uma visão bem mais precisa de referências do que usar sua mão (seu punho é igual a uma xícara, seu dedão igual a 30 g e por aí vai). É um método pouco confiável. Pense nisto: a mão, os dedos ou as palmas de cada um são diferentes. Eles te dão uma estimativa, mas só isso – e a maioria que usa o método da mão, quando come fora, está comendo fora das porções estimadas. Quando você vir o que realmente são 150 g, porque mediu, será capaz de julgar mais precisamente no futuro, quando não tiver uma balança à mão.

- **Arranje medidores.** Não vire simplesmente o cereal da caixa e torça para que tenha medido o tamanho com precisão. Meça quanto você vai comer, pela mesma razão que você usa uma balança de cozinha – para que possa realmente controlar o que está comendo.

- **Arranje um borrifador de óleo.** Caso não consiga uma daquelas frigideiras de titânio que eu falei, um borrifador de óleo vai permitir que você unte sua frigideira com o mínimo de calorias possível.

- **Compre uma panela a vapor.** O vapor é um grande método de preparar comidas magras. Preocupada com o sabor? Não fique – há muitas ervas e temperos que você pode usar para incrementar sua comida e satisfazer suas papilas gustativas. Isso leva à minha próxima sugestão.

- **Arranje um moedor de ervas.** Este utensílio esperto vai te ajudar a picar ervas frescas para temperar sua comida. Você pode usar ervas secas, mas as frescas têm mais fitonutrientes e menos sal.

- **Arranje potes de vidro.** Isso é para que você não guarde ou aqueça sua comida em plástico. A química do plástico pode impregnar na sua comida e afetar seu equilíbrio hormonal e metabolismo. Alguns plásticos até são mais seguros do que outros, mas por que se arriscar? Use apenas potes de vidro para a sua comida. (Tudo bem usar uma tampa de plástico, desde que não encoste na comida.)

- **Arranje uma lata de muffins ou biscoitos.** Não, não é para comer os muffins. As latas são ótimas para guardar pequenas porções de alimentos gordos como quiches, além de serem ótimas para medir guarnições. Nós as usamos regularmente na nossa casa para guardar comidas saudáveis e purês de legumes para as crianças e para nós mesmas. Você sempre pode congelar qualquer sobra para refeições e lanches rápidos.

TENHA O ESSENCIAL À MÃO • • • 3 PONTOS

Certique-se sempre de ter produtos saudáveis essenciais à mão, guardados em sua despensa e geladeira. Dessa forma, você pode pegar algo saudável quando der na telha ou numa emergência, se for necessário. Aqui estão algumas boas opções para se estocar.

ESSENCIAIS PARA A DESPENSA

- Pacotinho de amêndoas torradas
- Aveia
- Quinoa (rica em proteína, cozinha rápido)
- Pão 100% integral
- Bolachas 100% integrais
- Macarrão 100% integral
- Vinagre balsâmico

- Mostarda orgânica
- Azeite de oliva extravirgem ou óleo de coco
- Molho
- Caldo de carne com baixo teor de sódio
- Atum ou salmão conservado em água com pouco sódio (em lata ou pacote)
- Chips de tortilla assado
- Popchips, saquinho de 100 calorias (meu favorito)
- Manteiga de amêndoas
- Grãos em lata: feijão-preto, grão-de-bico, feijão azuki
- Arroz integral
- Tomate enlatado com pouco sódio
- Ervas e temperos (como lemon pepper com pouco sódio, tempero italiano, mostarda em pó, pimenta-vermelha em pó, canela)

TENHA FRIO E PRONTO NA GELADEIRA

- Palitos de queijo orgânico de baixa caloria da marca Horizon
- Iogurte grego pequeno de baixa caloria
- Frutas da estação
- *Homus*
- Palitinhos de cenoura
- Fatias de peito de peru
- Alface orgânica
- Frutas vermelhas (congeladas ou frescas)
- Ovos cozidos (ferva uma dúzia de ovos e os mantenha na geladeira; vão durar até uma semana depois de cozinhar, se você os mantiver com a casca. Use-os para fazer salada de ovo ou para acrescentar proteína a uma salada ou outro prato – ou pegue um, descasque e vá curtir um ótimo lanchinho rápido de proteína.)

Mantenha a queima

DESTRUIDORES DE CALORIAS

Entendo, você está sempre ocupada. Sua agenda fica lotada com suas obrigações de trabalho e família, e a academia é sempre a primeira coisa a ser cortada do seu dia. Eu mesma faço isso. Você se sente pressionada e, a curto prazo, parece o item mais sacrificável numa lista longa de coisas para fazer. Afinal, tudo o que você tem de fazer é ganhar dinheiro e cuidar da sua família querida, certo? Sim, ok, mas isso não significa que você também deve parar de cuidar de você mesma. Você precisa arrumar tempo para você e para a sua saúde.

Uma coisa que eu consigo fazer é realizar a minha ginástica em casa. Isso economiza tempo de dirigir indo e vindo da academia, o que pode levar de 30 a 60 minutos. Além do mais, não há horário de entrada, não precisa guardar as roupas num armário, esperar uma aula ou esperar um equipamento ficar livre.

Às vezes não somos capazes de sair de casa porque estamos cuidando das crianças ou de outras obrigações, mas um treino daqueles em casa está ao seu alcance. Experimente seguir esses planos de ação, que foram feitos para e todas as razões possíveis ou desculpas para que você não faça seu treino.

COLOQUE UM DISCO... • • • 3 PONTOS

... no seu DVD player! DVDs de exercícios são um jeito ótimo e acessível de queimar calorias com um profissional de exercícios na privacidade da sua casa. A maioria requer um equipamento mínimo, e os exercícios podem ser feito num espaço superpequeno, se for necessário. Invista o que você gastaria contratando um personal trainer para uma sessão de 1 hora e compre dez DVDs usados para a sua biblioteca de fitness. A variedade vai evitar que você fique entediada e vai ajudá-la a fazer seus exercícios diários.

EMAGREÇA EM CASA: O QUE VOCÊ PRECISA SABER SOBRE TERMOGÊNESE DE ATIVIDADE SEM EXERCÍCIOS (TASE)

A queima de calorias resultante dos exercícios diários e hábitos não formais de exercícios foi inicialmente identificada pelo Dr. James Levine, um proeminente pesquisador da Mayo Clinic. Sua pesquisa mostrou que acrescentar mais TASE ao seu dia pode ajudá-la a queimar calorias a mais. Verifique minha dica "Saracoteie" na página 252. O trabalho do Dr. Levine sugere que se mexer é uma forma TASE de acelerar sua magreza!

- Na próxima vez que varrer ou passar o aspirador, coloque uma música e eleve os seus batimentos cardíacos dançando.
- Corte a grama do seu jardim manualmente.
- Na hora de limpar a parte externa da sua casa, como lavar o quintal, opte sempre por atividades que vão exigir do seu físico, evitando ao máximo os aparelhos e ferramentas que exigem menos esforço da sua parte.
- Lave as janelas manualmente.
- Lave você mesma o seu carro, em vez de levar ao lava-rápido.
- Faça serviços de jardinagem com amor – arranque ervas daninhas, pode árvores e plante flores e plantas da estação.
- Brinque de pega-pega com seu cão.
- Desafio de equilíbrio: quando estiver preparando a comida, cozinhando, dobrando roupas ou até escovando os dentes, fique num pé só por um minuto, depois repita com o outro pé.

PEGUE UMA CADEIRA • 1 PONTO

Não, não sente. Use como um equipamento de ginástica. É um dos muitos equipamentos que temos à mão sem perceber.

Aqui estão alguns itens de ginástica que devem estar disponíveis na sua casa ou na vizinhança.

- *Escadas*. A maioria das casas e prédios tem escadas. Eu uso muito quando não posso sair de casa. Simplesmente suba e desça, mesmo que seja só por 20 minutos. É quase tão bom quanto a máquina cara de step da academia.
- *Mesas e cadeiras*. Você pode fazer abdominais numa mesa firme de centro ou num banco pesado de cozinha. Pode usar para flexões ou para trabalhar seu tríceps. Pode apoiar seus calcanhares nelas e fazer movimentos pélvicos. Pode até usar uma cadeira como peso, se for o caso. Experimente como peso para extensão de ombro, supino e exercícios de bíceps.
- *Pratos de papel ou toalhas de mão*. Estes produtos são ótimos para deslizar no chão de cimento ou madeira. Eles criam uma superfície escorregadia onde você pode exercitar abdominais, pernas e peito. Há alguns exemplos ótimos de exercícios no Youtube. Procure "towel workout" ("ginástica com toalha"). Apenas tome cuidado por causa dos escorregões.

SE VOCÊ CONSTRUIR, VOCÊ VAI USAR • 1 PONTO

Faça sua própria academia em casa. Embora isso pareça um pouco intimidante, por gastar tempo e dinheiro, não precisa ser necessariamente isso. Se você não tem um cômodo, você ficará surpresa com quão pouco espaço você realmente precisa. Se você não for capaz de designar um cômodo para ser sua academia particular, simplesmente crie um espaço de dois metros e meio por dois metros e meio para malhar (arraste sua mesinha de centro, se precisar) e traga para casa alguns equipamentos e peças mínimas.

Você vai precisar disso:

Seu próprio corpo. Esta é sua ferramenta mais valiosa quando se trata de se exercitar, especialmente quando malhar em casa. Não há praticamente nenhum motivo pelo qual você não possa se exercitar simplesmente com o peso do corpo. Para começar:

- **Bumbum e coxas.** Faça agachamentos, avanços, agachamentos sumô, avanços laterais, levantamentos terra, levantamento de membros inferiores, step-ups.
- **Peito, ombros e tríceps.** Faça flexões de braço, a postura do cachorro olhando para baixo, flexões de braço de ponta cabeça, roscas de tríceps.
- **Dorso.** Faça supermans, remadas curtas (coloque um cabo resistente, de madeira ou outro material entre duas cadeiras, deite-se embaixo, agarre-o com a mão por baixo e se puxe para cima.)
- **Abdome.** Faça abdominais com joelhos flexionados, tradicionais, reversos, oblíquos com pernas estendidas (bicicleta), pranchas, pranchas laterais, elevação de membros inferiores, hollow man (deite com o rosto para cima, braços ao lado do corpo com as palmas para cima, pernas estendidas unidas; levante a cabeça, ombros e pernas a alguns centímetros do chão e segure por 30 segundos, comprimindo sua barriga.)
- **Aeróbica.** Faça marcha com chute no traseiro, elevações de joelhos, faça escaladores, corra sem sair do lugar, faça polichinelos, movimentos de patinadores.

Um par de halteres ajustáveis. Arrume um par de halteres e os ajuste de 2 a 5 kg. Você pode comprar usados no eBay por cerca de dez dólares. Eles vão permitir que você acrescente resistência a muito dos exercícios listados anteriormente, e vão abrir outra gama de possibilidades de exercícios para você. Você pode fazer desenvolvimentos militares e levantamentos frontais e laterais para ombros, extensões e kickbacks de tríceps, rosca para os bíceps e chops (movimentos diagonais descendentes que cruzam a frente do corpo) para impor carga à musculatura do tronco. Ainda que seja verdade que você possa usar garrafas de água ou candelabros em vez dos halteres, use-os apenas como último recurso (se estiver viajando e ficar num hotel sem academia). Essas coisas não foram feitas para exercício, então o peso não é distribuído igualmente, são estranhas de segurar e podem escorregar da sua mão.

MITO
Levantar peso faz você ficar muito musculosa.

FATO: Treinar com peso é ótimo para queimar calorias e manter músculos. Levantar pesos pesados, em particular, tem efeito direto em elevar o seu metabolismo em repouso e aumentar a queima de calorias em aproximadamente 105 calorias por dia, por até 3 dias depois do treino. Essa pós-queima é uma razão até maior pela qual toda mulher deveria fazer treino de força regularmente. Mulheres têm menos fibras musculares do que homens e significativamente menos hormônios formadores de músculos, como a testosterona. Para uma mulher ficar muito musculosa com pesos, ela tem que fazer exercícios olímpicos com pesos extremamente pesados enquanto, simultaneamente, come uma dose extra imensa de calorias.

Um extensor de resistência. Extensores não são totalmente necessários se você tiver halteres, mas esses itens são muito baratos. Por que não acrescentá-los à sua coleção de equipamentos? Extensores podem ser trocados por faixas – a única diferença é que um vem com alças (extensores) e o outro é achatado e sem alças (faixas). São leves e fáceis de transportar. Normalmente, os extensores podem fazer o papel que os cabos fazem na academia. Você pode prender um extensor embaixo do braço de um sofá e fazer remadas sentada. Enrole-o em volta de um poste e faça exercícios de peito ou costas. Compre um acessório para a porta da Xergym (www.sprifitness.com) e fixe-o na altura do ombro, entre o lado da dobradiça da porta e o outro, para fazer barra. Fique de pé no tubo e faça flexão de bíceps, supino ou flexão de tríceps – as possibilidade são quase infinitas.

Um tapetinho de ioga. Não recomendo que pegue um usado, mas ter um tapetinho de ioga para malhar é importante, especialmente se tiver um chão duro. Se realmente não puder pagar por este item extra no seu kit de equipamentos, forre o chão com duas toalhas de banho, quando fizer exercícios no chão.

Uma corda para pular. Esta é autoexplicativa. Pular corda é um exercício aeróbico que incinera calorias.

É basicamente isso.

Se tiver um dinheirinho a mais, aqui há dois itens mais sofisticados que eu recomendaria: um equipamento aeróbico e um banco de exercícios.

O banco é ótimo para fazer tudo, de flexões com halteres a steps e remadas; ele te oferece uma plataforma estável que não vai se desgastar, como uma mesinha de centro ou cadeira de cozinha. Para os dias em que você não estiver no clima de sair pulando por aí ou subir escadas, uma esteira inclinada é ótima para uma queima rápida. Você pode fazer enquanto assiste a seus programas favoritos ou dar uma corridinha rápida quando estiver chovendo lá fora. Vai te oferecer versatilidade e conveniência. Eu evitaria a bicicleta reclinada e máquinas elípticas, já que não queimam tantas calorias como a esteira.

Produtos de limpeza

Remover produtos químicos e toxinas de sua comida é essencial para emagrecer e permanecer magra. Mas sabe por que é importante fazer isso com seus produtos de casa também? Muito do que você coloca no seu corpo é absorvido para o seu corpo através da pele. Essas químicas e toxinas em seus produtos de limpeza, higiene e beleza podem de fato deixá-la doente e gorda, irritando o seu sistema endócrino. Um porre, certo? Pois eu vou te ensinar como cuidar desse problema ao tornar sua rotina mais ecológica, de forma acessível. Você vai ficar mais magra, salvar o planeta e economizar dinheiro.

UM LAR ECOLÓGICO

Quando se trata de produtos de limpeza como detergente e sabão para lavar louça, você não precisa de química pesada para realizar o trabalho. Na verdade, eu pedi à minha especialista ecológica favorita, Caroline Howell, dona da GreenBeanie (www.greenbeanie.net), que recomendasse seus melhores produtos de limpeza. Veja bem, esses produtos podem ser caros; então, se dinheiro for um problema, continue lendo. Ela vai te mostrar como fazer seus próprios produtos de limpeza em casa, gastando centavos.

USE MARCAS ECOLÓGICAS • • 2 PONTOS

Limpador de chão Bona
EarthFirst Bath Tissue

Guardanapo EarthFirst
Lenço de papel EarthFirst
Tabletes para lava-louças Ecover
Detergente Ecover
Cera para móveis Method
Sabonete líquido Mrs. Meyer's
Limpador de superficies em pó Mrs. Meyer's
Detergente Seventh Generation
Toalhas de papel Seventh Generation 100%
Limpador de privada Seventh Generation
Lenço de papel Seventh Generation 100% Reciclado
Limpador multiuso Simple Green
Limpador de carpete Simple Green

USE PRODUTOS BÁSICOS DE LIMPEZA FEITOS EM CASA • • 2 PONTOS

- Vinagre branco é um limpador caseiro popular, eficiente para matar a maioria dos mofos, bactérias e germes, devido ao seu alto grau de acidez. Limpar com vinagre é uma forma inteligente de evitar o uso de química pesada. Apenas misture a mesma quantidade de água e vinagre num recipiente com spray e vá à luta. Também é ótimo para qualquer coisa em que você usaria ou outro multiuso. Você também ficará feliz em saber que é ambientalmente correto e bem econômico.

- O bicarbonato de sódio diluído também não é tóxico, tem várias aplicações e é barato. Simplesmente misture ¼ de bicarbonato com ¼ de água morna. Fica mais fácil se você colocar numa recipiente com spray, borrifar e depois esfregar a área. Ele faz de tudo, de desentupir pia a eliminar odores da geladeira. Você também pode usar bórax ou carbonato de sódio, que são levemente mais fortes do que o bicarbonato. Ambos funcionam bem para clarear roupas e tirar manchas.

- O suco de limão-siciliano tem um aroma prazeroso, elimina a gordura, lustra e pode ser usado para dissolver crostas de sabão e em depósitos de água pesada. O limão-siciliano é uma ótima substância para limpar e polir latão e cobre. Tente misturar suco de limão-siciliano com vinagre ou bicarbonato de sódio para fazer soluções de limpeza. Corte um limão ao meio e salpique bicarbonato na parte cortada. Use o limão para esfregar pratos, superfícies e manchas. Tenha consciência de que o suco de limão-siciliano pode agir como um alvejante, então teste numa área isolada antes de colocar em tudo.

- O azeite de oliva é uma grande cera natural e agente para lustrar metal ou madeira. Simplesmente misture 1 xícara de azeite de oliva com ½ xícara de suco de limão e comece a usar para dar polimento a móveis e objetos.

- A água oxigenada é um agente antibacteriano e antiviral, então faz sentido usá-la como limpador em casa. Porém, demora para agir, então, quando você borrifá-la, espere por cerca de 1 minuto antes de esfregar o local que você estiver limpando. Você pode usar em tudo, de privadas a chuveiros embolorados e bancadas de cozinha. Além disso, ela alveja os tecidos brancos de forma segura e natural.

- O sal é um abrasivo natural que não é tóxico, é barato e fácil de encontrar. Use sal grosso ou sal marinho para esfregar objetos difíceis de lavar, mas não use em aço inox, pois pode arranhar.

SEJA NATURALMENTE BONITA

Quando se trata de higiene e beleza, natural e limpo é a única escolha. É irônico que as pessoas paguem centenas de dólares em produtos de beleza cheios de química que irão envelhecê-las, afetar suas funções metabólicas e possivelmente provocar doenças em seus corpos. É tão desnecessário. Há toneladas de produtos naturais, sem químicas prejudiciais que você pode usar, assim como receitas caseiras que podem substituir esses produtos repletos de toxinas e manter seu corpo funcionando muito bem. Minha maquiadora pessoal e especialista em beleza ecológica, Paige Padgett (www.paigepadgett.com), montou uma lista de produtos e ingredientes naturais para você se embelezar. Eles vão mantê-la linda, magra e saudável. (Note que estou te dando grandes pontos por isso. Isso mostra como eu levo esse assunto a sério. Tirar a química dos seus produtos vai fazer uma enorme diferença a longo prazo em relação ao seu metabolismo e sua saúde como um todo.)

USE AS MARCAS LIMPAS DE HIGIENE, TRATAMENTOS DE BELEZA E COSMÉTICOS QUE A PAIGE ADORA • • • 3 PONTOS

Amala — www.amalabeauty.com
Beauty Without Cruelty — www.beautywithoutcruelty.com
Burt's Bees — www.burtsbees.com
California Baby — www.californiababy.com
Derma e — www.dermae.com/fc_portals/cgibin/fccgi.exe?w3exec=dfc.portal
Desert Essence — www.desertessence.com
Dr. Hauschka — www.drhauschka.com
Duchess Marden — www.duchessmarden.com

Eccobella — www.eccobella.com
Intelligent Nutrients — www.intelligentnutrients.com
Jane Iredale — www.janeiredale.com
Juice Beauty — www.juicebeauty.com
Kjaer Weis — kjaerweis.com
Nude Skin Care — www.nudeskincare.com
Pangea Organics — pangeaorganics-store.sparkart.net
Pratima — www.pratimaskincare.com
Primitive Makeup — primitivemakeup.com
Revolution Organics — www.revolutionorganics.com
Suk-i — www.sukipure.com
Tata Harper — www.tataharperskincare.com
Terra Firma — terrafirmacosmetics.com
Vapour Organics — www.vapourbeauty.com
W3llPeople — www.w3llpeople.com
Weleda — www.weleda.com
Zuii Organics — www.zuiiorganic.com
Zuzu Luxe — www.gabrielcosmeticsinc.com/index.cfm/category/3/zuzu-luxe.cfm

MELHORES ESCOLHAS

ROSTO • • • 3 PONTOS

- Creme para os olhos 100% Pure Coffee Bean
- Creme diurno Dr. Hauschka Rose
- Óleo de limpeza facial Nude Skin Care
- Brilho labial Yes To Carrots

CABELOS • • • 3 PONTOS

- Xampu Burt's Bees Grapefruit e Sugar Beet
- Xampu Rene Furterer Natural Dry
- Xampu e condicionador Whole Foods 365
- Óleo capilar de alecrim Weleda

CORPO • • • 3 PONTOS

- Antisséptico para as mãos Burt's Bees Aloe & Witch Hazel
- Hidratante corporal Duchess Marden
- Repelente Farm Aesthetics Organic
- Sais de banho Galen Labs Lemon Eucalyptus & TeaTree Dead Sea
- Óleo de banho e sais orgânicos Pratima Rose
- Loção corporal Ren
- Creme para o corpo Revolution Organics

USE MAQUIAGEM ECOLÓGICA • • • 3 PONTOS

- Pó iluminador Dr. Hauschka
- Gloss labial Jane Iredale
- Blush Revolution Organics
- Base em bastão W3ll People Narcissist
- Sombra para os olhos Zuii Organics
- Máscara para os cílios ZuZu Luxe Mascara

FAÇA VOCÊ MESMA • • • 3 PONTOS

- *Azeite de oliva* é um ótimo hidratante natural para o seu rosto.
- *Óleo de coco* é um bálsamo fantástico para o seu corpo.
- *Esfoliante corporal de açúcar mascavo:* misture ½ xícara de açúcar mascavo granulado com 3 colheres (sopa) de óleo de amêndoas e 10 gotas de essência de baunilha. Esfregue no

corpo durante o banho e enxágue. Cuidado com a planta dos pés; pode ser escorregadio.

- *Máscara de abacate:* esmague totalmente um abacate até ficar cremoso, então acrescente uma colher (sopa) de mel e 1 colher (sopa) de iogurte orgânico. Passe no rosto e deixe por 15 minutos. Enxague e seque. Esta é uma ótima máscara para hidratar, remover células mortas e acalmar a pele.
- *Brilho labial de karité:* você vai precisar de uma colher (chá) de cera de abelha orgânica ralada ou pedaços de cera de abelha, 2 ½ colher (chá) de manteiga de karité orgânica, 1 colher (chá) de óleo de amêndoas orgânico, 2 gotas de óleo de vitamina E, 2 gotas de óleo orgânico de melaleuca e 8 gotas de óleo de rosas orgânico. Aqueça todos os ingredientes numa pequena caçarola em fogo baixo, mexa e misture. Despeje num pequeno pote e deixe esfriar. É um ótimo presente.
- *Esfoliante de sal marinho:* misture 1 xícara de sal do Mar Morto, 15 gotas de essência de lavanda, e ¼ xícara de lavanda seca. Guarde num jarro de vidro. Pegue com a mão e use.
- *Pepino facial:* simplesmente corte duas fatias de pepino e coloque-as em seus olhos. O pepino nutre, hidrata e ajuda a reduzir a aparência de olheiras.

MITO

Com o creme certo, dieta ou procedimento, você pode se livrar da celulite.

FATO: Infelizmente, não há nada que possamos fazer quanto à celulite. Eu tentei praticamente de tudo, sem sucesso. Celulite tem mais a ver com a estrutura da sua membrana conjuntiva do que com seu percentual de gordura. É por isso que até gente magra pode ter. Muitos teorizaram sobre por que temos celulite. As teorias vão da genética aos hormônios, mas a verdade é que até o momento não há nada que possamos fazer para melhorar isso. Não seja sugada por cremes caros ou procedimentos dolorosos; celulite é uma dessas incógnitas, ou você tem ou você não tem. Até hoje, não há realmente um motivo consistente sobre o por quê, e nenhuma solução confiável para isso.

MEDICAMENTOS QUE SABOTAM O SEU EMAGRECIMENTO

VERIFIQUE SUAS RECEITAS • • • 3 PONTOS

Cerca de 70% das pessoas nos Estados Unidos estão acima do peso e num cruel ardil 22, muitos dos remédios usados para tratar condições ligadas a obesidade, como diabetes, pressão alta e depressão podem em si causar ganho de peso. Os seguintes medicamentos são conhecidos por contribuir para a obesidade: Allegra, Deltasone (prednisona), Depakote, acetato de medroxiprogesterona Depot, Diabinese, Endep, Elavil, Insulase, Paxil, Prozac, Remeron, Tenormin, Thorazine, Vanatrip, Zyprexa e Zyrtec. Algumas pesquisas bem provocadoras mostram quanta destruição esses remédios causam quando se trata do seu peso. Antes de fazer qualquer coisa em relação a esses medicamentos, se você estiver tomando ou pensar em tomá-los, consulte o seu médico.

Antialérgicos. Um estudo de 2010 da Yale University publicado no jornal Obesity descobriu que indivíduos que tomam anti-histamínicos regularmente (os remédios principais em questão são dois que não precisam de receita: Zyrtec e Allegra) são mais pesados do que as pessoas que nunca os tomaram. O estudo também concluiu que uma pessoa que toma esses remédios é 55% mais propensa a ficar acima do peso do que alguém que não toma. Pesquisadores não podem ainda confirmar a relação exata entre os medicamentos e as alergias, mas outros estudos mostraram que os anti-histamínicos levam a um aumento do apetite e têm efeito sedativo. Quem quer se exercitar quando está aéreo e com desejo por comida? Uma pesquisa de 2006 das pessoas que usam corticosteroides a longo prazo (particularmente as altas dosagens necessárias em tratamentos de asma) indicou que 60 a 80% dos pesquisados ganharam peso. O risco também parece ser maior quando os remédios são tomados por via oral do que quando são aspirados por inaladores.

Antibióticos. Esta aqui é boa. Eu já sugeri que você comesse comida limpa, sem antibióticos e hormônios. Não faz sentido que, se o gado está sendo alimentado com remédios para engordá-los, então os humanos que consomem a carne contendo remédios vão engordar também? Pesquisadores agora estão pensando a mesma coisa ao examinar a relação entre antibióticos e obesidade. Eles acreditam que esses remédios podem ter um impacto nas bactérias do nosso intestino, afetando a habilidade de metabolizar nutrientes, causando, assim, ganho de peso e síndrome metabólica. Um estudo recente, publicado na *Nature*, mostra uma correlação entre o aumento das taxas de obesidade nos EUA e o uso de antibióticos.

Antidepressivos e estabilizadores de humor. O Depakote é usado para tratar distúrbio bipolar e convulsões e para prevenir enxaquecas. Um estudo de 2007 rastreando pacientes epiléticos que tomaram Depakote descobriu que 44% das mulheres e 24% dos homens ganharam 5 kg ou mais durante mais ou menos 1 ano. Um dos efeitos colaterais conhecidos é aumentar o apetite, provocando ganho de peso. O lítio mostra um padrão similar de ganho de peso, apesar de ter menos efeitos adversos do que o Depakote. Zyprexa e Clozapine são antipsicóticos usados para tratar esquizofrenia e distúrbio bipolar. Um estudo de 2005 indica que 30% dos indivíduos usando Zyprexa tiveram um aumento de 7% no seu peso dentro de 18 meses. Ambos os medicamentos promovem uma potente atividade anti-histamínica e inibem a seretonina, o que, segundo os pesquisadores, pode desencadear o ganho de peso. Elavil, Endep e Vanatrip (amitripilina) são antidepressivos tricíclicos. Essas drogas influenciam a atividade dos neurotransmissores e a atividade dos anti-histamínicos, o que por sua vez afeta os níveis de energia e a regulação do apetite (afetando a serotonina, dopamina e aceticolina); eles são a causa provável para o ganho de peso.

Insulina. Esta é interessante e, francamente, parece um pouco como um passo para trás: tomar um medicamento para controlar diabetes tipo 2 e engordar por isso? Um estudo descobriu que indivíduos dependentes de insulina ganharam uma média de 5 kg durante os 3 primeiros anos de uso do medicamento. Metade do ganho de peso geralmente ocorreu nos 3 primeiros meses.

Betabloqueadores. Tenormin, Lopressor e Inderal (propranolol) são usados para controlar a pressão alta. Estes medicamentos são conhecidos por diminuir o potencial de queima de calorias e causar fadiga, tornando bem difícil se exercitar seriamente e bem fácil acumular quilos. Num estudo realizado, as pessoas que tomaram Tenormin ganharam cerca de 3 kg a mais do que aqueles que receberam placebo nos primeiros meses com o medicamento. Enquanto sua pressão sanguínea estabiliza, seu peso talvez não estabilize.

Mais uma vez, certifique-se de falar com o seu médico sobre os efeitos colaterais de qualquer medicamento que esteja tomando. Se o ganho de peso é um deles, pergunte se não há um medicamento alternativo que não produza esse efeito colateral indesejado. Se não, pergunte se o seu médico pode liberá-la do remédio, em conjunto com as outras mudanças do seu estilo de vida.

GANHE E PERCA

GANHE 3 PONTOS

- ☐ O centro aumentará o seu centro
- ☐ Mantenha a cabeça abaixada
- ☐ Não compre quando estiver com fome – Nunca!
- ☐ Escolha integral
- ☐ Serve até...
- ☐ Curto e simples
- ☐ Verifique: um, dois, três
- ☐ Seja casamenteira
- ☐ Diga em voz alta
- ☐ Pegue seu decodificador
- ☐ Se soa bom demais para ser verdade, é bobagem
- ☐ Pegue leve no sal
- ☐ Pegue leve no açúcar
- ☐ Seja como a vovó – coma suas fibras
- ☐ Quebre as regras
- ☐ Faça uma troca
- ☐ Tenha o essencial à mão
- ☐ Coloque um disco...
- ☐ Use as marcas limpas de higiene, tratamentos de beleza e cosméticos que a Paige adora
- ☐ Rosto
- ☐ Cabelos
- ☐ Corpo
- ☐ Use maquiagem ecológica
- ☐ Faça você mesma
- ☐ Verifique suas receitas

GANHE 2 PONTOS

- ☐ Faça como o papai-noel
- ☐ Vá sozinha, não leve as crianças
- ☐ Pegue leve
- ☐ Corte de vez
- ☐ Tempere
- ☐ Frite a jato
- ☐ Pouco óleo
- ☐ Fique fria e economize calorias
- ☐ Fique firme
- ☐ Monte sua caixa de ferramentas
- ☐ Use marcas ecológicas
- ☐ Use produtos básicos de limpeza feitos em casa

GANHE 1 PONTO

- ☐ Vá de carrinho
- ☐ Use sua calça jeans apertada
- ☐ Vá pescar
- ☐ Não corte os cantos
- ☐ Julgue a comida pela capa
- ☐ Canse o caixa do supermercado
- ☐ Chute a lata
- ☐ Masque chiclete de menta
- ☐ Amplie o seu livro de receitas
- ☐ Pegue uma cadeira
- ☐ Se você construir, você vai usar

____

Total de *pontos* do Capítulo 3

____

Total de *dicas* que estou aplicando

CAPÍTULO 4

De saída

Agora você sabe como percorrer os caminhos da nutrição e da boa forma com as próprias pernas, e sabe como construir um ambiente em casa que irá mantê-la saudável e magra. Vamos então cuidar de como administrar ambientes e circunstâncias em que você não pode controlar cada detalhe para que o resultado ainda esteja a seu favor. Essas são as áreas em que a maioria das pessoas se perde. Eu posso te contar como o regime para perder peso de muitas pessoas foi arruinado por farrear numa festa, não saber como comer direito fora de casa, não se exercitar quando está viajando, por sofrer de uma rotina de trabalho torturante e por aí vai.

Este capítulo trata de tudo. Vai te dar tudo o que é preciso saber para que sua dieta e seus exercícios sejam à prova de falhas quando você estiver longe de casa.

Hora da festa

Vamos começar com um dos mais cenários "externos" desafiadores: comendo de forma saudável numa festa. Isso é difícil; você não quer ser rude e dizer ao anfitrião o que ele deveria ou não deveria estar servindo. Você definitivamente não pode trazer a sua comida, a não ser que peçam especificamente que contribua com um prato (falarei mais sobre isso logo adiante). Então, o que fazer? Siga as minhas dicas, com formas simples de como permanecer nos trilhos enquanto farreia.

COMEMORAÇÃO MAGRA

ENCHA O TANQUE • • • 3 PONTOS

Coma antes de chegar à festa. Se você tiver comido, não vai se sentir atraída por alimentos que não são nada saudáveis. Se for um jantar onde o propósito é comer, você ainda pode fazer um lanchinho antes de sair. Assim, se a comida na festa não estiver na sua lista pessoal, você não estará com fome, então poderá comer muito menos.

SEJA UMA CONVIDADA AGRADÁVEL • • 2 PONTOS

Traga um prato saudável para todos experimentarem. Você estará ajudando o anfitrião e sendo uma convidada solidária. Além disso, é uma forma de camuflar a sua tática de trazer algo magro para comer, se não houver mais nada para comer lá.

FIQUE LONGE DO BUFFET • • • 3 PONTOS

Não consigo entender por que alguém que quer perder peso se reuniria perto da mesa do buffet – é a zona de perigo derradeira para uma dieta. É muito mais fácil evitar mordidas impensadas se você se instalar ao lado das suas amigas e com um prato bem longe da mesa cheia.

MITO
Dieta pode diminuir o seu estômago.

FATO: Assim como você não pode tornar seus músculos mais longos na vida adulta, você também não pode diminuir o tamanho do seu estômago. A única forma de diminuir fisicamente seu estômago é através de procedimentos cirúrgicos como redução ou colocação de anel no estômago. Seu estômago se expande para acomodar a quantidade de comida que você come. Quando a comida passa para o intestino, o estômago volta ao tamanho normal.

ESCOLHA COM SABEDORIA • • • 3 PONTOS

Na maioria das festas você vai encontrar pelo menos umas duas opções saudáveis para experimentar. Passe reto pelo lixo frito e doguinhos e vá para o prato de verduras, legumes, camarão, frutas e frios.

PEGUE LEVE • • 2 PONTOS

Se você é a anfitriã da festa, seja responsável ao decidir que comida servir. Coloque as opções mais leves entre suas favoritas da festa. Ofereça chips de milho assados com molho em vez de Doritos com queijo gordo ou molho mexicano de feijão. Vá de asas de frango assadas em vez de fritas. Use *homus* em vez de molho ranch para seus palitinhos de legumes. Escolha amêndoas torradas secas em vez daquelas salgadas e torradas em óleo. Peça pizza vegetariana de massa fina com queijo light em vez de massa grossa com muita coisa em cima. Entendeu o que eu quero dizer? Bom. Agora vá se divertir.

> **CORTE FÁCIL DE CALORIAS**
>
> Em vez de um pedaço de pizza de massa grossa, escolha um pedaço de pizza de massa fina.
>
> **Corte: 106 calorias**

ABUSE COM RESPONSABILIDADE • • • 3 PONTOS

Você não tem de se privar. Se tem algo que você realmente quer experimentar, ou está se sentindo deslocada na festa, você pode comer um petisco. Você não pode é comer porções inteiras de todos os petiscos. Lembre-se de seguir a regra de 80/20 e abusar apropriadamente. Encha-se de coisas saudáveis, para que você esteja cheia quando chegar aos petiscos. Naturalmente você vai comer menos. Então pegue uma coisa que você queira, e vá fundo.

FAÇA PORÇÕES PEQUENAS • • • 3 PONTOS

Use um prato pequeno e experimente tudo o quiser experimentar. Desse jeito você vai poder curtir e participar integralmente da festa, mas não vai ingerir uma tonelada de calorias. Em outras palavras, faça porções pequenas, pois assim você vai curtir e também cuidar da cinturinha.

BEBA EM UMA TAÇA DE VINHO • 1 PONTO

Você ainda pode permanecer no "modo festa" quando não está bebendo. O tempo todo em que minha namorada Heidi esteve grávida, ela tomou todas as bebidas numa taça de vinho, e assim sentiu que fazia parte da festa. Experimente água com gás com um pouquinho de suco de cranberry – é quase igual.

NÃO SE ESQUEÇA DA ÁGUA • 1 PONTO

Se quiser beber, lembre-se de emagrecer seus drinques, como mencionei no Capítulo 1, então alterne cada coquetel com um copo de água. Isso vai ajudá-la a segurar o álcool, você beberá menos, e isso evitará que você fique com aquela fome – dois pelo preço de um, eu diria!

PLANEJE BEM A FESTA • • 2 PONTOS

Se você gosta de abusar na festa, observe sua ingestão diária de calorias durante o dia, nas horas antes da festa. Não pule refeições, senão você estará morrendo de fome quando chegar ao evento. Escolha seus alimentos com sabedoria durante o dia e seja inteligente com as calorias. Coma um sanduíche envolto em alface ou uma salada com proteína de almoço, para economizar calorias para abusar na festa depois.

Sobrevivência em restaurantes

A regra número um para sabotarmos nosso emagrecimento é comendo fora. Isso não quer dizer que você não possa fazer isso – antes de eu ter meus filhos, eu fazia isso sete noites por semana (sou uma péssima cozinheira). Como em todas as outras coisas, o segredo para o sucesso em comer fora é como fazer. Minhas dicas a seguir vão garantir que seu corpão continue em forma.

JANTAR MAGRO

EVITE • • • 3 PONTOS

Deixe todos os molhos e patês de lado para que você possa controlar a quantidade de calorias que ingere. Alguns molhos de salada e condimentos podem acrescentar 100 ou mais calorias em apenas uma colher de sopa. É uma loucura. Tente afundar o seu garfo no molho e depois na salada a cada mordida. Ou coloque uma camada fina de molho rosê no seu hambúrguer. Você entendeu a ideia.

TROQUE A GUARNIÇÃO • • • 3 PONTOS

Esta é muito importante. Guarnições podem ser fatais. Um cheeseburger de um lugar como o Johnny Rockets tem por volta de 500 calorias, mas quando você acrescenta as batatas e a bebida, chega a até 1.000 calorias. Absurdo! Ou vamos dizer que você está indo bem ao cuidar da ingestão de calorias e pedir o filé de peixe, mas ele vem com batatas assadas. Você começa comendo uma, mas acaba comendo tudo. Seu jantar leve terminou com 700 calorias a mais. Em vez disso, apenas troque o amido por verduras. Saladinhas (com molho à parte, é claro) e legumes no vapor são a melhor aposta.

> **CORTE FÁCIL DE CALORIAS**
>
> Em vez de 140 gramas de molho alfredo, escolha 200 gramas de molho marinara.
>
> **Corte: 129 calorias**

PULE ETAPAS • • 2 PONTOS

Evite a tentação dizendo antecipadamente ao garçom que você não quer pão ou batatinhas antes de eles chegarem à mesa. Dizem que força de vontade é como um músculo. É verdade – se você se expõe constantemente à tentação, fica fatigado. Não se coloque, sem necessidade, no caminho do perigo. Preserve sua saúde ao eliminar problemas antes que elas se aproximem de você.

DÊ TRABALHO • • • 3 PONTOS

Personalize o seu pedido para evitar o excesso de calorias. Peça ao garçom para dizer ao cozinheiro para grelhar o seu peixe, e não fritá-lo na manteiga, ou para colocar o hambúrguer em folhas de alface em vez de pão, ou para tirar o excesso de miolo de dentro do seu bagel. Eu sei que muitos têm problemas para fazer isso.

MITO
Legumes e verduras crus são mais saudáveis do que cozidos.

FATO: Fanáticos por comida crua alegam que os legumes e verduras perdem nutrientes indispensáveis quando cozidos. A verdade é que, ainda que cozinhar vegetais possa destruir parte do conteúdo de vitamina C, pode ter o efeito oposto em relação a muitas outras vitaminas. Por exemplo cozinhar o tomate aumenta sua quantidade de licopeno (cozinhe-o com um pouco de azeite de oliva e a habilidade do seu corpo em absorver o licopeno vai melhorar também). De acordo com a *Scientific American*, cenouras, espinafre, cogumelos, aspargos, repolho, pimentões e outros legumes cozidos também contêm mais antioxidantes, como carotenoides e ácido ferúlico do que seus equivalentes crus. Alguns discutem que verduras e legumes crus têm mais enzimas do que os cozidos, mas nutricionistas nos dizem que, quando cozinhamos o alimento acima de 48° C, podemos "desativar" certas enzimas vegetais, enzimas estas que são feitas para manter a sobrevivência das plantas, mas que não são essenciais para a saúde humana. Nossos corpos de fato são bem eficientes em produzir enzimas. Além do mais, as enzimas das plantas geralmente estão inativas quanto chegam ao nosso trato digestivo, independentemente de terem sido provenientes de comidas cruas ou cozidas. Por fim, muitas pessoas têm dificuldades em quebrar vegetais crus em seu trato gastrointestinal; por isso, o Beano foi criado e fez tanto sucesso. Cozinhar levemente os vegetais ajuda a quebrar as paredes celulares das plantas (fibras chamadas de celulose), tornando-as mais fáceis de digerir. Independentemente de você comê-los crus ou cozidos, aqui há um fato incontestável: devemos comer mais legumes e verduras em nossas dietas.

Você se sente mal ao pedir para um chef fugir do jeito dele de preparar a comida, ou acha que está chateando o garçom. Bobagem. O dinheiro é seu e você tem todo o direito de pedir o que quer e precisa. Confie em mim quando eu te digo que os restaurantes estão acostumados a isso e não vão achar nada demais. Além disso, eles sabem que há milhares de lugares para onde você poderia ter ido para gastar o seu suado dinheirinho, então é realmente um privilégio que você tenha escolhido o estabelecimento deles em vez de outro lugar para comer. Finalmente, mesmo se eu estiver errada (o que não estou), o pior que pode acontecer é dizerem não. Então você vai embora ou lembre-se de nunca mais voltar lá.

MINTA • 1 PONTO

Odeio dar essa dica porque quero sempre que você seja honesta e viva na verdade, mas aprender a se afirmar não acontece do dia para a noite. Se ainda estiver envergonhada em pedir um tratamento especial, ou desconfortável demais para pedir o que precisa, diga uma mentira neutra: diga que é alérgica. Sei que é controverso sugerir isso, mas as mulheres em particular podem ter dificuldade em exigir suas próprias necessidades e desejos. Então, se quiser sopa de brócolis sem creme de leite, diga ao garçom que você tem intolerância a lactose. Você pode fazer isso com praticamente tudo que não queira na sua comida. Se não quiser croutons num pão em seu hambúrguer, diga a eles que você tem intolerância a glúten. Sei que é uma coisa louca de se dizer, mas não faz mal a ninguém. E se preserva a sua saúde e evita que você ganhe uma barriguinha, quem se importa?

SEJA CRIATIVA • 1 PONTO

Peça sem olhar para o cardápio. Quase todo restaurante no mundo tem o básico – legumes, verduras, grãos e proteína. Se você for sabendo o que quer, eu garanto que você será capaz de fazer uma refeição. Mesmo nas redes de lanchonetes mais gordas eu fui capaz de não sair da dieta ao pedir peixe, frango ou carne grelhada ou assada com uma saladinha ou legumes e arroz integral no vapor. De certa forma, isso remete à dica "dê trabalho": diga ao garçom o que você quer comer e como quer. Você está pagando. O restaurante deve ficar feliz em atendê-la.

CORTE FÁCIL DE CALORIAS

Peça um peito de frango sem a pele.

Corte: 45 calorias

ESCOLHA SUAS BATALHAS • • 2 PONTOS

Encontre um grupo de restaurantes de que você goste, e torne-os seus lugares para bater cartão. Dessa forma, você constrói um arsenal de lugares onde você sabe que haverá lugares para comer. Eu tenho cinco lugares que alterno para almoço e talvez cinco lugares onde eu passo para trazer comida para casa. Sei que posso confiar neles para comidas saudáveis que vão me manter num caminho magro. Procure lugares que listam as calorias no cardápio. O Le Pain Quotidien faz isso, assim como o Chipotle, Applebee's, Chili's, Olive Garden e Red Lobster. Espero que você não acabe em algumas dessas redes de restaurantes obscenamente engordativos, mas se morar num lugar com opções limitadas, pelo menos você vai saber como fazer a escolha mais magra ao olhar as calorias no cardápio. E deixe que os restaurantes que você escolheu a acomodem, para que você possa dar trabalho, como discutimos anteriormente.

VÁ DE SOPINHA • • 2 PONTOS

Você sempre vai precisar fazer escolhas, e algumas são mais sábias do que outras. Se você gosta de sopa, certifique-se de escolher

CORTE FÁCIL DE CALORIAS

Em vez de uma xícara de egg drop soup [sopa chinesa de ovos com caldo de galinha], tome uma xícara de hot and sour soup [sopa oriental de sabor picante e azedo].

Corte: 45 calorias

sopas à base de água, como purês, minestrone e canja, em vez de sopas à base de creme de leite, como a clam chowder (tradicional sopa de mariscos americana) ou creme de qualquer coisa. Se estiver confusa para saber se a sopa tem creme ou não, simplesmente pergunte. Muitas sopas de legumes podem ser feitas de ambas as formas. Algumas são purês, que são ótimas opções, mas têm creme de leite, óleo ou manteiga acrescentados. Quando estiver com dúvidas, pergunte a quem te atender.

NÃO SE ESQUEÇA DA SECADINHA • • 2 PONTOS

Sempre peça que sua comida seja cozida seca. Isso significa simplesmente usar pouco ou nada de manteiga e óleo. Você quer ovos sequinhos. Quer torradas, waffles ou panquecas secas, nada de manteiga em cima. Quase tudo que é cozido em óleo ou manteiga pode ser feito com o mínimo de gordura. Você só tem de pedir.

PEÇA PARA EMBRULHAR • • 2 PONTOS

Deus abençoe os Estados Unidos e suas porções generosas. Você pode pensar que está recebendo o justo pelo que paga, quando o garçom coloca aquele prato italiano na sua frente, mas o que você comprou realmente é um barril de macarrão com acompanhamento de celulite, pneuzinhos e talvez até um ataque cardíaco. Hein? Se você é como eu, você pode ter problemas em "desperdiçar comida" quando não limpa o prato. Em vez de tentar te persuadir a não fazer isso, eu te digo um jeito mais fácil de resolver isso: antes de o garçom trazer o prato à mesa, peça para ele embrulhar metade para viagem. Dessa forma, você tem duas refeições pelo preço de uma, e apenas metade das calorias, e você não vai sentir que está ofendendo as crianças que passam fome na África. Odeio dizer isso, mas eu ainda me sinto assim. Ai.

SEJA GENEROSA • • 2 PONTOS

Outra opção para administrar o problema da porção imensa é dividir com o seu parceiro de mesa. Essa ideia é o máximo por duas razões: você não apenas poupa calorias, mas também economiza por não comer demais.

PASSE RETO • • 2 PONTOS

Somos fisgados em rituais de comida. Quem diz que você tem de pedir uma entrada, depois um prato principal e uma sobremesa? Quem realmente precisa de três pratos de comida? É loucura. Pule a entrada e vá direto para o prato principal. Novamente, você economiza uns trocados e salva sua boa forma. Se é uma tradição que você segue, então peça uma salada como entrada, sem todos os anexos e com o molho à parte. Ou peça duas entradas como prato principal. Se você sentir necessidade de pedir vários pratos, escolha com sabedoria.

CORTE FÁCIL DE CALORIAS

Substitua um pedido de lula a dorê por 90 g de lula grelhada.
Corte: 812 calorias

EVITE O PERIGO • • • 3 PONTOS

Esta dica se aplica a tudo na vida, mas para o propósito deste livro, eu quero que você evite especificamente comidas que são descritas pelo que eu chamo de "palavras perigosas": coberto, recheado,

MITO
Gordura faz você engordar.

FATO: Neste ponto do livro, tenho certeza de que você começou a entender: gordura não faz você engordar; excesso de calorias faz você engordar. Gorduras, assim como carboidratos saudáveis e proteínas, são essenciais para a sua saúde. Elas sustentam o sistema cardiovascular, reprodutor, imunológico e nervoso. Elas também ajudam a manter um corpo esguio e ajudam na queima de calorias. Isso mesmo – comer gordura ajuda a queimar gordura! A função principal dos ácidos essenciais da gordura é a produção de prostaglandina, que controla funções como coagulação do sangue, fertilidade, frequência cardíaca e pressão sanguínea. Elas também ajudam o sistema imunológico ao regular a inflamação, auxiliando, assim, o corpo na luta contra infecções. A única mosca nessa sopa é a gordura trans. Ela deve ser evitada a todo custo.

macio, frito e cremoso. Essas palavras gritam: "estou cheia de uma quantidade absurda de calorias. Vou destruir sua dieta. Vou te fazer sentir lerda e pesada". Quando vir essas palavras, evite aquela comida a todo custo. A não ser, é claro, que você aplique a dica de "dê trabalho" e transforme o prato do seu jeito saudável. Se você fizer isso, o prato vai ficar muito mais magro e frequentemente irreconhecível da sua forma original. Perigo eliminado.

LIMPE O PRATO • • 2 PONTOS

Já comeu uma omelete ou fatia de pizza com a gordura visível em cima? Se você acabar comendo um item desses de tempos em tempos, hum, bem, é fácil tirar o excesso de óleo com um guardanapo de papel e evitar chutar o balde. Você ficaria impressionada com quantas calorias você pode tirar fazendo isso, algo em torno de 100 a 200 calorias em cada limpada.

SEJA MULTICULTURALMENTE SELETIVA • • • 3 PONTOS

Quando comer pratos étnicos, procure as opções mais saudáveis e magras possíveis. Aqui estão minhas principais sugestões:

- **Mexicana.** Escolhas tacos grelhados em tortillas de milho (apenas uma tortilla por taco, por favor) ou, melhor ainda, peça uma tigela de taco ou burrito (com salada em vez de arroz e sem tortilla). Experimente carne assada, fajitas (peça sequinhas ou experimente colocar pouco óleo) e tostadas (não coma a casca frita). Para acompanhamento, peça feijão-preto (desde que não seja preparado com toucinho).

> **CORTE FÁCIL DE CALORIAS**
>
> Comida mexicana? Elimine uma tortilla de cada taco – eles geralmente vêm preparados com duas ou três.
>
> **Corte: 100 calorias a cada taco**

- **Grega.** Peça souvlaki, kebabs, salada grega, tabule, *homus*, coalhada seca ou pão sírio.

- **Oriental.** Experimente sashimi, salada de algas, satay de frango, camarão ou carne (pegue leve no molho de amendoim) e arroz integral. Peça alimentos no vapor em vez de fritos, como camarões com legumes, frango embrulhado em papel ou moo goo gai pan.

- **Indiano.** Aproveite o tandoori, sopas de lentinha, vindaloos ou pratos de legumes como saag preparados com pouco óleo.

- **Italiana.** Coma frango grelhado ou frutos do mar, macarrão primavera (sem creme de leite) ou minestrone.

No trabalho

Outra área de preocupação comum e confusão que pode sabotar seu corpo sexy e magro é o que comer – e como fazer exercícios – quando está no trabalho ou lutando com uma agenda louca de trabalho. Muitas pessoas são escravas da ralação das nove às cinco, ou estão acorrentadas às suas mesas, ou se deslocando de um lado para o outro para trabalhar. Tudo isso acaba com um estilo de vida saudável. Eu entendo, acredite eu mim, eu mesma já passei por isso. É por essa razão que desenvolvi minhas próprias estratégias para conquistar e manter a magreza, enquanto ainda conquisto sucesso profissional. Se seu trabalho já interferiu em sua malhação ou seus hábitos saudáveis de alimentação, não tenha medo. Os conselhos a seguir vão ajudá-la a encontrar o equilíbrio e deixá-la o mais perto possível de "conquistar tudo".

COMER NO ESCRITÓRIO

MANTENHA UM ESTOQUE PARTICULAR • • • 3 PONTOS

Eu trabalhei em escritório por três anos quando tinha vinte e poucos anos. Eu era um ratinho na esteira, trabalhando das oito às oito, tentando "seguir a boiada". Após meses tomando refrigerante, comendo batatinhas das máquinas de salgadinhos, porcarias servidas em reuniões, comida pra viagem e pizza pedida por todos os estagiários do departamento, eu ganhei 3 kg. Pode não parecer muito, mas honestamente, para o meu tipo físico era sim. Foi o suficiente para me fazer sentir desconfortável. Decidi ser sábia. Peguei uma geladeirazinha usada e coloquei debaixo da minha mesa. Foi assim que eu consegui guardar minha própria comida saudável. E adivinhe? Os 3 kg foram embora rapidinho.

MANDE UM ABRAÇO • 1 PONTO

Não sei dizer quantas vezes vi um bolo ou cupcakes rolarem no aniversário de um colega de trabalho. Dependendo do tamanho do seu escritório, essas comemorações podem levar a um desastre na explosão de calorias – você pode acabar se permitindo um bolinho de aniversário várias vezes por semana. Afinal, você não quer ser rude, certo? Você não quer desperdiçar comida, certo? Errado! Mande um e-mail de parabéns. Explique que você não vai ficar para a comemoração porque está cortando calorias e não vai aguentar a tentação. Faça com que eles sintam que você gosta deles e espera que eles tenham um ótimo aniversário. Fim de papo. Eu juro que eles vão entender. Se não, esqueça-os. Eles não são realmente seus amigos se não podem te apoiar nisso.

Sua única alternativa é fazer uma campanha para levar o escritório todo a uma alternativa mais saudável como frozen yogurt ou frutas. Boa sorte com isso. Eu mesma tentei e não fui muito longe. Por que estragar o aniversário dos outros? Apenas mande um e-mail ou passe antes do bolo para dar seus parabéns.

COMECE UMA CORRENTE • • • 3 PONTOS

Conte aos seus colegas que você está numa missão saudável. Veja quem você consegue colocar a bordo. Tente trocar o ritual do happy hour para um jogo de basquete à noite. Ou comece um grupo de caminhada antes ou depois do trabalho, talvez até durante a horário de almoço. Fale com o departamento de RH sobre a comida oferecida nas reuniões.

CORTE FÁCIL DE CALORIAS

Substitua um burrito de frango por 3 tacos macios de frango.
Corte: 460 calorias

Em vez de bagels, omeletes com bacon e queijo e muffins, use seus argumentos magros e os faça trocar por muffins Ezekiel 100% integrais, frutas, iogurte grego orgânico, torrada 100% integral com ovos mexidos e bacon de peru sem nitratos. E se o seu RH não concorda em substituir todos esses alimentos, veja onde eles podem mudar, e pelo menos tente influenciá-los a ter alguma coisa saudável.

FAÇA UM PLANO • • • 3 PONTOS

Às vezes a tentação não pode ser evitada, mas saber que ela está vindo permite que você planeje uma estratégia efetiva e um resultado bem sucedido. Aqui há zonas de perigo que você poderá encontrar e táticas para lidar com elas.

1. Se você for forçada em algum ponto a comer de uma máquina de comida, escolha iogurte, castanhas e sementes e barrinhas de cereal, mini-pretzels ou string cheese. EVITE batatinhas, cookies, bolachinhas, chocolates e refrigerantes.

2. Na reunião da manhã, se você tiver sorte de ter opções, vá de frutas, iogurtes, um muffin de farelo de trigo com pouca gordura, aveia, torrada seca ou ovos. EVITE bacon, massas, bagels, geleias e cream cheese. Se as opções saudáveis não estiverem disponíveis, coma antes de ir para o trabalho ou leve seu próprio café da manhã saudável para poder comer com os outros.

3. Quando seus colegas pedirem comida delivery, escolha a opção

mais saudável possível do cardápio (consulte a dica "seja multiculturalmente seletiva" na página 160, se precisar). Se for pedir comida chinesa, escolha o wrap de frango; se for italiano, peça uma salada (até pizzarias têm algum tipo de antepasto ou salada – mas tire os queijos e carnes acrescentados). Se estiverem pedindo de um lugar de sanduíches, peça um sanduíche de frango grelhado com alface, tomate e mostarda, entendeu?

4. Combata a tigela de balas de um colega de trabalho em sua própria mesa. Tente ter opções mais saudáveis à vista e ao alcance para ajudar a defender-se contra a tentação.

EMPACOTE • • • 3 PONTOS

Assim como sua mãe fazia quando te mandava para a escola, você deveria empacotar e trazer o seu próprio almoço. Trazer seu próprio lanche para o escritório é ótimo, mas trazer refeições saudáveis faz uma grande diferença. Passe uma noite por semana cozinhando comidas que você pode colocar num pote de vidro. Então, guarde na geladeira ou frigobar do escritório (aquele que você vai comprar e deixar embaixo da mesa, se a empresa permitir). Se cozinhar parece opressor ou impossível para você, outra opção é trazer comidas saudáveis para o trabalho. Apesar de eu não ser fã, já que a maior parte das comidas congeladas são porcarias e cheias de químicas e conservantes, há algumas opções por aí que devem servir.

MITO
Micro-ondas acaba com os nutrientes da comida.

FATO: o que afeta os nutrientes na comida é o nível de calor e a quantidade de tempo que você cozinha, não o método em si. Quanto mais tempo você cozinha a comida, mais dos nutrientes sensíveis ao calor e à água você irá perder, especialmente vitamina C e tiamina (como na vitamina B). A solução é cozinhar levemente sua comida. Ironicamente, como o micro-ondas com frequência cozinha mais rápido, ele pode, na verdade, ajudar a minimizar as perdas de nutrientes.

Procure essas marcas: Amy's Organic, Healthy Choice 100% Natural (ainda que não seja orgânico, não tem sabores artificiais, conservantes e corantes, tornando-se uma opção melhor do que a maioria), Nature's Path, Cedar Lane, Trader Joe's e 365 Organic.

ACHE UM LUGAR LIVRE • 1 PONTO

Lembra-se daquela cena do filme *Uma linda mulher*, em que a Julia Roberts leva o Richard Gere ao parque para "achar um lugar livre" para almoçar? Sente-se num banco do parque ou na grama e curta o seu almoço. A ideia é comer longe da sua mesa. Um dos piores erros ao comer é se colocar numa atmosfera onde você pode ser facilmente distraído da comida na frente de você. Lembra-se da nossa dica "Faça disso uma produção", na página 50? Comer na frente do seu computador é como comer na frente da televisão – ruim.

Apesar de você poder achar que é conveniente e demonstra comprometimento com a empresa trabalhar durante a hora do almoço, não faça isso. Estudos mostram que pessoas que comem quando estão distraídas tendem a comer demais. Em vez disso, pare e foque na comida. Não apenas você comerá menos, mas irá aproveitar mais a comida. Talvez você até tenha um momento do seu dia para aproveitar a natureza na companhia dos amigos, ou para desestressar.

VÁ A CAMPO • • 2 PONTOS

Investigue restaurantes com cardápios saudáveis de viagem que são perto do seu trabalho. Mantenha uma lista deles e coloque em algum lugar de fácil acesso. Quando for hora de comer, você e seus colegas já estarão prontos para o sucesso, e você poderá escolher um lugar que já esteja pré-aprovado.

EXERCITANDO-SE NO TRABALHO

Não espero que você faça circuitos enquanto usa o seu terninho, mas há várias formas de fazer um pouco de atividade física num dia agitado de trabalho.

SEJA COMPETITIVA • 1 PONTO

Competição é um grande incentivo quando se trata de malhar. Perdi a conta de quantas pessoas vieram até mim e me disseram que começaram uma competição de perda de peso no escritório, e que eles já perderam X quilos, assim como os outros. Essa é uma ótima coisa para se fazer no trabalho porque gera motivação, apoio e camaradagem entre os colegas. Chame o máximo de pessoas possível, e divida o escritório em times. Então, tente estruturar ginásticas em equipe com seus colegas da competição, como uma aula de ioga antes da reunião de manhã ou um grupo de corrida depois do trabalho.

Promover essa competição não vai apenas ajudar no seu estilo de vida saudável no escritório, como vai criar um ambiente mais saudável para todos os envolvidos.

CONVERSE ANDANDO • • • 3 PONTOS

Fique de pé e caminhe durante suas ligações. Se estiver num cubículo, vá para o lado, faça pequenas elevações de joelho enquanto conversa. Você vai queimar de 2 a 4 calorias por minuto. Realmente faz a diferença: você pode queimar de 60 a 120 calorias numa ligação de 30 minutos.

SEJA RIDÍCULA • • 2 PONTOS

Sinto muito, eu sei que esse conselho que estou prestes a dar não é necessariamente o que você quer ouvir ou seguir, mas é importante que você faça isso. Eu sempre me senti ridícula seguindo isso, mas fiz mesmo assim porque eu me importava com o tamanho do meu bumbum mais do que me importava com o que o pessoal do trabalho pensava de mim.

O conselho é: faça exercícios de peso na sua mesa. Tente fazer flexões no canto da mesa, agachamentos (toque a cadeira com o bumbum em cada repetição), eleve a panturrilha, faça avanços de pernas e flexões de tríceps na sua cadeira. Eu fazia uma sessão desses a cada hora, mais ou menos. Tome conta de você – não há nada de bobo nisso.

SEJA TASE NO TRABALHO

- Estacione o carro nos fundos do estacionamento.
- Saia do prédio e curta caminhar para as reuniões com seus colegas.
- Desça do ônibus alguns pontos antes.
- Caminhe para o trabalho.
- Abandone o elevador e vá de escadas sempre que puder.
- Entregue mensagens pessoalmente em vez de mandar por e-mail.
- Esvazie seu próprio lixo!

JOGUE BOLA • 1 PONTO

Sente-se numa bola suíça em vez de uma cadeira para endireitar seu abdome e costas e para melhorar sua postura. Sentar-se numa bola exige bastante de toda a musculatura do tronco o dia todo. Faça levantamento e batimento de bola sentada para aumentar a circulação e ativar o seu cérebro. Finalmente, use a bola para fazer alguns abdominais, agachamentos e flexões durante o intervalo, antes de ir para casa.

TREINE NA SUA SALA • • 2 PONTOS

Escolha um dos seus armários de arquivo ou um canto do seu cubículo como um armário de exercícios. Sério. Eu quero que você guarde um tênis para que você possa usar nos intervalos para dar uma andadinha rápida ou até mesmo mais tempo durante o almoço. Guarde um extensor de resistência para poder criar um minicircuito de resistência em sua baia ou escritório; deixe-o fazer as vezes de acessório de alongamento também para aliviar os músculos cansados de se sentar. Faça uma sessão rapidinha entre telefonemas ou reuniões. Guarde alguns pesinhos também. Suas costas e seus membros superiores vão te agradecer por isso.

ACOOOORDE! • • • 3 PONTOS

Coloque um alarme no seu relógio, telefone ou computador para lembrá-la de se levantar e se mover a cada hora.

PEÇA CAFÉ PARA VIAGEM • • 2 PONTOS

Seja ativa no seu intervalo para o café. Coloque tênis de caminhada e passe reto pela máquina de café e o encontro para café no refeitório (claro, você sempre pode convidar os seus colegar para ir com você). Então, caminhe 1 ou 2 km (dentro ou fora do prédio); você vai levar uns 15 minutos para caminhar 1 km, uns 30 para caminhar 2. O quanto você puder andar depende de quanto tempo você tem de intervalo. Quando estiver voltando, pegue seu café e caminhe de volta para a sua estação de trabalho. É uma opção com que você só tem a ganhar: um pouco de exercício e uma rápida dose de cafeína.

Segredos de viagem

Esta próxima parte se aplica – como você deve ter imaginado – a tudo que se relaciona a viagens. Esteja você indo de um lugar para outro para trabalhar ou esteja em férias de luxo, qualquer tempo em que você estiver na estrada, você perde um pouco do controle e apoio que você sabe que tem em casa. Experimente esses truques para ficar em forma.

COMENDO NA ESTRADA

ESTOQUE • • 2 PONTOS
Use o frigobar do seu hotel para estocar comida saudável de um mercado local. Eu sempre faço isso quando viajo para lugares remotos que não têm nada além de *fast-food* e postos de gasolina em cada esquina. Pode não ser a coisa mais conveniente a se fazer, mas vai salvar sua pele, literalmente.

APRENDA A SE VIRAR • • 2 PONTOS
Sabe esses hoteizinhos de beira de estrada e hotéis que não têm serviço de quarto, mas sempre oferecem um suco de cortesia, bolinho e café de manhã? Perdi a conta de quantas vezes estive num lugar assim enquanto viajava para trabalhar e vi que não tinha opções. Bem, eu encontrei uma solução! Traga pacotes de mingau de aveia com você. Nature's Path Hemp Plus é o meu favorito. Então, use a cafeteira em seu quarto para esquentar água para o mingau. Ou traga uma garrafinha daquelas com uma bolinha de arame para misturar,

livre de BPA – é leve e compacta. Use para fazer um shake de proteína ou use também para guardar água – assim você fica hidratada.

LEVE PARA VIAGEM • • • 3 PONTOS

Pegue seus lanches favoritos que são ótimos para viagem e traga-os com você. Eu sempre levo proteína em pó e pacotes de mingau de aveia, como eu mencionei, mas também levo barrinhas de proteínas 22 Days, barras de Kind, pacotes de manteiga de amendoim Justin's, bolachas integrais, castanhas torradas sem sal, peru orgânico, frutas secas congeladas (diferentes de muitas frutas secas comuns, têm menos calorias e menos açúcar). Isso deve socorrê-la por alto e ajudá-la a ir para o aeroporto quando suas opções são escassas e você não pode fazer uma refeição de verdade. Além disso, todos esses itens são aprovados para se viajar.

Refeições em aviões são inexistentes nos últimos tempos na classe econômica – mas você pode levar esses lanches na sua sacola e descansar tranquila.

FAÇA UMA CONTAGEM DE CONVENIÊNCIA • • 2 PONTOS

Já ouviu falar em "deserto de comida"? Significa um lugar onde não há opções saudáveis de comida por mais de 15 km em cada direção, e há apenas um deserto de postos de gasolina e lanchonetes de *fast-food*.

MITO

Você deve fazer o número dois após cada refeição ou seu metabolismo não está funcionando devidamente.

FATO: O intestino de uma pessoa saudável e magra pode não funcionar após cada refeição, quanto mais três vezes ao dia. Constipação ou intestino preso é definido por menos de três idas ao banheiro por semana. Portanto, você pode ser mais normal do que pensa. Se você sente que está constipada, beba água, coma cereais integrais, acrescente semente de linhaça ao seu cereal ou iogurte, e coma muitos legumes e verduras ricos em fibras. Na dúvida, você sempre pode experimentar as ameixas – elas funcionam também!

Ocasionalmente, você terá de viajar para um desses locais e, às vezes, quando você estiver na estrada, você encontrará apenas postos de gasolina e lojas de conveniência. Se esse for o caso, aqui estão opções confiáveis que quase sempre você pode encontrar em qualquer lojinha de posto, mesmo numa terra de ninguém: ovo cozido, palitos de queijo, iogurte, popchips, barrinhas de proteína, castanhas, frutas e a opção de cereal matinal mais saudável disponível.

ESCOLHA O MENOR DOS MALES • • 2 PONTOS

Deus me livre de ter de escrever isso, mas se você for forçada a comer numa lanchonete de *fast-food* sob coação ou ameaça de agressão física por um amigo desesperado (por favor, me deixe fingir que não haveria razão para você se encontrar lá), procure Starbucks, Chipotle, Baja Fresh, El Pollo Loco, Au Bon Pain ou Subway. Esses lugares pelo menos têm sanduíches que não contêm milhares de calorias e oferecem opções mais saudáveis como tacos de peixe grelhado e saladas (apenas se lembre de pedir todos os condimentos e molhos à parte). Quando estou nessa situação, eu pego o vegetariano de 15 cm do Subway, sem queijo ou maionese, e acrescento abacate (e peço para eles rasparem o miolo do pão de dentro do sanduíche).

CORTE FÁCIL DE CALORIAS

No seu sanduíche, substitua 30 g de queijo gordo por 30 g (uma fatia) de queijo light.
Corte: 56 calorias

BOA FORMA NO VOO

FAÇA EXERCÍCIOS NO AEROPORTO • 1 PONTO

Não quer perder sua malhação? Quer que cada minuto da sua viagem conte? Seja você uma workaholic na estrada que passa metade da vida em aeroportos, ou esteja presa num comboio rumo às suas férias, você pode malhar antes mesmo de decolar. Um site bacana, www.airportgyms.com, oferece um serviço único: coloca listas de academias em aeroportos, clubes de exercícios e centros de boa forma próximos de aeroportos ao redor de grandes cidades americanas e canadenses. Você pode até verificar a academia mais próxima online e ver o que ela oferece, para que você esteja pronta para se exercitar quando chegar lá.

VOE EM FORMA • 1 PONTO

Uma das piores coisas que você pode fazer com o seu corpo é se sentar por horas num voo e nunca se levantar do seu assento. Se estiver voando por mais de 1 hora, é fácil se sentir tão dura e espremida como você se sente no trabalho, sentada o dia todo. Não se mexer por longos períodos pode provocar problemas de circulação. Para qualquer um que tem problemas de circulação, é ainda mais importante se mover pela cabine quando puder, para evitar coágulos no sangue.

Aqui estão algumas formas de se movimentar num avião:

- Evite cruzar suas pernas ou tornozelos por um longo período de tempo. Comprima e solte os dedos dos pés. Puxe um joelho por vez em direção ao seu peito. Alongue as costas, curvando a coluna para a frente e arqueando as costas.

- Ande no seu lugar, levantando o joelho. Sei que isso parece bobo, mas você vai se sentir muito melhor do que as pessoas ao seu lado.

- Se não estiver totalmente espremida como uma sardinha e tiver um pouco de espaço, curve-se para a frente, busque seus pés e solte o seu corpo, como uma boneca de pano.

- Alongue os braços acima da cabeça, segure seu pulso oposto e alongue, então faça do outro lado.

- Simule flexões de bíceps usando sua garrafinha de água. Faça movimentos para cima para exercitar o seu tríceps, empurrando os braços de seu assento.

- Gire e alongue seu tronco, colocando sua mão oposta no braço do assento e olhando para trás. Repita na outra direção.

- Tente ficar de pé a cada hora de voo. Antes de voltar ao assento, pare nos fundos do avião e faça flexões na parede. (É ótimo para conversar, acredite em mim.)

- Faça respirações profundas de ioga (barriga). Inspire pelo nariz, expandindo a barriga, então expire lentamente através do nariz. Isso não é apenas ótimo para acalmar os nervos, também ajuda a equilibrar o lado esquerdo e direito de seu cérebro e circular o oxigênio através do seu corpo. Num avião é particularmente ótimo fazer isso por sua circulação já estar comprometida.

SEJA SELETIVA • • 2 PONTOS

Fique num hotel com academia. Se não for possível, fique num lugar com uma academia próxima para que você possa usufruir na sua estadia. A maioria das grandes redes de academias oferece um passe livre de 1 semana como incentivo para você se matricular – pegue um e economize. Outra coisa importante: quando, e se, você se matricular numa academia na sua cidade, procure uma rede que tenha a maior abrangência nacional possível e matricule-se num plano para todas. Eu faço isso com a Crunch. Dessa forma, eu posso malhar em qualquer academia Crunch quando eu viajo. Ainda que ela não esteja em todas as partes do país, fico tranquila quando estou na Califórnia, Flórida e Nova York.

FIQUE ATIVA • • • 3 PONTOS

Traga um DVD de ginástica, coloque em seu computador e vá nessa. Ou traga um extensor de resistência – é barato e portátil. Fixe no pé da cama e faça seus exercícios de peito, supino, remada e flexões – você pode aplicar resistência a qualquer exercício com esse extensor. Você também pode usar um aplicativo do seu telefone. Meu aplicativo Slim-Down Solution tem dezenas de exercícios com demonstrações.

JOGUE CARTAS • • 2 PONTOS

Um aviso antes de você continuar lendo – esta dica foi apresentada para mim pelo Bob Harper. Na loja de conveniências do aeroporto, compre um maço de cartas de baralho. Não apenas elas podem te manter entretida no voo, como possibilitam exercícios sinistros no quarto de hotel. O primeiro passo é associar cada exercício a um naipe. Podemos dizer: burpees para espadas, flexões para ouros, abdominais para paus e agachamentos para copas. Então, passe por todo o maço e faça o número de exercícios marcado na carta. Então um 4 de paus significa 4 abdominais, um 8 de espadas significaria 8 burpees. As cartas de ás valem dez repetições e o coringa vale 11. (Não, não vale 1 – isso não é black jack, e não é opcional.) Experimente seguir fazendo o exercício e descansando o mínimo possível. Eu prometo que você vai ter um exercício incrível a baixo custo, com espaço mínimo.

SEJA EXIGENTE • • 2 PONTOS

Verifique se a TV paga no hotel oferece ginástica de graça. Além disso, veja se o hotel tem equipamentos simples que você possa levar para o quarto – um tapetinho de ioga, um par de halteres ou coisas assim.

FAÇA UMA AVENTURA • • 2 PONTOS

Se estiver de férias, planeje férias ativas e tente fazer exercícios que sejam novidade para você. Vá remar no Havaí, andar de bike nas trilhas de Moab. Caminhe no Grand Canyon, faça rafting ou caiaque no rio Kern. Pratique snowboard ou esqui em Sun Valley ou Aspen. Ao fazer do exercício parte da sua viagem, você vivencia novas experiências e evita trazer quilinhos a mais na bagagem.

MITO
Suar elimina toxinas.

FATO: Apenas 1% das toxinas que saem nosso corpo são eliminadas através das glândulas sudoríficas. O papel principal do suor é regular a temperatura corporal, é o sistema natural de resfriamento do nosso corpo. Os órgãos principais para eliminar o lixo são de fato o trato gastrointestinal, fígado, rins, sistema imunológico e pulmões.

VISITE OS PONTOS TURÍSTICOS • • 2 PONTOS

Caminhe pela cidade. Frequentemente, quando eu vou para o que deveria ser a viagem mais engordativa (olá, festival de comida em Paris), eu de fato volto para casa 1 ou 2 kg mais leve. É porque eu passo o dia todo em pé, visitando os pontos turísticos. Saia, encontre as pessoas, absorva um pouco da história e veja o lugar! Ficar em pé por horas seguidas, mesmo quando não estiver "pegando firme nos exercícios" vai queimar toneladas de calorias e também vai permitir que você adquira mais cultura.

FIQUE NA ÁGUA • • 2 PONTOS

Perdi a conta de em quantas férias eu faço meus exercícios na piscina. Esta é ótima para quem tem filhos. Meus filhos adoram a piscina, e eu brinco com eles e os pego no colo enquanto eles brincam.

Se o tempo colabora, é uma grande fonte de exercício para um treino aeróbico pesado ou uma diversão ativa.

FELIZ TRILHA PARA VOCÊ • • 2 PONTOS

Pergunte aos funcionários do hotel ou procure na internet por parques locais, trilhas de caminhada e pistas para correr. Você também pode verificar o www.trails.com [em inglês]. Esse site oferece grandes opções e recursos em praticamente qualquer lugar do mundo em que você possa se encontrar.

GANHE E PERCA

GANHE 3 PONTOS

- [ ] Encha o tanque
- [ ] Fique longe do buffet
- [ ] Escolha com sabedoria
- [ ] Abuse com responsabilidade
- [ ] Faça porções pequenas
- [ ] Evite
- [ ] Troque a guarnição
- [ ] Dê trabalho
- [ ] Evite o perigo
- [ ] Seja multiculturalmente seletiva
- [ ] Mantenha um estoque particular
- [ ] Comece uma corrente
- [ ] Faça um plano
- [ ] Empacote
- [ ] Converse andando
- [ ] Acoooorde!
- [ ] Leve para viagem
- [ ] Fique ativa

GANHE 2 PONTOS

- [ ] Seja uma convidada agradável
- [ ] Pegue leve
- [ ] Planeje bem a festa
- [ ] Pule etapas
- [ ] Escolha suas batalhas
- [ ] Vá de sopinha
- [ ] Não se esqueça da secadinha
- [ ] Peça para embrulhar
- [ ] Seja generosa
- [ ] Passe reto
- [ ] Limpe o prato
- [ ] Vá a campo
- [ ] Seja ridícula
- [ ] Treine na sua sala
- [ ] Peça café para viagem
- [ ] Estoque
- [ ] Aprenda a se virar
- [ ] Faça uma contagem de conveniência
- [ ] Escolha o menor dos males

- ☐ Seja seletiva
- ☐ Jogue cartas
- ☐ Seja exigente
- ☐ Faça uma aventura
- ☐ Visite os pontos turísticos
- ☐ Fique na água
- ☐ Feliz trilha para você

GANHE 1 PONTO

- ☐ Beba em uma taça de vinho
- ☐ Não se esqueça da água
- ☐ Minta
- ☐ Seja criativa
- ☐ Mande um abraço
- ☐ Ache um lugar livre
- ☐ Seja competitiva
- ☐ Jogue bola
- ☐ Faça exercícios no aeroporto
- ☐ Voe em forma

____

Total de *pontos* do Capítulo 4

____

Total de *dicas* que estou aplicando

CAPÍTULO 5

Permaneça motivada

Este capítulo pode não parecer fundamental, já que não trata diretamente da perda de peso, mas é, e aqui está o motivo. Eu posso te dar todas as informações. Posso tornar fácil de aplicar e acessível. Posso te alimentar de colherzinha e segurar sua mão enquanto você engole. Mas se você não estiver motivada para utilizar isso e torná-lo um objetivo na sua vida, então nada do que eu te disse nestas páginas importará. Eu basicamente terei perdido meu tempo escrevendo este livro e você gastou seu dinheiro o comprando e o seu tempo lendo. Como se isso não fosse chato o suficiente, pense no que realmente está em jogo aqui – sua saúde, sua autoconfiança, sua qualidade de vida, seus relacionamentos, seu apetite sexual (coloque aqui praticamente tudo o que é bacana para você). Tudo isso é afetado negativamente quando seu peso e saúde não estão no melhor estado. Não viver com o melhor do seu potencial ou não viver a vida que você merece é uma baita vergonha. Eu quero que você tenha tudo o que deseja para si mesma. Honestamente, você merece. Todas merecemos. Mas ficar em forma não se alcança sem esforço – você sabe disso. Pode confiar que as orientações e instruções destacadas neste capítulo vão tornar o trabalho mais palatável e possivelmente mais aproveitável.

Motive, inspire e incentive

MUDE SUA ATITUDE

FAÇA DISSO UMA QUESTÃO PESSOAL • • • 3 PONTOS

Antes que você dê o primeiro passo na esteira ou faça seu primeiro brócolis no vapor, eu quero que você faça uma lista do emagrecimento. É muito simples e vai te dizer muito sobre você mesma. Não se preocupe, será divertido. Escreva todas as razões pelas quais você quer ser saudável, e como você acha que ser magra vai melhorar sua vida. Muitas pessoas, quando buscam sua motivação, olham para fora, e embora isso possa ajudar a catalisar uma mudança inicial, uma motivação duradoura precisa vir de dentro. Como eu disse, viver magra nem sempre é fácil. Apesar de eu ter tentado tornar o mais descomplicado e sem estresse possível para você, no final haverá alguns sacrifícios envolvidos. Sacrifício é parte de ser adulto, não é? Para ajudá-la a administrar esse fato da vida, você tem de encontrar o seu porquê. Por que o sacrifício vale a pena para você? Há uma citação famosa de Nietzsche que é mais ou menos assim: "Se você tem um porquê para viver, você pode tolerar qualquer como". Identifique o seu porquê. Por que ficar motivada é importante para você? Seja específica. Torne muito pessoal e detalhado. Não diga apenas coisas do tipo "quero ser saudável". O que isso significa? Como seria isso na sua vida? Quer jogar futebol com seus filhos? Estar linda nas férias de verão? Usar as roupas da moda? Viver até os 100 anos? Fazer o pai do seu filho se arrepender por ter te trocado pela secretária? Quer transar de luz acesa? Qualquer que seja o seu motivo, anote-o e coloque esta lista onde quiser. Deixe que suas vontades, necessidades e desejos a motivem!

MITO

Se você perder peso rápido demais, você vai recuperá-lo.

FATO: Ridículo. Eu tirei 50 kg de um homem em 6 semanas, e 3 anos depois ele ainda prova que estou certa. Não é a velocidade com que você perde peso que importa – é o método com o qual você faz. Um estudo recente conduzido pela University of Florida também provou minha ideia: revelou que perder peso rapidamente nos primeiros estágios do programa de perda de peso pode ser benéfico a longo prazo tanto para perder quanto para manter. Os pesquisadores indicaram que aqueles que perdem peso rapidamente eram cinco vezes mais propícios a alcançar uma perda de peso significativa num marco de 18 meses do que aqueles que perderam peso num ritmo mais lento. Desde que você faça com exercícios e boa alimentação, em vez de passar fome, não há motivo para o peso voltar, a não ser questões emocionais e crises mal resolvidas.

ESTABELEÇA UMA PROGRAMAÇÃO • • • 3 PONTOS

Quando você tiver estabelecido por que quer ser saudável, o próximo passo é imaginar como fazer isso. Aqui é onde entra a definição de objetivos. As pessoas sempre falam sobre como é importante ter objetivos e "anotá-los". Esse é um conselho muito amplo e vago, e provavelmente é o motivo pelo qual a maioria não alcança os objetivos que estabelecem. Um ponto-chave para estabelecer um objetivo útil e atingível é criá-lo usando algumas dicas importantes:

- **Tenha um objetivo realista.** Seu objetivo final deve ser realmente conquistável. Se você trabalha o tempo todo e tem uma família para cuidar, você não vai conseguir perder 50 kg em 3 meses nem 10 kg em 1 mês. Não é uma possibilidade prática para você por causa dos seus outros compromissos. Mas você ainda pode perder peso. Dê uma olhada na sua vida e imagine em que tempo realista você pode fazer um regime de exercícios e criar um alvo que possa atingir. Neste cenário, eu diria que 10 kg em 3 meses é um objetivo ambicioso que não vai te oprimir.

- **Torne mensurável.** Não diga algo do tipo "eu quero ser magra e saudável". Meus competidores do *Biggest Loser* dizem isso o tempo todo. Mas quando eu pergunto a eles o que de fato significa em termos reais, eles não têm resposta. Se você não tem uma ideia clara do que seria algo, como você o alcançaria? Em vez disso, tente dizer: "quero que minha pressão sanguínea seja de 120/80" ou "quero ser capaz de correr uma maratona" ou "quero perder 30 kg."

CONTEMPLE O PODER DA PIRÂMIDE • • • 3 PONTOS

Uma vez que seu objetivo de longo prazo for estabelecido, isso pode ser bem opressor, e muitas pessoas lutam para manter o foco no panorama como um todo. É fácil se intimidar quando você pensa em tudo o que você tem de fazer para chegar aonde quer. O truque é perceber que atingir um objetivo de longo prazo deve ser feito ao encontrar uma série de objetivos de curto prazo que não são apenas baseados no resultado, mas também no processo de chegar lá.

Você precisa planejar como vai alcançar o objetivo de longo prazo em estágios factíveis. Uma das melhores formas para fazer isso é criando uma pirâmide de objetivos que divide o grande objetivo em pequenos objetivos de curto prazo. Isso vai permitir que você planeje literalmente uma forma de agir, algo que conecta as coisas que você está fazendo neste momento com o futuro que você visualiza para você. Coloque seu objetivo final no topo da pirâmide, então o siga com objetivos imediatos mensais, semanais e diários. Por exemplo:

Objetivo final: Quero perder 12 kg em 3 meses.

Objetivo mensal: A cada mês eu vou perder 4 kg.

Objetivos semanais: A cada semana eu vou perder 1 kg. Vou à academia 4 vezes esta semana. Vou criar um déficit de 1.000 calorias por dia.

Objetivos diários: Vou ligar para a minha amiga para trocar o dia da carona para que eu possa conseguir chegar à aula de ginástica de quarta-feira e sexta-feira. Vou fazer comida saudável para o resto da semana, para que eu possa atingir meu déficit de calorias preestabelecido. Vou fazer uma pesquisa sobre os restaurantes na região onde eu posso fazer refeições magras. Vou comprar um Body Media Armband para poder controlar as calorias que eu queimo.

Viu só? Usando essa formula você pode dividir o objetivo de longo prazo num plano de ação administrável ou um guia que vai te levar direto para o destino desejado.

FAÇA UM RETRATO • • • 3 PONTOS

Não se preocupe se você não souber desenhar. Estou falando de um retrato mental. Visualize-se no começo do seu objetivo; então se visualize alcançando-o. Visualizações criativas usam o poder da mente para nos inspirar e criar os resultados que queremos. Visões de conquista ajudam você a acreditar no seu potencial de tornar sonhos realidade. Visualizar o que você quer e como quer conquistar é uma pedra fundamental no processo de realizar seus sonhos. Há vários componentes importantes usando essa ferramenta de maneira efetiva:

- **Seja específica**. Se quer ser saudável, crie uma visão de como é exatamente ser saudável. Que roupas você usa? Que atividades você realiza com seu corpo forte e magro? Está correndo uma maratona, brincando com seus filhos, dançando com uma pessoa importante ou levando sua filha ao altar? Quanto mais detalhes você acrescentar à sua visão de sucesso, mais vibrantes e vivas suas imagens vão se tornar em sua mente, e mais fácil será o trabalho em tornar isso uma realidade.

- **Não apenas veja – sinta.** Você precisa associar emoções com as coisas que imagina para si mesma. Ao atingir seu objetivo honesto e mais íntimo para sua visão, vai se tornar mais real para você.

- **Perceba.** Encare sua fisiologia. Eu quero que você tenha as sensações físicas nessa visão. Sinta a vibração da rua sob seus pés quando você cruza a linha da maratona. Sinta o poder em seus ombros quando você levar seu filho nos ombros depois de brincar de pega-pega no parquinho. Alcançar ações físicas com seus sonhos físicos vão fazer com que elas se tornem mais familiares e reais e vão ajudá-la a focar nas ações do dia a dia.

- **Coloque no papel.** Este existe há um tempinho, mas vale a pena colocar um pouco de energia nisso. Por quê? Porque funciona! Pegue a visão que você criou na sua cabeça e dê vida; alguns chamam de "prancheta de visão". Faça uma colagem das coisas que você mais quer. Pode existir num pôster em seu escritório ou como protetor de tela no seu computador. É um exercício divertido.

Conclusão final: quanto maior sua exposição às suas vontades e desejos, mais chances você te de obtê-los.

MUDE O ROTEIRO • • 2 PONTOS

As palavras são poderosas. As coisas que você diz são no que você acredita. No que você acredita, você realiza. E o que você realiza cria a sua realidade. Por essa razão, a linguagem que você emprega deve ser direcionada para positividade e sucesso, não negatividade e fracasso. Remova palavras como *não consigo* de seu vocabulário. E preste muita atenção à sua escolha de adjetivos. Em vez de dizer que algo *é difícil*, diga que *não é fácil*. Em vez de dizer que algo é *impossível*, diga que é *desafiador*. Não diga que está *tentando* (a palavra *tentar* significa que você está planejando fracassar); em vez disso diga que você *está fazendo*. Não diga que você é *ruim* em algo; diga que *está se esforçando* ou que *está aprendendo*. Confie em mim, essas mudanças fazem uma grande diferença na forma como você percebe o mundo.

NÃO SEJA PERFECCIONISTA • • • 3 PONTOS

Por que você não deve almejar ser perfeita? Porque ninguém é! Você certamente vai se fadar ao fracasso se acredita que pode ou deve ser perfeita o tempo todo. Jogue fora essa mentalidade de tudo ou nada. Se você tropeçar, o que vai acontecer em algum momento, apenas deixe isso de lado. Continue na direção certa e mexa-se.

Sempre me impressionou como as pessoas podem comer bem

e malhar religiosamente por semanas seguidas, então um belo dia, quando estão estressadas, elas comem pizza ou algum lixo que têm desejo. O regime inteiro – de comida, exercícios, atitude – vai para o saco. Uma gotinha se mexe e aciona uma onda de autossabotagem e abuso. Tenha bom senso, por favor!

Aqui está uma analogia que eu uso muito, e quero que você se lembre disso quando isso acontecer com você. Se você têm um pneu murcho, você não sai do carro e fura os outros três, fura? Claro que não! Você sai, troca o pneu e segue em frente. O mesmo se aplica a seu estilo de vida. Levante-se, tire o pó e volte a caminhar, continue em frente. Mantenha a perspectiva e deixe o perfeccionismo para trás.

TIRE A ROUPA • 1 PONTO

Se está tendo dificuldades em se motivar, tire a roupa e olhe-se no espelho. Não estou dizendo para você escolher criticar cada defeito real ou imaginário. Em vez disso, quero que você olhe como você está agora, alinhe-se e diga "não, eu não quero esse donut no meu bumbum. E, sim, eu poderia malhar um pouco agora mesmo". Aceite sua condição, saia da negação, assuma a responsabilidade e escolha fazer uma mudança. A aceitação é extremamente liberadora; pode ajudá-la a deixar de lado muitas inseguranças que a prendem, se você as deixa. Você pode ver claramente se está escondida atrás de suas roupas.

Agora quero que você largue todas essas roupas desajeitadas que permitem que você esconda seu corpo. Livre-se delas de uma vez por todas, para que não possa se esconder mais atrás delas.

VIVA INDIRETAMENTE • 1 PONTO

Leia, veja ou escute a bem-sucedida história de emagrecimento de alguém; será inspirador. Olhe para as fotos de antes e depois na internet (eu tenho uma tonelada desses depoimentos de Body Revolution em www.jillianmichaels.com) ou assista a *The Biggest Loser*. Não importa realmente de quem é a história, onde você encontrou, como você digeriu isso. Tudo o que importa é que você aprenda e vivencie a jornada de outra pessoa – siga as lutas dela e o sucesso obtido. Nós humanos somos bons em nos identificarmos com os outros. Quando vemos alguém atingindo o objetivo, isso ajuda a nos motivar. Cultiva nossa habilidade em acreditar em nós mesmos, em perceber que também podemos atingir um objetivo grandioso.

CRIE UM MANTRA • 1 PONTO

Acho que a maioria das frases de efeito são superficialidades tolas que mal atingem a superfície de serem dignos, mas há uma forma de torná-los ferramentas valiosas, poderosas e positivas. A chave é tornar esta frase curta, simples e orientada para uma ação que se torne uma regra pela qual você viva. Apesar de ser difícil criar um significado profundo em uma frase, é possível. Não escolha uma que você deveria estar dizendo para si mesma, como "apenas se ame" ou "sorria" ou "veja o copo meio cheio." Essas são escolhas idiotas – você já deveria acreditar nelas, então não precisa delas como um mantra para a sua vida. Em vez disso, escolha algo que você ouviu, que a motiva e se conecta profundamente com você. Pegue uma regra que você possa encaixar na sua vida e que torne você e sua vida melhores.

Ultimamente, meu mantra tem sido: "Um objetivo sem um planejamento é apenas um sonho". Eu me lembro disso sempre que fico impulsiva ou impaciente. Isso me desacelera e me lembra de que algumas das coisas que mais desejamos na vida levam tempo para se materializar. A frase me segura e me mantém proativa e focada.

Você não precisa se forçar a vir com algo espetacular. Quando ouvir uma frase ou um ditado que ecoa em você, faça dela o seu mantra. Repita para si mesma quando estiver em dúvida ou quando precisar de um pequeno lembrete de como ou por que fazer algo importante para você (como viver magra). Isso vai mantê-la inspirada.

MONTE O PALCO • • • 3 PONTOS

Já ouviu o clichê "você é um produto do seu meio"? Bem, é verdade para todos nós, até certo ponto. Nossos ambientes podem influenciar fortemente nossos pensamentos, escolhas e desempenho na vida. Já que toda a nossa cultura moderna está instalada como um "obesogênico ambiental", montar o seu próprio ambiente para o sucesso, não para a sabotagem, é fundamental.

Olhe ao seu redor, no seu espaço de trabalho, de vida, no carro, em qualquer outro lugar onde você passa o tempo. Anote tudo o que possa minar seu estilo de vida magro. Pode ser o Dunkin' Donuts no seu caminho para o trabalho que sempre consegue atraí-la. Talvez sejam os bagels na cozinha do seu escritório ou a tigela de balas na mesa do seu colega de trabalho. Onde quer que você identifique esses sabotadores, esforce-se para eliminá-los, substituí-los, contorná-los. Pegue uma rota alternativa para o trabalho, uma que passe longe da loja de donuts. Traga sua própria comida e evite a cozinha do escritório como tentação. Converse via e-mail ou telefone com o colega de trabalho que tem um estoque de petiscos engordativos; fique longe da sala dele. Quando você muda seus hábitos e seu ambiente, você tem uma boa chance de que eles permaneçam mudados. Os hábitos são poderosos.

Cerque-se de imagens inspiradoras (como a imagem projetada que discutimos anteriormente ou seu objetivo de roupa de perda de peso). Assista a programas de TV que levantem o seu moral. Leia livros e revistas que são positivos com mensagens fortes de esperanças e fortalecimento, como *A New Earth*, *Men's Health*, *The Four Agreements*, *O* ou *Shape*. Deixe seu tênis de corrida perto da porta de manhã para que seja incentivada a malhar na hora do almoço. Usar o seu espaço físico para automatizar comportamentos saudáveis é uma das mudanças mais fáceis e profundas que você pode fazer na sua vida. Então, entre nessa!

CONQUISTE APOIO

FAÇA UMA DECLARAÇÃO • • • 3 PONTOS

Numa pesquisa recente da Medi-Weightloss Clinics, 53% das mulheres disseram que outros as pressionaram a comer comidas que não estavam em suas dietas. 56% dessas mulheres disseram que elas cederam porque não queriam insultar a pessoa que oferecia a comida. 42% disseram que cederam porque não queriam chamar atenção para suas dietas. 35% disseram que foi porque outros fizeram piada sobre suas dietas. O que eu vou dizer? Essas são apenas desculpas para não tomar as rédeas da sua vida e saúde. Desculpas inaceitáveis. Acredite mais em você! Fale por si mesma! Quem mais fará isso se você não fizer? Seja direta e deixe os outros saberem sobre o seu objetivo de emagrecer. Isso vai ajudá-la a avaliar melhor todos os seus amigos (aqueles que apoiam e aqueles que não), permitindo que você recrute os encorajamentos que precisa daqueles mais próximos de você. E isso vai forçar aqueles que a sabotam a encarar seu próprio comportamento e, com sorte, envergonhá-los a parar.

EXPRESSE SUAS NECESSIDADES • • • 3 PONTOS

As pessoas não leem mentes. Frequentemente amigos ou família podem sabotar o seu emagrecimento sem perceber isso conscientementemente. Não suponha que eles saibam do que você precisa ou como darão a você – você apenas vai terminar decepcionada quando não entender isso. Sejam seus colegas que continuam arrastando-a para um bar depois do trabalho ou o namorado que pede pizza toda noite ou sua mãe que assa biscoitos – conte a eles o seu objetivo. Comece dizendo como ser saudável e magra é importante para você. Então diga a eles como eles podem ajudá-la. Eu quero que você literalmente dê a eles as ferramentas e comunique a eles as formas exatas que você precisa para encorajá-la e apoiá-la.

Diga à sua mãe para fazer receitas magras em vez de engordativas. Diga a seu namorado que você quer que ele se exercite com você e saia para comer um sushi depois. Diga a seus colegas de trabalho que você não vai beber agora, mas que adoraria ver um filme ou ir para a academia com eles. Você pode levá-los a apoiá-la em vez de a sabotarem. Quando você der poder às pessoas próximas a você com estratégias e conhecimento de suas necessidades, você ficará impressionada com a grande diferença que faz na sua habilidade de ficar com isso e ir atrás de seus objetivos de uma forma incrível.

O APOIO TEM MÃO DUPLA • • • 3 PONTOS

Isto é importante. Uma das razões principais que as pessoas citam por abandonar seus esforços de emagrecer é que seu parceiro não estava na mesma onda de estilo de vida, objetivos e valores. Eu descobri que esse dilema frequentemente se estende além das relações românticas, cruzando para relacionamentos com pais e amigos próximos. Esse problema é quase idêntico ao apresentado em "Comunique suas necessidades", mas é sobre o que você faz quando o conselho não funciona. Quando não funciona, geralmente há um grande motivo – talvez a outra parte se sinta ameaçada de alguma forma que, se você ficar saudável, você vai deixá-la para trás, não vai precisar dela, ou talvez tenha medo de que sua nova saúde vá levá-la a questões sobre a ausência dos próprios hábitos saudáveis dessa pessoa.

Ainda que esses medos possam não ser racionais, são reais. A melhor coisa que você pode fazer é ter um diálogo aberto com a pessoa novamente, reiterando o que você quer e por quê. E não se esqueça de dizer a ela o quanto você a ama e como ela é importante para você. Com o tempo, quando ela começar a se sentir segura com "a nova você", eu prevejo que ela vá ajudá-la, e talvez até seguir sua caravana da saúde.

FAÇA UMA FAXINA — OS PESSIMISTAS PRECISAM IR EMBORA • • • 3 PONTOS

O dogma número um quando se constrói um sistema de apoio é este: todo mundo que você convida para entrar na sua vida deve torná-la melhor. Quando escolher seu séquito, as pessoas com quem você passa a maior parte do seu tempo devem seguir essa regra. Saia apenas com gente com quem seu sucesso é o sucesso dela também. As pessoas ao seu redor devem apoiá-la na sua missão para ser ótima – ou devem cair fora! É hora de reavaliar sua vida e fazer um inventário de quem está no seu time e quem não está. Exclua todas as pessoas que não te apoiam, que são tóxicas, mande-as para fora da sua vida. Todas as amigas invejosas que te sabotam devem sumir. Finalmente, *diga-me com quem tu andas que eu te direi quem tu és*. Isso quer dizer que pessoas com ódio e desmotivadoras devem cair fora.

DELIMITE FRONTEIRAS • • • 3 PONTOS

Considere este o quarto passo numa série de exigências de apoio. A série começa com (1) comunicar suas necessidades, (2) validar o apoio dos seus entes queridos e (3) fazer uma faxina, se os dois primeiros passos falharem.

Mas se as pessoas nocivas não puderem ser excluídas (tipo, se for um membro da família), precisamos recorrer a limites firmes e intransponíveis. Se você e sua mãe brigam porque ela acha que sua dieta é "bobagem", então não coma com ela. Se sua irmã tira sarro por você ir para a academia enquanto ela está em casa, de férias, não diga a ela aonde você está indo. Busque os pontos delicados do relacionamento e evite-os. Alguns assuntos vão instigar brigas e sabotagem e deixá-la se sentindo uma droga. Evite-os a todo custo. Em vez disso, direcione o relacionamento e sua comunicação a assuntos neutros ou positivos, aqueles que não incitam discussões e inseguranças, sejam suas ou deles.

Por sinal, você pode e deve ser direta com os membros da família sobre suas necessidades e limites. Deixe que eles saibam que você não quer discutir esse assunto com eles. Se eles não te dão ouvidos ou não respeitam seus limites e começam mesmo assim, diga a eles que você os ama, mas vai ter de ir embora ou desligar o telefone até eles decidirem ser respeitosos em relação à sua posição. Você não os está abandonando; está simplesmente maximizando o lado positivo do relacionamento e minimizando o negativo. Eu garanto que depois que você seguir esse padrão saudável de interação por várias vezes, eles vão entender a mensagem, e você terá conseguido certo espaço.

FAÇA POR VOCÊ • • • 3 PONTOS

Seja sua melhor amiga. Como eu me torno uma melhor amiga para mim mesma?, você pergunta. Você faz isso ao aprender a se colocar na melhor posição para ter sucesso. Grandes líderes trabalham para criar um ambiente que conduza seus empregados ao sucesso.

De forma similar, ser sua própria melhor amiga significa se direcionar para o sucesso e aceitar o desafio da grandeza (e magreza). O segredo é a autoaceitação.

Se você se sente digna do que está aspirando e se presta ao mesmo respeito e amor que você oferece aos outros, você chega aonde quer ir.

Isso é o que eu quero dizer. Anos atrás, eu estava na terapia reclamando sobre como eu fazia tudo para os outros e ninguém fazia nada por mim. Enquanto eu estava no meio da crise de autopiedade, meu terapeuta me interrompeu. Ele me disse que não eram os outros que estavam me decepcionando; eu é que estava. Eu o contestei e o chamei de louco, mas ele continuou para provar seu ponto de vista. Ele listou todas as coisas legais que eu fazia pelos outros e mostrou como eu nunca fazia as mesmas coisas por mim. A implicação era clara de que, quando eu começasse a dar a mim mesma todas as coisas que eu dava aos outros, minha vida seria imensuravelmente mais rica. A atenção e ajuda que eu recebo do mundo exterior seria um bônus. Eu peguei esse conselho e comprei flores para o meu quarto. Eu me fiz uma massagem. Aluguei um filme que eu queria ver. Tomei conta de mim. Arrumei tempo para mim. Eu me referia a mim mesma de uma maneira respeitosa e amorosa. E sabe de uma coisa? Minha vida mudou de uma maneira impressionante – para sempre. Depois que eu comecei a fazer isso, não foi coincidência que eu comecei a atrair para a minha vida pessoas que me davam mais apoio e eram mais amorosas comigo. Fiquei mais feliz. Eu me senti mais forte. Eu tinha mais confiança e, consequentemente, mais poder para assumir riscos e "buscar as estrelas". Ainda que eu saiba que isso possa soar bobo e, de certa forma, me fazer lembrar de um esquete ruim de *Saturday Night Live*, funciona.

Olhe todas as coisas que você faz com seus pais, filhos, pessoas importantes ou melhores amigos. Aposto até que você ajuda mais os amigos do que a si mesma. Agora eu quero que você faça um esforço consciente para cuidar de você da mesma maneira delicada e generosa. Então, observe sua atitude e motivação, e seu "estado de magreza" vai mudar para melhor.

MOTIVE-SE PELO NEGATIVO • • 2 PONTOS

Meu sábio conselho é para ignorar os raivosos. Suze Orman uma vez disse para mim: "Os cães ladram e a caravana passa". Ela queria dizer para não deixar gente invejosa e de mente pequena impedi-la de atingir seus objetivos.

Talvez você tenha ouvido outro ditado: "O sucesso é a maior vingança"? Algumas pessoas são motivadas por pessoas negativas – elas são estimuladas a provar àqueles que dizem "não, você não conseguirá" que eles estão bem errados. Já ouviu Lady Gaga ou Katy Perry falarem sobre quanta gente disse a elas que elas não conseguiriam? Essas duas estrelas agora estão no topo do mundo em suas carreiras e fama, com mais dinheiro do que elas provavelmente sabem como gastar a cada dia. Elas podem torcer o nariz para quem não acreditava nelas.

Meu sócio é uma pessoa que não aceita uma negativa e nunca se sente derrotado. Ele adora quando alguém diz "não" para ele ou para a nossa empresa porque ele aproveita a oportunidade para provar que eles estão errados. Se você não pode se afastar da negatividade ou maldade de alguém em relação a você, então a canalize. Em vez de deixar que ela te coloque para baixo, deixe-a levá-la em frente e impulsionar o seu sucesso.

PEÇA UM FEEDBACK • • 2 PONTOS

Uma das melhores ferramentas para empregar quando você está tentando aprender, crescer ou desenvolver qualquer área da sua vida é ter um técnico ou mentor como parte de sua equipe. Este é alguém que não apenas apoia você, mas tem a informação que você precisa para ser bem sucedida; alguém que pode mostrar a você onde você está agindo errado e como contornar para que possa fazer certo. Eu fui essa pessoa para muita gente, e posso corrigir anos de enganos numa questão de segundos por causa da minha especialização em saúde e bem-estar. Não sofra desnecessariamente. Se você não pode fazer com que um amigo a ajude permanentemente, contrate um treinador ou um nutricionista profissional para uma sessão ou duas. Deixe um profissional ver e analisar o que você está fazendo; eles podem ajudá-la a fazer alguns ajustes que vão te dar um impulso inicial, se você precisar. Ainda que eu espere que este livro dê tudo o que você precisa, um pouquinho de conselho personalizado num assunto específico ou único às vezes pode te levar mais longe.

MITO
Glucose de milho não é pior para a sua saúde do que açúcar de mesa.

FATO: NÃO É VERDADE! As pessoas que fazem xarope de glucose com alto teor de frutose tentaram distorcer a verdade e dizer que é a mesma coisa que açúcar, embora quimicamente nossos corpos não os processem da mesma forma. O xarope de glucose é processado apenas pelo fígado, ao passo que o açúcar é metabolizado por cada célula do corpo. Por isso, o xarope contribui mais para a obesidade, aumento do triglicérides, diabetes, cirrose e problemas de saúde similares. Não me entenda errado – não estou te dando uma desculpa para abusar do açúcar. Você ainda deve usá-lo com moderação. Mas evite o xarope de glucose a todo custo.

CRIE UM BLOG • 1 PONTO

Escreva um blog sobre suas experiências. Leia blogs que te inspiram. Como eu disse antes, ler as histórias de sucesso dos outros é motivador. Compartilhar sua história com os outros pode ser recompensador – assim como uma forma de conquistar apoio dos outros que estão passando por dificuldades similares ou desafios.

TRABALHE EM EQUIPE • 1 PONTO

É impressionante quanta ajuda os fóruns de discussão e comunidades online podem oferecer quando você está vivendo de forma magra. Algumas pessoas com quem eu trabalhei, que há muito tempo atingiram seus objetivos de emagrecimento, ainda assinam meu site www.jillianmichaels.com – elas permanecem simplesmente para serem ativas e conectadas com outras pessoas nos meus fóruns de discussão. Um ambiente da rede oferece anonimato a você. Você pode falar abertamente, sem medo de quem irá julgá-la, e receber apoio de pessoas que estão passando por situações parecidas.

É um sistema de amigos que também a ajuda a ser responsável. Há muitas opções por aí. Minha sugestão é que você navegue na internet. Busque ambientes onde você se sinta confortável, e comece a fazer amigos!

COMA CERTO, MEXA-SE MAIS

ESCUTE BEM • • • 3 PONTOS

Nada me assusta mais do que uma conversa com o meu médico. Quando soube por ele que eu era uma mulher com predominância estrogênica que tinha risco de câncer de mama e que o álcool aumentava significativamente o risco, eu praticamente fiquei abstêmica. Quando se trata de ser magra, a questão não é só jeans justinhos, biquínis e sexo com a luz acesa. Ser magra vai muito mais longe e está diretamente associado com a qualidade da sua saúde e, consequentemente, a qualidade da sua vida. Vá procurar um médico e verifique suas taxas: colesterol, glicemia, pressão, frequência cardíaca. Depois, permita que seu médico te dê uma aula sobre quão perigosos os números são e quão melhores cada aspecto de seu bem-estar será quando você perder os quilinhos a mais, ou mantê-los longe de vez.

DEIXE A SUA COMIDA MAIS GOSTOSA • 1 PONTO

Provavelmente você ficará muito mais motivada a comer comidas magras e saudáveis se elas forem gostosas, certo? Bem, não há uma regra no universo que diga que elas não podem ser. Há muitas guloseimas gostosas e saudáveis que ajudam a construir um corpo e mente saudáveis (consulte as dicas de "Vá cozinhar", no Capítulo 3). Eu quero que você seja criativa com suas receitas. Eu já comi couves-de-bruxelas tostadas que eram tão boas quanto purê de batata. Tudo depende de como é preparado. Então, faça o dever de casa e experimente comidas saudáveis até você criar alguns pratos magros saborosos que você curta e fique ansiosa para comer. Aqui há um petisco simples e magrinho para começar:

SANDUICHINHO MAGRO DE SORVETE (120 CALORIAS POR PORÇÃO)

¾ de xícara de ricota

1 ½ colher (sopa) de framboesas esmagadas (ou outra fruta esmagável da sua preferência)

1 colher (sopa) de açúcar mascavo

1 colher (sopa) de pedacinhos de chocolate amargo

16 bolachas Graham Cracker de chocolate

Numa tigela pequena, misture a ricota, as frutas esmagadas e o açúcar. Quando estiver totalmente misturado, acrescente os pedaços de chocolate. Disponha oito biscoitos num papel-manteiga e espalhe a mistura igualmente sobre as bolachas. Cubra com as bolachas que sobraram e congele por pelo menos uma hora. Quando estiverem congeladas, envolva cada sanduichinho num pacote; eles duram até 1 semana no freezer.

INUNDE-SE • • 2 PONTOS

Cerque-se de imagens que a inspiram a ficar magra. Coloque-as na geladeira, na mesa de trabalho e no painel do carro; qualquer superfície que você possa olhar antes de decidir comer algo. Quando eu era criança e estava tentando ficar em forma, eu colei uma foto da Linda Hamilton do *Exterminador do Futuro 2* (Você se lembra de como ela estava em forma? Os braços dela são lendários até hoje!). Toda vez que eu queria pegar uma fatia de pizza ou um donut, eu olhava essa foto e me inspirava a mudar o meu corpo. Eu olho para as fotos da Madonna agora, gostosona aos cinquenta e poucos com um corpo incrível, e eu largo aquele biscoitinho a mais ou a taça de vinho na mesma hora. Ainda que eu não queira que você fique com o hábito de olhar ao redor para buscar motivação, há algo a ser dito sobre histórias e imagens que podem nos motivar a agir. Pegue imagens que te ajudam a atingir sua meta de magreza e cerque-se deles.

VISTA-SE PARA O SUCESSO • • 2 PONTOS

Compre roupas para a sua meta que alimentem a esperança do físico que você deseja. Costumávamos fazer isso no *Biggest Loser*, nas primeiras temporadas, e não faço a mínima ideia de por que paramos. Fazíamos os competidores pegarem uma roupa que eles queriam vestir, e mostrávamos para ele num mostruário. Não estou dizendo que você precisa construir um templo para a roupa no seu quarto, mas talvez pendurar atrás da porta, para que possa vê-lo. Quando você estiver pensando se deve suar ou não, olhe essa roupa e se imagine nela. Aposto que vai te dar o empurrãozinho a mais que você precisa para mover esse bumbum!

SEJA CRIANÇA NOVAMENTE • • 2 PONTOS

Sempre que a ideia de fazer um treino estruturado parece uma tortura para mim, eu encontro formas de ser ativa que são divertidas. Um dos meus truques é agir como uma criança novamente. Eu faço aulas de snowboarding, ou de surfe, ou vou remar com a prancha. Experimente. Vá de skate para o escritório, ou faça suas obrigações de bicicleta. Vá jogar boliche com os amigos. Você entendeu a ideia. No final, divertir-se assim será ótimo para o seu espírito e seu corpo.

SEJA SOCIÁVEL • • 2 PONTOS

Malhar às vezes pode ser tedioso, mas pode se tornar mais palatável quando você se torna sociável. Como se diz, o sofrimento adora companhia. Brincadeira... ou mais ou menos. Um colega inspira progresso. E se você odeia mesmo exercícios, condoer-se é bem melhor do que ficar sozinha.

Aqui vão algumas ideias para se socializar:

- **Arrume um colega.** Seu colega pode ser um colega de trabalho ou outra mãe na escola dos seus filhos. Talvez um vizinho, um membro da família ou um amigo de longo tempo. Simplesmente deixe que eles saibam que você está atrás de saúde, e veja quem quer seguir com você.
- **Entre num grupo de corrida ou de bicicleta.** Esta é uma ótima forma de fazer novos amigos, aprender um novo esporte e ficar magrinha.

- **Procure atividades de ginástica** organizadas em sua cidade ou bairro, como basquete ou softball. Busque na internet para ver o que há disponível. Você ficará surpresa em como esses esportes são populares entre os adultos, e como é fácil encontrar uma equipe. Se nada online ou local te atrair, inicie seu próprio grupo ou equipe.
- **Faça uma aula.** Aulas de ginástica podem se tornar uma cultura e uma comunidade em si, como os CrossFit Junkies e os Zumba Addicts. Mesmo que não seja a sua entrar para um culto, uma aula é uma grande forma de competir com os outros, ficar motivada e socializar.

SEJA GEEK • • 2 PONTOS

Presenteie-se com um dispositivo eletrônico como um frequencímetro, pedômetro ou fones de ouvido à prova d'água. Há uma infinidade de bugigangas para te dar informação, motivá-la, treiná-la e tornar seu treino mais eficiente e prazeroso. Muitas delas oferecem informações pessoais, que podem ser muito incentivadoras. O BodyMedia Armband te mostra quantas calorias você está queimando minuto a minuto no decorrer do dia; é bem natural estabelecer objetivos com ele. Se você queimou 1.800 calorias ontem, provavelmente vai querer tentar 2.000 amanhã, e por aí vai. Você pode baixar aplicativos de boa forma no iTunes. Meu aplicativo Slim-Down Solution te dá treinos, receitas, contador de calorias e muito mais. Eu

MITO
Certos tipos de treino podem alongar seus músculos.

FATO: É fisicamente impossível alongar um músculo depois que você cresceu totalmente. Os músculos têm uma origem fixa e um ponto de inserção; então, apesar de você se sentir mais longa e esguia depois de uma aula de ioga ou de pilates, provavelmente isso ocorre pelo fato de que você está mais sequinha e mais flexível, e a boa forma te dá a ilusão de ter músculos mais longos.

adoro o aplicativo Strava para bike e também o Running Coach's Clipboard. As possibilidades de aplicativos são infinitas. Existem aqueles para ioga, pilates, dança, ginástica e remo – tudo e mais um pouco em que você possa pensar.

Aplicativos e dispositivos te dão algo novo para brincar e com você empolgada usando isso, você mantém seu treino. Meu aplicativo Strava, por exemplo, me mostra o quanto eu andei de bicicleta, quantos metros eu escalei, e quanto tempo levou. Então, da próxima vez que eu for dar uma volta, eu vou tentar bater meu melhor tempo.

TOQUE AÍ • • 2 PONTOS

Faça uma lista de músicas para malhar. Sério. Estudos mostram que pessoas que se exercitam com música malham mais e por um período maior – elas colocam até 10% a mais de esforço e ganham 15% a mais de resistência. Um estudo entrevistou 2.000 indivíduos nos Estados Unidos e descobriu que 94% daqueles que se exercitaram com música disseram que eles nunca iriam se exercitar sem música. O mesmo estudo descobriu que ouvintes de música se sentem mais propensos a se exercitar quando não estão no clima se eles sabem que haverá música. Aparentemente, a música bloqueia nossos nervos para indicar fadiga muscular e diminui a percepção de nosso esforço para se exercitar.

Outro estudo que mediu a perda de peso em mulheres determinou que aquelas que caminhavam com música perdiam significativamente mais peso e gordura corporal. Além disso, o grupo que ouvia música aderiu melhor ao programa, e menos integrantes abandonaram o estudo. Eu sei pessoalmente que uma boa música sempre vai me inspirar a correr mais rápido e por mais tempo. Quando puder, claro, escute a música que você ama e que a mantém estimulada – há um ritmo ideal sugerido para malhar, que é de 140 a 160 batidas por minuto (BPM). Se você não sabe qual é o som de 160 batidas por minuto, verifique o Runningplaylist.net. Tem mais de 100 playlists, do alternativo ao pop, e indica o BPM de cada música. Além disso, eu crio uma nova lista de músicas para malhar mensalmente no meu site, e meu sócio, Giancarlo, que também trabalha como DJ, cria um mix gratuito para download para meus fãs do Facebook todo mês. Dê uma olhada e encha seu iPod com essas dicas de música.

SEJA MODERNA • 1 PONTO

Tente uma ginástica da moda como pole dance, barre class (aula que mistura movimentos de balé com exercícios de barra), aula de pular corda, dança ou treino de bateria para mantê-la em forma. Isso vai afastar o tédio, treinar os mesmos músculos de uma forma diferente, proporcionar uma experiência totalmente nova e ajudá-la a encontrar novas coisas para se apaixonar. É tipo uma miniaventura toda vez que você treinar.

TOME A FRENTE • • 2 PONTOS

Não se esconda nos fundos da sua aula de ginástica. Sente-se na fileira da frente da ioga, pilates ou bike. A motivação porque você tem de servir de exemplo para as pessoas atrás de você, e você não vai roubar porque estará diretamente na linha de visão da professora. Estar na frente te dá inspiração para fazer sempre, te dá aquele empurrãozinho para continuar quando quiser desistir.

REGISTRE • 1 PONTO

Tire fotos de antes, durante (mensal) e depois ou faça um vídeo com seus esforços e sucessos. Isso é importante. Se você já seguiu meus programas, você sabe como eu insisto nisso no meu DVD de perda de peso em 90 dias, Body Revolution, e no meu livro *Making the cut*. Este é o motivo: a foto de antes vai te mostrar quão longe você chegou. É fácil, no meio do caminho, perder as contas do sucesso que você já obteve. Quando você tem 1 semana em que a balança não se mexe ou precisa achar uma referência, a foto diante de você vai lembrá-la de suas conquistas até agora e incentivá-la. É uma ótima forma de medir seu progresso e vai lembrá-la de por que você começou seu novo estilo de vida.

INICIE UM PROGRAMA DE RECOMPENSA • • • 3 PONTOS

Planeje fazer algo especial quando alcançar seu objetivo, então você terá algo a esperar que irá motivá-la a cruzar a linha de chegada. Pode ser algo grande, como férias na praia, ou pequeno, como ir à pedicure. Tente obter uma recompensa correspondente à conquista de um objetivo de bem-estar. Por exemplo, estabeleça que, se você for à academia quatro vezes esta semana, você se dará uma manicure/pedicure no sábado. Se você perder os últimos 10 kg, você terá as férias na praia com que estava sonhando há uma eternidade. Ter incentivos adicionais pode ser importante quando se trata de permanecer motivada.

RETRIBUA • 1 PONTO

Muitos dos meus amigos se alistaram nos meus passeios de caridade ou corridas. Eu fiz o Stand Up to Cancer Malibu Triathlon. Outro amigo meu fez o Aids Ride. Outro fez um passeio de bike de 75 km para levantar dinheiro para Livestrong. O ponto aqui é que se inscrever obriga e motiva você, já que estará fazendo por uma causa.

ENTRE NA COMPETIÇÃO • 1 PONTO

Uma das modas mais em alta da ginástica atualmente é o evento onde os indivíduos podem testar seu preparo físico e resistência.

Talvez você tenha ouvido falar do Warrior Dash (www.warriordash.com), Spartan Race (www.spartanrace.com) ou Tough Mudder (www.toughmudder.com), só para citar alguns nomes. Talvez você queira testar um deles. A ideia é incentivá-la com um objetivo que a leva a ser o melhor que pode – para impulsioná-la e desafiar seus limites.

Essas competições não são para qualquer um, mas se você é daquelas que são focadas em objetivos e adoram um desafio: escolha uma competição e comece a treinar para ela. Porém, certifique-se de que você escolheu uma competição em que você poderá ter tempo suficiente para treinar como se deve e ficar pronta para competir.

DEDIQUE OS SEUS FEITOS • 1 PONTO

Este funcionou realmente bem com os meus competidores do *Biggest Loser*. Eu os ajudo a criar motivadores mentais ao dedicar marcos de seu treino a alguém importante para eles. Experimente. Dedique 1 km de sua corrida a seu filho ou faça um circuito do seu treino em honra a um ente querido. Você entendeu a ideia. Ainda que você e sua melhoria de vida devam ser sempre seus maiores motivadores, é importante se lembrar de que, quanto mais magra e saudável você estiver, melhor mãe, mulher, amiga, criança, trabalhadora e pessoa você será para as pessoas importantes na sua vida.

DEIXE O AMOR MOVÊ-LA • • 2 PONTOS

Colecione mensagens de inspiração de pessoas que você ama e as cole na esteira. Ou tire uma foto de quem você ama e olhe no seu telefone durante a malhação. Eu faço isso com meus filhos o tempo todo. Tiro a foto, então uso meu iPhone para ouvir músicas quando treino. Lá estão os rostinhos deles, me lembrando de que eu preciso estar perto deles por anos a fio.

DÊ PEQUENOS PASSOS • • 2 PONTOS

Você se lembra daquele filme *Nosso querido Bob*? Se você for jovem demais para se lembrar, eu te digo que é muito chato você ser tão novinha! Nos dias em que você simplesmente não consegue se imaginar indo para a academia, faça uma pequena negociação consigo mesma. Dê permissão para fazer apenas dois quilômetros na esteira ou apenas um circuito de 20 minutos no chão da academia. Então se levante e vá. Quando você estiver lá e tiver o sangue pulsando e a química do bem-estar fluindo no cérebro, você ficará inclinada a continuar por mais uns 15 minutinhos antes de terminar seu treino. Já vi acontecer várias vezes. Dê permissão a si mesma para fazer menos, e com frequência você terminará fazendo tanto quanto, se não mais do que você esperava.

Ganhe e perca

GANHE 3 PONTOS

- ☐ Faça disso uma questão pessoal
- ☐ Estabeleça uma programação
- ☐ Contemple o poder da pirâmide
- ☐ Faça um retrato
- ☐ Não seja perfeccionista
- ☐ Monte o palco
- ☐ Faça uma declaração
- ☐ Expresse suas necessidades
- ☐ O apoio tem mão dupla
- ☐ Faça uma faxina – os pessimistas precisam ir embora
- ☐ Delimite fronteiras
- ☐ Faça por você
- ☐ Escute bem
- ☐ Inicie um programa de recompensa

GANHE 2 PONTOS

- ☐ Mude o roteiro
- ☐ Motive-se pelo negativo
- ☐ Peça um feedback
- ☐ Inunde-se
- ☐ Vista-se para o sucesso
- ☐ Seja criança novamente
- ☐ Seja sociável
- ☐ Seja geek
- ☐ Toque aí
- ☐ Tome a frente
- ☐ Deixe o amor movê-la
- ☐ Dê pequenos passos

GANHE 1 PONTO

- ☐ Tire a roupa
- ☐ Viva indiretamente
- ☐ Crie um mantra
- ☐ Crie um blog
- ☐ Trabalhe em equipe
- ☐ Deixe a sua comida mais gostosa
- ☐ Seja moderna
- ☐ Registre
- ☐ Retribua
- ☐ Entre na competição
- ☐ Dedique os seus feitos

____

Total de *pontos* do Capítulo 5

____

Total de *dicas* que estou aplicando

CAPÍTULO 6

Escape de armadilhas

Já se sentiu como se tudo estivesse contra você? Bem, não quero te deixar paranoica nem nada, mas quando se trata de perder peso e cuidar da saúde, às vezes as coisas ficam assim. Em meio a acesso, administração do tempo, verbas e agendas conflitantes, pode ser bem difícil perder peso. Mas você pode contornar essas armadilhas problemáticas e conseguir os resultados que deseja com as ferramentas e estratégias certas. Antes de irmos direto ao assunto, deixe-me dizer que tudo bem que isso seja uma luta. Frequentemente nós nos sentimos envergonhadas por termos de lutar, como se de alguma forma nos tornássemos menores. Muitas pessoas têm pensamentos irracionais do tipo se eu fosse mais forte isso não seria um problema para mim ou se eu fosse mais disciplinada, eu não ficaria presa nisso. Besteira total. Lutar faz parte da vida. A questão é o que fazer com a luta. E não distorça os fatos – ser forte e disciplinada é ótimo, mas se você não tiver o devido conhecimento e informação, você está em maus lençóis, do mesmo jeito. Então, neste capítulo vou garantir que você tenha toda a informação de que precisa para combater esses demônios da forma mais eficiente possível.

Vamos começar com as maiores armadilhas do emagrecimento: fome e desejos. Vou te preparar com todos os conselhos possíveis ou passos disponíveis para se defender desses demônios da perda de peso (que não sejam cirurgias e remédios – que são ruins, por sinal).

Lide com a fome

REFLITA BEM • • • 3 PONTOS

Há uma dica dos Alcoólicos Anônimos que diz: "reflita bem sobre a bebida". Isso é, antes de beber, pense bem o que vai acontecer se de fato você der um gole. Descobri que essa dica funciona excepcionalmente bem com gula também. Antes de comer, pense bem. Como você vai se sentir cinco minutos depois de ter comido aquilo? E quanto à manhã seguinte? Melhor ainda, e quanto a daqui a um ano, depois que você jogou fora vários excessos de calorias desnecessariamente com todos esses meses e ganhou 5 kg a mais? Isso me faz abaixar o garfo toda vez.

FAÇA UM INVENTÁRIO • • • 3 PONTOS

A maioria das pessoas pensa que está fisicamente com fome quando não está. Quando você não estiver certa se algo a está levando a comer, faça a si mesma as seguintes perguntas:

1. Quando foi a última vez que eu comi?
2. Estou com algum sinal de fome como tontura, alterações de humor ou barriga roncando?
3. Estou tendo problemas em tomar uma decisão? Estou emburrada?

Se você comeu uma refeição substancial nas últimas três horas e não está de fato tendo sintomas físicos de fome, então há uma boa chance de que você... não esteja com fome! Pergunte a si mesma o que mais poderia estar acontecendo; que emoções estão mascarando a sua fome? Está se sentindo estressada, entediada, solitária ou brava? Anote o que está sentindo e por que está sentindo. Então, experimente resolver de fato a questão, de uma forma apropriada em vez de se apoiar na comida como solução.

VERIFIQUE A SEDE • • • 3 PONTOS

Não é incomum que a desidratação se disfarce de fome. Se você estiver sentindo que está com fome, beba um copo de água primeiro para se certificar de que não está desidratada. Espere de 15 a 20 minutos – se ainda estiver com fome, coma. Como regra geral, beba primeiro, coma depois; você vai evitar ganhar quilinhos indesejados.

GRITE DO ALTO DA MONTANHA • • • 3 PONTOS

Se estiver prestes a comer algo de que você sabe que vai se arrepender depois, como um saco grande de batatinhas, antes de abrir sem pensar, pare e diga em voz alta: "Estou comendo esse saco inteiro de batatas porque estou entediada, triste, brava, com [coloque o sentimento aqui] e nem estou com fome. Sei que vou me punir

MITO
Alguns alimentos têm "calorias negativas".

FATO: Já falamos sobre comidas liberadas e elas são escolhas incríveis para matar a fome. Mas a teoria que estamos descartando é a de que o seu corpo usa mais calorias para digeri-las do que elas contêm, então você queima calorias só por comê-las. Isso não é verdade. Essas coisas são extremamente baixas em calorias e você pode comer basicamente o quanto quiser delas que nunca vai ganhar 1 kg, mas digeri-las não irá de fato criar um déficit de calorias.

mentalmente depois. Estou tomando a decisão consciente de piorar minha saúde e dar uma martelada na minha intenção de perder peso." Se você fizer isso, há uma boa chance de que pense melhor sobre sua decisão. Às vezes, quando você traz as coisas à tona dessa forma, você as tira de uma zona de comportamento impulsivo inconsciente que vai acabar com você e a leva para um lugar com apoio de razão e lógica.

DESACELERE A MANDÍBULA • • 2 PONTOS

Um estudo do *American Journal of Clinical Nutrition* mostrou que quando você mastiga sua comida lenta e completamente, em vez de engoli-la de uma vez, você ingere quase 12% menos calorias. Seu corpo leva 20 minutos para registrar a saciedade completa – você sabe disso, mas pode não ter considerado como é vantajoso comer lentamente. Coma lentamente e você se dará a chance de se sentir cheia antes de ter engolido uma pizza inteira. Experimente essas estratégias simples para entrar em câmera lenta e evite que algumas calorias expandam a sua cinturinha:

- Coma com a sua mão oposta.
- Mastigue sua comida até ter consistência de purê de maçã.
- Tome um gole de água entre as mordidas.
- Consuma comidas demoradas, como pistaches ou camarões para descascar.
- Corte sua comida em pedaços pequenos.

Apesar de algumas dessas ideias parecerem tediosas ou fazê-la parecer boba ao realizá-las, isso não importará quando estiver arrasando naquele vestido numa sexta-feira à noite.

COMA LIVREMENTE • • • 3 PONTOS

Você já brincou de se perguntar: se eu pudesse fazer um pedido, qual seria? Minha resposta sempre foi a habilidade de comer o que eu quisesse e nunca ganhar peso. Eu não tive sucesso com isso até agora, mas existe a coisa da comida livre, pelo menos no que diz respeito à sua cinturinha. Estou falado sobre alimentos ricos em fibras, ricos em água, cheios de nutrientes, extremamente baixos em calorias, que consomem quase tantas calorias para serem digeridos quanto a quantidade de calorias que de fato contêm. O que eu amo nesses alimentos é que você pode se entupir deles quando estiver com fome – quero dizer, literalmente, comer o quanto quiser deles (desde que não acrescente molhos engordativos, óleos ou condimentos) sem ganhar peso.

Estou falando destes alimentos:

Abobrinha
Aipo
Alface
Brócolis
Cogumelo
Couve
Couve-flor
Couves-de-bruxelas
Ervilha-torta
Folhas verdes
Jacatupé (feijão-macuco)
Pepino
Pimentão
Repolho
Vagem

Eu sei. Eu preparei isso como se eu fosse te dizer que descobri uma torta sem calorias. Em vez disso, eu te passo comida de coelho. Porém, esse conselho me fez passar bem por muitas noites de fome. Quando meu apetite sai do controle e eu saio para jantar, eu peço três acompanhamentos de legumes no vapor, como: espinafre com limão, couve-de-bruxelas (que eu mergulho no molho de pimenta) e vagem – e como prato principal, uma salada enorme. Então, eu como tudo e, para finalizar, só uma colheradinha de sobremesa. Isso me satisfaz sem calorias e acaba com a minha fome.

MITO
Exercício faz você comer mais.

FATO: Muitos estudos descobriram exatamente o oposto, que o exercício suprime a ingestão de comida. Em 2012, pesquisadores observaram como os exercícios afetam nossos hormônios da fome. Parece que o relacionamento entre o hormônio do apetite e a resposta do cérebro para sugestões sensoriais de comida depende do tipo de exercício que você faz. Em 2008, um estudo do Reino Unido descobriu que o treino aeróbico é mais eficiente do que o treino de resistência para suprimir a fome por 2 horas depois do treino, em razão das mudanças hormonais na liberação de peptídeo 28 e YY. O peptídeo 28, um hormônio de estímulo à fome, diminuiu em ambas as atividades, mas apenas o peptídeo YY, que suprime a fome, diminuiu durante a atividade aeróbica. Um estudo recente de 2012, publicado no *Journal of Applied Physiology*, descobriu que a nossa resposta a estímulos de alimentos diminui significativamente após os exercícios. A evidência sugere que exercícios podem diminuir nosso desejo de comer ao alterar o modo como certas partes do cérebro – que são habilmente chamadas de rede de recompensa de comida – reagem à visão da comida. Para concluir: não tenha medo de malhar! Ajuda a comer menos e queima calorias a mais

LEMBRE-SE DAS REGRAS • • • 3 PONTOS

Desculpe por ser repetitiva, mas não posso deixar de dizer essa regra com frequência porque quebrá-la pode fazer com que você caia numa armadilha. NÃO PULE REFEIÇÕES, especialmente o café da manhã! Como eu mencionei na regra "quatro por quatro" do Capítulo 1, quando você pula refeições, você destrói sua glicemia, o que inibe a força de vontade e, de uma perspectiva psicológica, faz a comida parecer mais gostosa para você. Isso, é claro, faz você comer demais as coisas erradas. Não seja idiota. Não pule refeições.

ELEVE O ASTRAL • 1 PONTO

Pesquisadores sugerem que quando você está mais feliz e mais satisfeita, você tem uma tendência menor a comer demais. Um estudo de como o ânimo afeta a escolha de comida descobriu que sentir-se bravo pode aumentar comportamentos impulsos de comer por conforto. Outro estudo observou a resposta emocional dos indivíduos enquanto assistiam a um filme feliz ou triste; eles descobriram que pessoas vendo o filme triste queriam comer comida confortável (ou não saudável), como pipoca com manteiga, e consumiam mais alimentos do que aqueles que viam o filme alegre, estes comiam menos e faziam escolhas mais saudáveis. Um estudo de 2010 conduzido na University of Southampton, no Reino Unido, descobriu que um clima negativo aumentava o desejo das pessoas por comida, assim como a vontade de se autorrecompensarem através da comida. Tenho certeza de que você já viveu o que os pesquisadores documentaram – quem não viveu?

Seja alegre o tempo todo: é mais fácil dizer do que fazer. Todas nós temos dias ruins, mas se esforçar para se fazer feliz, sorrindo mais e fazendo mais das coisas que você ama pode de fato ajudar você a controlar o seu apetite. Manter uma atitude mais positiva não apenas irá ajudá-la a perder peso, como também vai manter o peso extra bem longe. Até no seu pior dia, aposto que, se tentar, você pode encontrar algo bom que rolou bem nesse dia. Não precisa ser uma grande coisa para fazer você se sentir melhor.

VARRA AS RUAS • • 2 PONTOS

Pesquisas publicadas no periódico *Appetite* sugerem que uma caminhada de 15 minutos pode evitar que você faça lanchinhos. Da próxima vez que estiver pensando num pote de sorvete, antes de mandar uma tonelada de calorias goela abaixo, o que vai fazer você se arrepender, saia para a rua. Caminhe com o cachorro por 15 minutos. Dê um passeio pelo bairro com o seu filho. Se você mora numa cidade acessível para caminhar, como Nova York, faça seus compromissos a pé. Eu não me importo como você faz isso – apenas faça. Levou um tempo para eu mesma fazer isso, mesmo com a pesquisa, mas então eu experimentei e descobri que na maioria do tempo eu tive um resultado positivo. Se você quer domar a fome – mexa-se! Não vá simplesmente para uma lanchonete ou loja de conveniência.

COMA CASTANHAS E NOZES • 1 PONTO

Coma 5 nozes e 8 amêndoas antes de uma refeição (por volta de 65 calorias) para estimular a produção de colecistocinina, um hormônio que desacelera o esvaziamento do seu estômago. Esse truque permite que você fique cheia por mais tempo nas suas refeições. Porém, lembre-se de que cada noz a mais tem por volta de 15 calorias, e cada amêndoa por volta de 8 – então, acrescente isso na sua ingestão diária de calorias.

FIQUE FRIA • 1 PONTO

Estudos mostram que cores frias suprimem o apetite, ao passo que cores quentes o aumentam. É por isso que todas essas lanchonetes de *fast-food* têm cores amarelas, alaranjadas e vermelhas. Olá, Arcos Dourados. Então, enquanto a Big Food está usando esta informação para acabar com a sua dieta e pegar sua grana, você pode usá-la proativamente para atingir o objetivo oposto. Use pratos azuis. Beba de copos azuis. Pinte sua cozinha de verde – bem, talvez você não tenha de pintar a parede de verde (pode ser um pouco demais). Apenas tente colocar descansos de mesa verde da próxima vez que você comer, combinando com seus pratos azuis e utensílios. Isso é mais fácil de conseguir.

O QUE OS OLHOS NÃO VEEM O CORAÇÃO NÃO SENTE • • • 3 PONTOS

Tire a comida da sua vista. Tem menos a ver com fome do que com força de vontade. Quantas vezes eu disse que não estava com fome, mas então um amigo começou a comer e eu, de repente, "posso comer também". Um exemplo ainda mais claro: Bob e eu mantemos regularmente um saco de biscoitinhos de manteiga de amendoim Newman's Own na nossa sala de maquiagem. Quando está no balcão, nós devoramos até o final da semana. Quanto está guardado, pode passar um mês e nós nem abrimos o pacote.

Lembre-se: o que os olhos não veem o coração – e o estômago – não sentem.

TENHA UM PLANO DE EMERGÊNCIA • • • 3 PONTOS

Não sei em que parte do mundo você vive, mas aqui na Califórnia nós todos temos nossos "planos de emergência para terremotos". Nós sabemos o que vamos fazer quando um grande chegar, para onde vamos e quanta água, dinheiro e comida enlatada vamos carregar. Assim como você se prepararia para esse tipo de emergência, quero que você afaste os perigos no seu regime de emagrecimento e previna-se contra os perigos na dieta.

Aqui estão os passos que eu quero que você tome:

1. Olhe para a sua vida e identifique como você entra em apuros e sabota a sua dieta.
2. Anote todas essas questões.
3. Para cada uma, desenvolva um plano, para que quando surja, você tenha um comportamento definido para adotar, em vez de correr para a comida.

MITO

Quanto mais você sua, mais calorias você queima.

FATO: Suar é a forma que o seu corpo tem de se esfriar – só isso. É verdade que você queima mais calorias quando pega pesado; seus músculos fazem mais esforço e seu coração bate mais rápido, então suar mais pode fazer você pensar que está se esforçando mais, mas não é sempre o caso. Em algumas ocasiões, a verdade é exatamente o oposto. Vamos pegar a hot yoga, por exemplo. De acordo com o Bikram's Yoga College, uma aula de hot yoga deve ser praticada numa sala de aproximadamente 40°C. É bem quente, mas muitos professores são conhecidos por elevar a temperatura até 46°C. Embora a hot yoga venha sendo uma moda há um tempinho e os aficionados jurem que ela traz benefícios, malhar nesse tipo de calor extremo pode te deixar fraca, desidratada, tonta e cansada – e gente, você está suando bem. Por outro lado, quando você faz ioga numa sala que é mais regulada, com uma temperatura mais moderada, você consegue malhar numa intensidade bem maior. Mesmo que você não esteja suando tanto, ainda está queimando muito mais calorias do que numa aula de hot yoga. O mesmo pode ser dito de malhar na sauna ou se exercitar fora, num clima quente. Para queimar mesmo, fique no ambiente mais confortável possível, para que você possa treinar na maior intensidade.

Por exemplo, se você sempre come quando está estressada, liste formas que você pode relaxar que não são relacionadas com comida (tome um banho de espuma, compre algumas músicas para a sua nova playlist de malhação, ou procure um hobby que você ama). Se você sabe que ir para casa passar o Natal com a família vai te fazer se sentir mal e procurar por comida, então vá com um bom amigo para ajudá-la a sair da enrascada. Se você come quando está solitária, faça planos para sair com seus amigos o máximo possível, daí você evita ficar sentada em casa com sua geladeira como amiga. Você escutou bem: deixar de planejar é planejar o fracasso. Então, defina a sua estratégia.

PULE OS COMERCIAIS • 1 PONTO

Passe correndo pelos comerciais de comida (o da pizzaria Papa John's me pega toda vez). Sua melhor defesa é não assisti-los, ou melhor ainda, usar os comerciais como uma pausa para fazer exercícios. Hoje em dia você tem cerca de 4 minutos de comercial cada vez que seu programa favorito é interrompido. Faça abdominais até o final do primeiro comercial, faça avanços de perna no segundo, polichinelos no terceiro, e flexões no último. Faça o cálculo – quando você tiver assistido a um programa de 1 hora, você terá se exercitado por uns bons 20 minutos mais ou menos – uma boa troca de calorias em vez de apenas se afundar no sofá.

DÊ UMA ESQUENTADA • 1 PONTO

Comidas apimentadas podem reduzir seu apetite aumentando os níveis de noradrenalina e epinefrina do seu corpo. Pesquisadores canadenses descobriram que pessoas que comem petiscos com molho de pimenta comem até 200 calorias a menos do que as pessoas que não usam. E outro estudo do *British Journal of Nutrition* descobriu que mulheres que acrescentaram 2 colheres (sopa) de pimenta-vermelha em pó à sua comida comeram menos calorias durante o dia. Quando você pedir comidas étnicas, como chinesa e indiana, diga a eles que quer apimentado, e certifique-se de acrescentar um pouquinho de pimenta aos seus pratos do dia a dia para ter os mesmos benefícios.

PRATIQUE IOGA • 1 PONTO

Ioga para perder peso – sim, é verdade. Praticar ioga regularmente pode ajudar a suprimir o apetite e, portanto, promover a perda de peso. De acordo com pesquisas públicas no *Journal of the American Dietetic Association*, aqueles que praticam ioga regularmente parecem estar mais cientes de seus hábitos de alimentação. São menos propensos à gula ou comer sem pensar. Os cientistas não encontraram uma associação similar com outros tipos de atividade física como caminhar ou correr. Essas descobertas podem sugerir que aprender a ser mais observador através da ioga acaba resultando em ser mais ciente de seus hábitos de alimentação, levando a escolhas mais saudáveis e perda de peso, independentemente da ioga como uma prática física. Se você está buscando uma forma de controlar a comida compulsiva, acrescente uma ou duas sessões de ioga na sua malhação semanal.

MITO
Exercícios podem anular meus maus hábitos alimentares.

FATO: Você pode engolir todo exercício que já fez. Pense nisso. Passe 1 hora na esteira e você queima 500 calorias – basicamente uma fatia e meia de pizza, sem acompanhamentos. Você tem de comer certo e malhar, se quer ver resultados. Se fizer só um, mas não o outro, é provável que você não perca nenhum dos dois. Para garantir o sucesso, faça o serviço completo, com uma dieta adequada e uma rotina séria de exercícios.

COMECE COM UMA SOPINHA • • 2 PONTOS

Afaste a fome começando sua refeição com uma tigela de sopa, um caldinho ou um caldinho com legumes. Isso pode barrar sua tendência a comer demais. Espere de 10 a 15 minutos antes de comer sua refeição principal e há uma boa chance de que você coma bem menos. Se estiver fazendo sua própria sopa vegetariana, rica em potássio, com pouco sódio, use legumes orgânicos como aspargos, abobrinha, ervilha e aipo – especialmente o miolo, com as folhas. Use temperos verdes de todos os tipos, salsinha especialmente, já que ela é naturalmente diurética. Não acrescente sal. Tempere naturalmente com pimenta-do-reino e pimenta-malagueta, açafrão, mostarda em pó e suco de limão-siciliano, e você terá uma entrada satisfatória e magra para qualquer refeição.

Acabe com os desejos

Não confunda fome com vontade de comer. São muito diferentes. Você pode ter desejos quando não está com fome – geralmente por algo salgado ou doce. Se você tratar os desejos como fome, vai comer sem parar, esperando que eles passem – mas sem resultados. Este item é destinado especificamente para destruir desejos e para que eles não arruínem seu trabalho duro.

CONTORNE A GULA

TENTE ZERAR O QUE COMEU • • • 3 PONTOS

Pense sobre o doce que você vai ingerir, depois pense em quantas horas de exercício você vai precisar para contrabalançar. Para ajudá-la a pensar nisso, olhe para a comida que você vai consumir em seu aplicativo de contagem de calorias ou livrinho de calorias. Daí, imagine que você está se exercitando intensamente, queimando por volta de 10 calorias por minutos (menos ou mais). Por exemplo: se você comeu a Bloomin' Onion do Outback, que tem cerca de 1.800 calorias, você precisaria correr num mínimo de 10 km/h por cerca de 3 horas seguidas para queimar essas calorias. É praticamente uma maratona. Eu faço esse jogo comigo mesma o tempo todo. Você ficaria impressionada em como você afasta facilmente essas porcarias. Uma hora e meia de circuito intenso de treino por um Big Mac – acho que não.

TOME UM CHAZINHO • 1 PONTO

Esta dica vem direto da boca da supermodelo Naomi Campbell. Ela diz que um dos seus maiores truques para afastar a fome e desejos é beber chá. Há várias razões pelas quais isso funciona. Primeiro, muitos chás são levemente cafeinados; cafeína é um supressor de apetite natural. O chá-verde, por exemplo, é conhecido por matar a fome, dar energia, queimar até 4% de calorias a mais e aumentar a taxa de oxidação de gordura (queima). Chás herbais (sem cafeína) também podem ajudar ao afastar a fome, já que algumas das propriedades deles impulsionam várias funções metabólicas.

Aqui estão minhas melhores escolhas:

OPÇÕES HERBAIS

1. **Chá de dente-de-leão.** Conhecido por afastar desejos por doces, também é conhecido por auxiliar o metabolismo, limpar os rins e ajudar com problemas no trato digestivo. Você pode comprar no mercadinho local ou fazer fresco, a partir da raiz do dente-de-leão. É bem eficiente contra a gula quando consumido três vezes por dia.

2. **Ginseng siberiano.** Ginseng ajuda a estabilizar os níveis de açúcar no sangue, o que por sua vez ajuda a afastar desejos e controlar o apetite. Pessoas com um histórico de pressão alta ou ansiedade devem restringir o consumo ou encontrar alternativas. Este tipo de chá é encontrando mais facilmente em mercados orientais ou casas de produtos naturais.
3. **Chá de alcaçuz.** Esta "raiz doce" ajuda a manter níveis sanguíneos saudáveis, reduzindo o desejo por doces e administrando a fome.
4. **Chá de mirtilo.** Ajuda a matar desejos, particularmente durante a noite, já que é naturalmente sem cafeína e protege contra mastigações de açúcar. Mirtilos agem no equilíbrio da glicemia, como muitos dos outros herbais aqui, o que vai diminuir a frequência dos ataques à geladeira.

OPÇÕES COM CAFEÍNA

1. **Chá-verde.** Esta bebida maravilhosa ajuda a acelerar o metabolismo e queimar gordura enquanto inibe simultaneamente a fome e os desejos. Também é conhecida par ajudar a diminuir o colesterol, evitar diabetes e derrames e prevenir a demência.
2. **Erva-mate.** Este ajuda a suprimir a fome, acelerar seu metabolismo e reduzir a fadiga.
3. **Chá-preto.** Um estudo do *Journal of American College of Nutrition* descobriu que o chá-preto diminui 10% do nível de glicemia por duas horas e meia; então, você se sentirá saciada mais rápido e evitará a fome depois.

ESTIMULE SUAS PAPILAS GUSTATIVAS COM CANELA • 1 PONTO

Coloque canela em tudo e mais um pouco. É ótimo para você e é saudavelmente enganadora. Nós a associamos tanto com açúcar que nos faz pensar que estamos comendo algo doce e gordo, mesmo quando não estamos. Eu coloco em calda de maçã e pêssegos. Eu até dei para os meus competidores do *Biggest Loser* salpicarem no iogurte grego com amêndoas picadas, como um lanchinho. Ou acrescente no seu café ou chá como cobertura.

EXPERIMENTE SABORES • • 2 PONTOS

Está com desejo do quê — salgado, doce, crocante ou amargo? Ou alguma coisa deprimente e cheia de gordura? Se você puder localizar o que seu corpo deseja, é mais fácil silenciá-lo ou satisfazê-lo com uma opção de baixa caloria. Por exemplo, se está com desejo de doce, experimente meia batata-doce assada ou uma fatia de melancia. Se está com vontade de algo crocante, experimente uma maçã com uma leve camada de manteiga de amêndoas crocante. Se quiser algo salgado, experimente um saco de 100 calorias de popchips, petiscos de alga-marinha, chips de couve ou aipo com ricota light (salpique um pouco de pimenta-caiena ou pimenta-vermelha em pó para dar mais sabor). A pipoca sozinha também é um petisco integral saudável – a manteiga a mais e o sal é que contribuem para as calorias e o inchaço. Se esse tipo de substituição ainda a deixa querendo uma pizza ou brownie, lembre-se de que é uma opção também, mas o segredo é o tamanho da porção. Por sorte, quando se trata de satisfazer desejos, não é preciso grandes volumes. Verifique minha próxima dica para entender o que eu quero dizer.

TRÊS É DEMAIS • • • 3 PONTOS

Como você pode ter percebido, eu não sugiro a privação. Também não apoio os abusos. Num esforço para encontrar o meio-termo, eu mesma aperfeiçoei minha estratégia de administrar desejos. Aqui está: dê três mordidas. Estou falando sério. Experimente três mordidas do que quer que você queira, então se afaste da comida e distraia-se com outra tarefa ou hobby (veja minha próxima dica). Dê uns dez ou quinze minutos e há grandes chances de que o seu desejo vá desaparecer. Quando você estiver naquela terceira mordida, você estará pensando que poderia consumir o alimento inteiro e que eu (a autora) devo ser uma idiota. Eu prometo, se você puder ativar sua força de vontade para esperar mais 15 minutos antes de voltar para comer mais, é extremamente provável que você vai esquecer que queria fazer isso.

Com a sensação de saciedade, seu corpo leva um tempo para registrar o açúcar e se sentir satisfeito. Assim que o seu corpo souber que teve seu desejo atendido, ele se satisfaz sem você ter de comer um pacote inteiro de biscoitos ou uma taça inteira de sorvete.

OCUPE-SE • • 2 PONTOS

Quando precisar se distrair, fique ocupada. É impressionante o quão sem fome eu fico nos dias em que estou até o nariz com os problemas dos competidores no set do *Biggest Loser*. Mas quando estou trabalhando em casa, sinto fome o tempo inteiro. Quando está ocupada, sua mente está buscando constantemente uma forma de se entreter, divertir ou se agradar. Quero que você procure ficar ocupada (para algumas de nós, isso não é difícil.) Se não estiver trabalhando, então se voluntarie ou dedique-se a um hobby. Não me importa o que você faça, apenas ocupe-se. Lembre-se: "mente vazia é oficina do diabo".

USE SEU NARIZ • 1 PONTO

Há muito tempo, a aromaterapia tem sido praticada como uma forma de afastar a fome. Tudo o que você tem de fazer é pingar de 1 a 3 gotas de puro óleo com essência e inalar. Eu até coloco nos meus pulsos e atrás das orelhas como perfume. Tente esses cheiros emagrecedores recomendados por aromaterapeutas para ajudar a afastar o desejo por comida: toranja, canela, gengibre e coentro.

CHEIRA TÃO BEM • 1 PONTO

Aqui vai outra dica em que o seu nariz pode ajudar. O Dr. Alan R. Hirsch, da Smell and Taste Treatment and Research Foundation, em Chicago, fez 3.000 voluntários cheirarem bananas. Ele descobriu que, quanto mais eles cheiravam comida, com menos fome eles ficavam e mais peso perdiam. Sua teoria é a de que cheirar comida engana o cérebro a pensar que você está de fato comendo, e assim ajuda a reduzir o apetite. Eu pessoalmente experimentei usando outras tentações (já que maçãs e bananas não estão sempre entre meus desejos). Apesar de a minha taxa de sucesso não ter sido de 100%, eu fui capaz de escapar de um brownie em uma ou duas ocasiões simplesmente sentindo o cheiro de outras comidas doces.

ESCOVE BEM OS DENTES • • 2 PONTOS

O dentista sempre fala para você escovar os dentes depois de comer, certo? Bem, da próxima vez que você achar que está com fome ou estiver pronta para cair na gula, vá escovar os dentes. Esta tática rápida, simples e barata pode fazê-la evitar um grande fracasso no seus planos de alimentação. Sério, pense nisso: como é bom o sabor do açúcar logo depois de escovar os dentes? Não é muito bom, certo? Use isso para sua vantagem. Eu até viajo com

Wisps (refrescantes bucais descartáveis que parecem miniescovinhas de dente); assim, quando estou por aí sem minha escova e pasta, ainda estou protegida.

ELIMINE O CRIMINOSO ESCONDIDO • • • 3 PONTOS

Já se perguntou por que o comercial diz "é impossível comer um só"? É porque o fabricante encheu essa porcaria de sal e glutamato monossódico para você querer mais. Esses dois ingredientes são a fonte escondida na maioria dos alimentos conhecidos por causarem desejos. Não os use. Substituta por limão, limão-siciliano, vinagre, cebola ou alho, pimenta-do-reino, pimenta-vermelha, gengibre ou qualquer tempero que não encoraje seu corpo a continuar comendo. Com o tempo, sua vontade de sal vai diminuir, seus desejos vão se dissipar, você vai se sentir menos inchada e sua pressão sanguínea deverá baixar!

Controle o estresse

O estresse em excesso é um assassino – literalmente. Se você não cuida dele, o estresse pode contribuir para problemas de saúde como obesidade, pressão alta, doenças cardíacas e diabetes tipo 2. Pode sabotar o seu emagrecimento ao provocar uma bagunça nos seus hormônios – essencialmente mantendo seu corpo num estado de sobrevivência que acumula gordura e canibaliza músculos. Também deixa você com um humor bem ranzinza. O estresse pode ser administrado e minimizado, mas é preciso fazer um esforço consciente para isso. Você provavelmente vai querer jogar fora esta parte do livro, porque está ocupada correndo de um lado para o outro. Mas estou te dizendo. A longo prazo, como você lida com o excesso de estresse na sua vida vai ser um dos fatores determinantes do seu emagrecimento, assim como o ponto-chave para mantê-la saudável e sem doenças.

RELAXE

FECHE OS OLHOS • • • 3 PONTOS

Dormir é crucial para a perda de peso. Ter de 7 a 8 horas por noite pode fazer tanto por sua cinturinha quanto uma boa malhação. Frequentemente, quando me deparo com a escolha entre ter 6 horas de sono e poder malhar ou deixar a malhação de lado e dormir 8 horas, eu escolho o segundo. Soa como loucura vindo de mim? Não é não – aqui está o motivo: Eu prometi não te dar aulas entediantes de bioquímica, então vou tentar tornar essa explicação breve. O sono tem um impacto violento no seu equilíbrio hormonal. Você libera a maior parte dos seus hormônios de magreza enquanto dorme, como o HGH (que queima gordura e mantém a massa magra de músculos) e a leptina (que ajuda a controlar e regular o apetite). Por outro lado, quando você não dorme, você libera hormônios como cortisol (que promete acúmulo de gordura) e peptídeo 28 (que estimula o apetite). Já teve um daqueles dias em que você não dormiu muito a noite anterior e se sente como se seu estômago fosse um poço sem fundo? É, eu sei. Na verdade, um estudo da Mayo Clinic descobriu que tirar 80 minutos de seu sono numa noite leva a pessoa a ingerir uma média de 549 calorias a mais no dia seguinte. Priorize seu fechar de olhos.

Aqui há algumas dicas para ajudar você a dormir:

- Vá cedo para a cama.
- Não trabalhe na cama. Esse hábito estressa você. Alguns pesquisadores teorizam que a luz da tela do computador estimula seu cérebro e evita que você relaxe. Isso leva à minha próxima dica.
- Certifique-se de que seu quarto esteja escuro. Deixe seu celular apagado ou em outro quarto; não durma com a TV ligada. Invista em cortinas escurecedoras. Tudo isso manterá seu ambiente – e seu sono – descansado.
- Se tiver problemas regulares em dormir ou permanecer dormindo, tente tomar um suplemento como melatonina, que ajuda a controlar seu ciclo natural de sono e despertar. Ou considere um produto chamado Calm, que é uma mistura de cálcio com magnésio. Eu assino embaixo desses produtos e dou para todos os meus competidores do *Biggest Loser*, quando eles estão ansiosos ou sem sono.
- Diminua a carga. Se sua mente está acelerada, escreva uma lista de tudo o que precisa fazer no dia seguinte. Isso sempre me ajuda a me sentir menos dispersa e estressada, porque eu tenho um plano de controle sobre a situação. Posso ir para a cama me sentindo organizada e preparada para a ação quando acordo de manhã.

TIRE FÉRIAS • • • 3 PONTOS

Faça uma pausa. Não seja vítima da ideia de que você não pode se desligar ou se afastar do trabalho. Afastar-se da rotina permite que seu corpo se refaça e se repare. O centro de Corpo-Mente na University of Pittsburgh pesquisou 1.399 participantes recrutados para estudos sobre doenças cardiovasculares, câncer de mama e outras doenças e descobriu que atividades de lazer, incluindo férias, contribuíam para níveis emocionais mais positivos e menos depressão entre os participantes. Outros benefícios incluíam menor pressão sanguínea e cinturinhas menores. As mulheres, em especial, parecem se beneficiar muito ao tirar férias. De acordo com um estudo de 2005 conduzido pela Marshfield Clinic em Wisconsin, mulheres que tiravam férias com menos frequência do que uma vez a cada 2 anos eram mais propensas a sofrer de depressão e aumento de estresse do que mulheres que tiraram férias pelo menos duas vezes por ano. Tire suas férias. Realmente não há mais nada a dizer sobre isso.

ALIMENTOS PARA DIMINUIR O ESTRESSE • • 2 PONTOS

Acredite ou não, há certos tipos de alimentos que você consome que vão acalmar seus nervos e manter seus hormônios no lugar. Tente incorporar esses alimentos calmantes na sua dieta com a maior frequência possível:

- **Alimentos ricos em vitamina C.** Estes alimentos ajudam a inibir a produção do cortisol (o hormônio que produz a gordurinha da barriga e está relacionado com o estresse). Esprema limão na sua água, coloque fatias de tangerina na sua salada, tome toranja com seus ovos no café da manhã, faça um smoothie de frutas vermelhas, coma sua aveia com blueberries. Tomate, melão, goiaba, pimentão, kiwi e cereja também são ótimas opções.
- **Ácido fólico e vitamina B.** Estas substâncias são cruciais na produção da serotonina, o hormônio do bem-estar. Certifique-se de comer alimentos ricos nesses elementos animadores o mais frequentemente possível.
  - ✔ O ácido fólico é encontrado em folhas verdes, aspargo, brócolis, feijões e lentilhas, abacate, semente de girassol, quiabo e couve-de-bruxelas.
  - ✔ As vitaminas B3, B6 e B12 são encontradas em peixes brancos, mariscos, mexilhões, vôngoles, carne de boi, caranguejo, aves e ovos.

- Magnésio. A deficiência em magnésio é associada com o sentir-se deprimido e ter uma má resposta ao estresse.
- Comidas ricas em magnésio são amêndoas, abóboras e semente de abóbora.

EXPERIMENTE UM TÔNICO • 1 PONTO

Para aquelas que não sabem, a homeopatia é um sistema de medicina que se baseia na doutrina "semelhante pelo semelhante se cura". Essencialmente, os praticantes de homeopatia acreditam que uma substância que causa o sintoma de uma doença em pessoas saudáveis vai curar essa doença em pessoas doentes ao acionar o sistema natural de cura do corpo. Enquanto muitos na medicina moderna dizem que é charlatanismo, muitos outros assinam em baixo. O que eu acho: se existe uma pesquisa que apoia isso – e existe – qual é o mal de tentar? Um estudo da Duke University em Durham, Carolina do Norte, descobriu que a homeopatia é eficaz em aplacar o estresse e tratar distúrbios de ansiedade.

Procure fórmulas como o Nerve Tonic (da Hyland) ou Sedalia (da Boiron) em casas de alimentos naturais e farmácias e siga as diretrizes cuidadosamente – isso é muito importante na homeopatia.

Muitas farmácias que vendem homeopatia têm vendedores que tiveram treinamento para recomendar remédios, então não se esqueça de perguntar. Melhor ainda, se tiver dinheiro, consulte um homeopata licenciado. O National Center for Homeopathy, nos Estados Unidos, disponibiliza uma lista desses profissionais em www.healthy.net.

DIGA XIIIS • 1 PONTO

Sorrir é uma via de mão dupla. Nós sorrimos quando estamos relaxados e felizes, mas sorrir também pode nos ajudar a nos *sentir* relaxados e felizes. É meio o caso do ovo e da galinha. Sorrir transmite impulsos dos músculos faciais para o sistema límbico, um centro fundamental do cérebro, acionando um equilíbrio neuroquímico em relação à calma. É papo bonito de cientista. Apenas sorria o mais frequentemente possível. É claro que não quero que você esconda suas emoções ou demonstre sentimentos falsos, mas quando estiver num estado mental neutro (ou seja, nem feliz nem triste), esforce-se para mudar seu humor com um sorrisinho. Isso vai melhorar o seu estado de espírito e levantar o astral daqueles ao seu redor.

RIA ATÉ CANSAR — LITERALMENTE • • 2 PONTOS

Tenho certeza de que você já ouviu a frase: "rir é o melhor remédio." Considere todos os efeitos positivos da risada no nosso corpo. Está cada vez mais se tornando evidente como essa frase realmente é verdade. A risada é o melhor antídoto para o estresse. Mesmo a curto prazo, pode provocar mudanças físicas no seu corpo que estimulam a circulação, os pulmões e músculos; também aciona o relaxamento dos músculos e ajuda a desestressar. A risada reduz o nível de hormônios engordativos do estresse como o cortisol e a epinefrina (adrenalina), enquanto, simultaneamente, aumenta os níveis de hormônios que combatem o estresse, como as endorfinas e neurotransmissores. A risada beneficia a forma como o sangue flui pelo corpo, reduzindo riscos de doenças cardíacas. Pesquisas correspondentes sugerem que 15 minutos diários de risadas sinceras são tão importantes para o seu coração quanto 30 minutos de exercícios, três vezes por semana. A longo prazo, uma ou duas risadas diárias podem melhorar o seu sistema imunológico, diminuir o nível de açúcar no sangue e ajudá-la a dormir.

E aqui está o bônus: rir queima calorias. Pense numa boa risada como uma malhação espontânea. Maciej Buchowski, um pesquisador da Vanderbilt University, descobriu em seu estudo de gasto de calorias que você queima 50 calorias ao rir de 10 a 15 minutos. Além de ser ótimo para o peso e a saúde, rir é gostoso. Pesquisas provaram que pessoas que veem filmes engraçados, que as fazem rir em voz alta, vivenciam um aumento no fluxo sanguíneo e na frequência cardíaca, além de um salto incrível nas endorfinas. Sempre que precisar dar uma risadinha, vá ver um filme engraçado ou reveja seus favoritos. Eu sempre revejo *Quem vai ficar com Mary, O mentiroso* e *Harry & Sally*. Vá ver um stand-up comedy de quem você ama. Eddie Izzard e Ellen DeGeneres funcionam sempre comigo. E socialize-se mais com os seus amigos mais engraçados. Eu cultivei um elenco de personagens na minha vida que me fazem rachar o bico regularmente. Se tudo mais fracassar, tente entrar num clube de Laughter Yoga. O Dr. Madan Kataria, um médico de Mumbai, criou essa nova ideia de combinar risadas incondicionais com respiração de ioga. Você vai se sentir tão ridícula que eu garanto que você não vai conseguir se segurar. Atualmente, há mais do que seis mil clubes de Laughter Yoga em cerca de sessenta países. Os clubes são gratuitos e conduzidos por voluntários. Para encontrar um perto de você, entre no www.laughteryoga.org.

SEJA POSITIVA • 1 PONTO

Conversamos no capítulo 5 sobre criar mantras, trocar o seu vocabulário e "mudar o roteiro", e agora, sim, vou dar uma de Stuart Smalley aqui pedindo para que você faça afirmações. Por mais cafona que possa parecer, afirmações são uma boa forma de silenciar seu crítico interno – você sabe, aquela vozinha na sua cabeça que te acerta, só pensa no pior e realmente te estressa. Esses monólogos internos podem ter um tremendo efeito negativo nas nossas vidas. Criar pequenas declarações de afirmação vão desafiá-la, minar e substituir as crenças negativas com atitudes saudáveis otimistas que a guiam em direção ao sucesso. Da próxima vez que você sentir que a sua vida é um desastre atrás do outro, repita dez vezes: "Tudo vai ficar bem. Posso lidar com isso."

Lembre-se, os pensamentos são coisas com poder dinâmico. Use-os para sua vantagem.

SAIBA DIZER NÃO • • • 3 PONTOS

Tentar agradar a todos é um jeito certo de ser seriamente oprimida e estressada. É perfeitamente aceitável ter limites e, francamente, você deveria ter. Não precisa ser a heroína de todos para ter valor aos olhos do mundo. Cada competidor do *Biggest Loser* que eu já tive me diz que eles tomaram conta da família toda quando crianças e que vão continuar cuidando de todo mundo quando adultos. Obviamente não fez bem a eles – no mínimo teve um grande efeito na autonegligência deles. Aprenda a dizer não. Eu entendo que você pode se sentir muito desconfortável e que pode pensar que é quase impossível, mas quando você tentar, vai ver que não é o fim do mundo. Exatamente o contrário, você provavelmente vai se sentir ótima em ter um tempinho para si mesma para variar. Eu sei que eu sempre ressinto quando me comprometo com coisas às custas de mim mesma – perco minha malhação ou o sono por causa de uma agenda cheia demais. Acabe com isso. Aqui há duas dicas simples para ajudá-la a quebrar o gelo do "Não":

1. **Seja solidária, porém firme.** Isso dá a pessoa o sinal de que você se importa, mas não vai ceder à pressão. Está mostrando que não vai mudar de ideia. Simplesmente diga: "Sinto muito, eu adoraria ajudar, mas estou ocupada agora."

2. **Você não deve explicações — menos é mais.** "Estou cheia de trabalho. Queria poder, mas não posso." Seja simples. Construímos muitas barreiras nas nossas mentes sobre dizer não.

Lembre-se, uma negativa não significa que você está sendo desagradável, causando conflitos, cortando um contato ou sendo mal-educada. Simplesmente significa que você não tem tempo. Diga de forma simpática e respeitosa, e vai dar tudo certo.

RESPIRE FUNDO • 1 PONTO

Brinque de aromaterapia novamente, mas desta vez use como relaxamento. As essências seguintes são todas calmantes: anis, manjericão, louro, camomila, eucalipto, lavanda, rosa e tomilho. Escolha uma que você adore e coloque numa bandeja próxima da sua cama ou na sua mesa, ou até nas têmporas para ter um efeito calmante instantâneo.

FIQUE NA HORIZONTAL • • • 3 PONTOS

Se o sexo tem estado no fim da sua lista de coisas a fazer há muito tempo, leve para o topo. O sexo melhora cada aspecto da sua vida – emocional, mental e física. Fazer "safadeza" melhora a autoconfiança, a intimidade e aumenta os níveis de endorfina, essas químicas que elevam o astral do cérebro. É de longe um dos melhores relaxantes para o corpo. Vai elevar seus batimentos cardíacos a níveis aeróbicos e queimar uma média de 200 calorias durante uma "sessão" de 30 minutos. Isso se traduz em perder 1 kg a cada 17,5 vezes que você faz sexo. Nada mal. Pesquisadores relataram que o sexo reduz o desejo por comida e estimula químicas no corpo que ajudam a controlar o apetite, facilitando assim sua habilidade de reduzir a ingestão de calorias. E dependendo da suas posições e rotina, você pode ganhar músculos com o sexo frequente. Acho que listar posições aqui, com os grupos musculares correspondentes, seria ir um pouco além (apesar de eu ter pensado seriamente). Apenas use sua imaginação e seja criativa; eu aposto que você pode malhar o corpo como bônus de uma grande boa noitada. Então, o que você está esperando? Pratique.

ARRUME UM NOVO MELHOR AMIGO • • 2 PONTOS

Você não precisa jogar fora sua velha melhor amiga, mas estudos mostram que ter um bichinho de estimação pode ajudar a perder peso, diminuir a pressão sanguínea e reduzir os níveis de estresse. Esses não são efeitos colaterais sutis, são bem importantes. Para cada uma dessas questões, os animais podem ser até melhores do que remédios (é provavelmente por isso que tenho três cachorros, dois cavalos e um pássaro). Um estudo na University of Buffalo comparou dois grupos de corretores de ações hiperagitados de Nova York: um grupo não tinha animais de estimação, enquanto o outro grupo adotou cães ou gatos depois de ficarem sem animais por cinco anos. Aqueles com animais tinham pressão sanguínea e frequência cardíaca mais baixas do que aqueles que não tinham. Os pesquisadores descobriram que os remédios normalmente usados para reduzir a pressão sanguínea não pareciam ser tão eficientes quanto os animais (a melhor parte dessa história é que muitos em grupos sem animais de estimação saíram e pegaram bichinhos depois de saberem do resultado).

Outro estudo conduzido na University of Missouri, em Columbia, descobriu que indivíduos obesos e sedentários que passearam com um cachorro – deles ou emprestados – por 20 minutos, 5 dias por semana, perderam mais peso do que aqueles que caminharam sozinhos. Eles perderam 7 kg por pessoa num período de 1 ano, sem nem fazer dieta. E mais uma: pesquisadores da University of Victoria, em British Columbia, descobriram que, de 351 participantes, aqueles que tinham cachorro caminhavam por média 300 minutos por semana, enquanto os que não tinham cachorro caminhavam apenas 168 minutos por semana.

Ok, isso é provavelmente mais pesquisas do que você está interessada em saber; desculpe por bombardeá-la, mas estou encantada por essas informações. Se você já tem um bichinho de estimação – um cachorro ou outro animal –, você já sabe que não pode viver sem ele. Se não tem, pense em adotar um. Você estará salvando uma vida, e isso pode fazer milagres pela sua saúde, estado mental e cinturinha.

DIGA OMMMM • 1 PONTO

A meditação tem se mostrado rica em benefícios de saúde, e pode acalmar sua mente e reduzir seu estresse. Requer que você afaste todos os sistemas de autorregulagem e monitoração em seu cérebro – o córtex pré-frontal (que a ajuda a fazer escolhas inteligentes) e o córtex cingular anterior (que a ajuda a se tornar ciente de quando você está fazendo essas escolhas e quando não está). Quanto mais você ativa esses sistemas, mais forte eles se tornam, e menos impulsiva e mais calma você se torna. A meditação regular permite que você literalmente construa sua força de vontade.

Aqui está um exercício simples: medite por 5 minutos, todos os dias, nesta semana. O que isso significa exatamente? Apenas se sente em silêncio com seus olhos fechados e foque em sua respiração. Inspire o mais profundo possível entrando e saindo do seu nariz. Sinta a respiração preencher seus pulmões e expandir sua barriga ao inspirar, então solte o ar como uma bexiga ao expirar. Ainda que 5 minutos disso possam parecer inicialmente uma eternidade, esforce-se para conseguir. Seu cérebro vai querer divagar. Tudo bem – apenas volte à sua respiração quando isso acontecer. É impressionante como você vai se sentir relaxada quando terminar. Conforme você vai fazendo, fica cada vez mais fácil.

ESCUTE BEATLES — HELP! • • • 3 PONTOS

Os norte-americanos se orgulham em ser independentes, mas essa atitude não deu muito certo. Pesquisadores afirmam que 75% dos norte-americanos serão obsesos em 2030, e que o câncer e as doenças cardíacas estão aumentando – então, claramente, precisamos, enquanto nação, fazer algo que nos ajude. É certo que nossos problemas não vão embora se nós simplesmente pedirmos ajuda. Mas trabalhar juntos neles com certeza irá ajudar a minimizá-los. Somos criaturas sociais que funcionam melhor em grupos onde cooperamos e colaboramos uns com os outros e apreciamos o conhecimento único e pontos fortes uns dos outros. Nós todos precisamos de ajuda de tempos em tempos. Aqueles de nós que colhem os espólios são os que se sentem dignos e seguros o suficiente para pedirem por isso.

Se estiver estressada para encontrar um trabalho, peça a seu círculo social para colocar as anteninhas de fora para ajudá-la na sua rede de contatos. Se estiver lutando com sua dieta e/ou plano de exercícios e não estiver conquistando os resultados que deseja, peça a alguém com conhecimento nessas áreas ou que tenha perdido peso para ter informações e conselhos que possam apontar na direção correta. Se estiver intimidada com a ideia de ir para a academia, peça a um ente querido ou melhor amiga para ir com você, para que você não se sinta tão desconfortável.

Uma ajudinha faz toda a diferença. As pessoas podem nem sempre auxiliá-la, mas se você não pedir, nunca vai conseguir. Mesmo que, se você só conseguir o apoio que precisa de sua rede em metade das vezes, isso já faz uma enorme diferença em ajudá-la a viver magra e em forma.

"Está fora do meu orçamento"

As pessoas frequentemente usam a falta de dinheiro como uma desculpa para não serem saudáveis, colocando a culpa em restrições financeiras pelo aumento de suas cinturinhas. Eu retrucaria que comprar comida barata vai lhe custar uma fortuna mais para frente (realmente, como eu mencionei antes, questões médicas são a causa número um de endividamentos nos Estados Unidos), mas não sou insensível à questão da falta imediata de recursos.

Aqui estão algumas dicas que você pode seguir para engordar sua conta bancária enquanto emagrece. Nota: eu não estou dando pontos a essas dicas, já que elas não afetam diretamente sua magreza. A única exceção é em "Seja frugal nos exercícios", que afeta sua habilidade em se exercitar e os custos. Você não precisa recortar cupons de desconto do jornal para ser magra, mas se restrições de orçamento são um obstáculo para você, esta seção é sua saída para superá-las.

SEJA FRUGAL NA COMIDA

PEGUE UMA FRIAGEM

Eu sempre te digo para comprar fresco, mas há uma exceção para a regra: você pode comprar frutas, verduras e legumes que são congelados. Não será mais compensador, mas as versões congeladas podem de fato ter mais nutrientes (porque foram congeladas antes de seus nutrientes terem a chance de oxidar). Lembre-se, frutas, verduras e legumes envelhecem como nós, e quanto mais tempo amadurecem, mais vitaminas e minerais eles perdem.

COMPRE A GRANEL

Compre grãos, feijão, castanhas e cereais a granel nos mercados. Muitos supermercados têm essas opções, e você vai economizar seu dinheiro porque não vai estar pagando os custos de embalagem das indústrias alimentícias (bom também para o meio ambiente). Alguns dos sacos com melhores ofertas são de grãos e legumes. Um estudo recente comparou os alimentos a granel às marcas grandes do mercado e descobriu que o arroz integral de grão longo era U$1 mais barato para cada 0,5 kg a granel do que em pacote. Lentilhas eram U$0,80 mais baratas a granel. O feijão-preto a granel custa U$0,99 para cada 0,5 kg, enquanto a versão em pacote custa U$2,19. A aveia é uma pechincha vendida a granels a U$0,69 para cada 0,5 kg, comparado a U$2,92, se você optar por uma pacote de marca. Além disso, você pode comprar o quanto quiser, porque controla a quantidade exata adquirida.

COMPRE EM QUANTIDADE

Lojas como Costco podem oferecer seus produtos com desconto porque compram e vendem em quantidade. A única questão é que alimentos perecíveis podem ir para o lixo se você não está planejando comer 20 peitos de frango ou 2 kg de maçã. A solução é simples: congele proteínas e descongele quando for comê-las. Para frutas, verduras e legumes, tente reparti-los com uma amiga. Literalmente divida o custo e o produto, então você vai ter a quantidade que precisa sem desperdício e conseguir um desconto.

SEJA GENÉRICA

Não seja sugada pelas campanhas de marketing caras de marcas de renome. Produtos genéricos e da marca do mercado são mais baratos do que equivalentes de marca e geralmente são de qualidade similar.

Isso porque você não está pagando pela margem de lucro de uma terceira parte (a empresa de marca).

SEJA ECONÔMICA

Recorte cupons de desconto. Antigamente, cupons para alimentos orgânicos e saudáveis eram difíceis de se encontrar, mas isso está mudando. Agora as lojas de varejo grandes, como Safeway e Walmart, estão começando suas próprias linhas de orgânicos e têm maior disponibilidade. Existe um site dedicado a economizar dinheiro quando você compra orgânicos: www.organicgrocerydeals.com. Você pode procurar seus produtos favoritos. Com frequência, ele oferece códigos de descontos e cupons que você pode imprimir e levar ao mercado com você.

VISITE FEIRAS LIVRES

Como as feiras envolvem custos mínimos de transporte, embalagem e publicidade, e a comida vai direto do produtor para a mesa, você paga automaticamente menos. Alimentos orgânicos na feira podem até ser mais caros do que não orgânicos num mercado tradicional, mas ainda será mais barata do que comprar orgânico num supermercado.

CULTIVE VOCÊ MESMA

Este é óbvio. Você pode cultivar até 50 kg de comida por ano numa horta de 2 m² em seu quintal. Eu sei porque fazemos isso na minha casa. A comida que você cultiva é totalmente natural e quase de graça. Ainda

MITO
Alface-americana é tão saudável quanto outras verduras.

FATO: A alface-americana é feita de 95% de água e contém apenas pequenas quantidades de fibra, vitaminas e minerais, quando comparada com outras folhas escuras. Experimente trocar por rúcula, espinafre, couve ou alface-romana para ter o máximo possível de nutrientes na sua salada. Quanto mais escura a alface, mais nutritiva.

que possa ser um pouco intimidante, não é realmente tão difícil. Aqui há alguns sites com dicas para você começar:

www.organicgardening.com
www.smilinggardener.com
www.organicgardeningtips.com

Para aquelas que reclamam para mim sobre o clima onde mora, você pode sempre guardar suas colheitas em conserva, fora da estação.

NAVEGUE

Comidas saudáveis e emagrecedoras frequentemente são mais baratas na internet porque você não está pagando pelo caro aluguel da loja. A lista da The GreenPeople da Organic Consumer Association (www.organicconsumers.org/purelink.html) é um bom lugar para começar sua pesquisa online e buscar alimentos acessíveis. Não se esqueça de verificar a lista de mercados virtuais que entregam produtos na sua região: www.organickitchen.com. Por sinal, não precisa ser um mercado orgânico. Até a Amazon agora permite que você faça seu marketing online por um preço mais barato.

PAGUE EM DINHEIRO

Estudos mostram que nós costumamos gastar e até comprar menos quando pagamos por nossos produtos (em particular porcarias de alimentos) com dinheiro. Um estudo da Cornell University, publicado no *Journal of Consumer Research*, descobriu que tanto os grupos que pagam em espécie como os em cartão de crédito gastam cerca da mesma quantidade em produtos "saudáveis" básicos como aveia, iogurte desnatado e coisas assim. Mas o grupo que paga em espécie gasta cerca de 42%

a mais em porcaria quando usa cartão de crédito. Corte esses cartões de crédito, querida! Ou se for drástico demais, experimente este truque que eu usava quando era mais nova: eu congelava meus cartões de crédito numa tigela com água. Dessa forma, quando havia uma emergência e eu de fato precisava deles, eles estavam lá, mas isso reduzia tremendamente minha capacidade de gastar demais e comprar por impulso, porque eu pagava com meu suado dinheirinho.

PARTICIPE DE UM PROGRAMA DE AGRICULTURA COMUNITÁRIA (CSA)

Quando você compra uma participação num CSA, nos Estados Unidos, você paga por uma parte dos gastos de uma fazenda local. Em troca, você recebe uma caixa semanal de frutas, verduras e legumes frescos, com um custo de cerca de U$300 a U$500 por uma estação de 24 a 26 semanas. Muitas CSAs aceitam pagamentos mensais, e você pode até comprar meia-participação, se uma inteira for cara demais. Algumas pessoas economizam ainda mais ao ajudar de fato na fazenda, de tempos em tempos. Para mais informações sobre os CSAs verifique os sites do governo e de organizações sem fins lucrativos como Alternative Farming Systems Information Center (afsic.nal.usda.gov); Food Routes (www.foodroutes.org); e Local Harvest (www.localharvest.org).

FAÇA PARTE DE UMA COOPERATIVA

Uma cooperativa é um négócio que fornece alimentos e outros produtos para seus membros com desconto. A maioria dos produtos é orgânica e vem de fazendeiros locais. Você só tem de fazer uma assinatura e pagar algumas prestações. Membros que se voluntariam a trabalhar podem ter descontos adicionais em produtos que compram. Para encontrar uma cooperativa perto de você, verifique a lista no site ou na revista online Cooperative Grocer (www.cooperativegrocer.coop/coops). Se não houver uma cooperativa na sua área, e tiver tempo e vontade de fazer isso, você pode começar a sua própria. A Cooperative Grocer Network (www.cgin.coop) tem um guia para mostrar como fazer isso.

ENTRE NUM CLUBE DE COMPRAS

Membros de clubes de compras podem adquirir alimentos e outros produtos emagrecedores em grande quantidade e depois repartem – e você pode conseguir de 30 a 40% de desconto dessa forma. Peça para que uma cooperativa perto de você comece um clube de compras com seus amigos e vizinhos. Ou pergunte para uma loja local de produtos naturais de onde vêm seus produtos, então contate o distribuidor diretamente.

COMPARE OS PREÇOS

Há muitos recursos e lugares para comprar comida saudável. Faça a comparação de preços. Por exemplo, em algumas regiões dos Estados Unidos, o leite orgânico do Trader Joe's é quase U$2 mais barato do que o leite orgânico similar vendido no Whole Foods. Nossa comida de bebê orgânica é U$15 mais barata na Ralph's do que no nosso mercado local. Faça o dever de casa antes de comprar e veja quem oferece as melhores ofertas.

CORTE AS PORCARIAS

Eu aposto que você gasta pelo menos U$20 por semana em porcarias de que você não precisa, que você pode e deveria canalizar numa comida saudável e emagrecedora. É hora de reavaliar seus hábitos mensais de gastos e jogar fora o que não é essencial. Por exemplo:

1. Quanto você está gastando semanalmente em revistas de fofocas? Essas custam de três a cinco dólares por edição. Leia essas coisas na internet. É de graça.
2. Quantas vezes você vai a um café por semana? As bebidas custam de U$2 a U$5 lá. Se você gastar U$2,75 por uma xícara de café por dia vai te custar U$715 por ano. É U$14 por semana que poderia ir para comidas mais saudáveis. Faça seu café em casa ou no trabalho. Economize a grana para algo que vá contribuir com o seu estilo de vida magro.
3. Lembra-se da discussão "O básico das bebidas" do Capítulo 1, sobre consumo saudável de líquidos? Pare de gastar dinheiro com água de garrafa, sucos e refrigerantes. Isso não é essencial e só piora as coisas, porque a maioria te deixa gorda.
4. Não seja preguiçosa. Caminhe ou vá de bicicleta para onde for. Isso vai fazer você economizar dinheiro em combustível, transporte público e até em estacionamento. Uma pessoa que tem carro nos EUA gasta em média U$ 1.000 em estacionamento por ano. Pelo menos estacione na rua e caminhe até seu destino. E quanto mais você caminha, mais você se aproxima da tão sonhada magreza.
5. Taxas de caixas eletrônicos que não são do seu banco podem realmente fazer a diferença. Pode custar de U$2 a U$4,50 para sacar apenas U$20. Vá uma vez por semana ao banco e tire a quantidade de que você precisa para que sua conta bancária não seja destruída com taxas desnecessárias.

Eu poderia seguir indefinidamente com essas informações, mas o ônus está com você, que deve dar uma boa olhada e ver onde você tem hemorragias financeiras. Pare com esse sangramento e seja proativa em redirecioná-los para a sua saúde. Como eu te disse, doenças são caras, inclusive a obesidade. As pessoas magras tomam menos medicamentos, quando chegam a tomar; precisam de atenção médica com menos frequência, tirando os check-ups de rotina; e não têm tantas doenças debilitantes que ameaçam a vida e as economias, como doenças cardíacas ou câncer, quando comparadas às pessoas obesas.

SEJA FRUGAL NOS EXERCÍCIOS

ACEITE DE SEGUNDA MÃO • 1 PONTO

Pegue DVDs ou equipamento de ginástica usados por uma pechincha. A Amazon.com é uma grande fonte desses produtos.

CONTRATE UM PROFISSIONAL – UMA VEZ • 1 PONTO

Eu tratei disso no Capítulo 5 na dica "Peça informações", mas tem um significado um pouco diferente aqui. O objetivo agora é economizar dinheiro. Pagar por uma sessão com um treinador pode valer muito no final. Investir num especialista faz você economizar dinheiro em produtos de ginástica de que você não precisa.

MOVIMENTE-SE • 1 PONTO

Falei sobre os exercícios no Capítulo 2. Usar o próprio peso do seu corpo não é apenas conveniente e saudável – é grátis! Veja as dicas do Capítulo 2 sobre exercícios de peso corporal que você pode fazer para um treino incrível, sem custo. Além disso, você sempre pode sair e caminhar, subir as escadas correndo ou correr na calçada.

Exercícios e crianças

Amo meus filhos mais do que qualquer coisa no planeta, mas vamos encarar os fatos: ficar magra com crianças em sua vida pode ser uma tarefa difícil. Em seguida, dou dicas e truques que eu tive de colocar em prática desde que meu filho e minha filha entraram na minha vida.

COM ELAS

PRATIQUE JUNTO • • 2 PONTOS

Se você tem filhos, exercite-se com eles. Se são pequenos, coloque-os num carrinho e vá correr, ou num carrinho acoplado à bicicleta, ou empurre o carrinho de bebê. Eu já coloquei a minha filha até na minha prancha de remar (com um colete salva-vidas, é claro) e fui remar com ela. Seus filhos vão adorar passar esse tempo com você, e você estará dando um exemplo positivo desde o começo, além de garantir a sua queima de calorias.

BRINQUE • 1 PONTO

Já correu atrás de uma criança pequena numa brincadeira de pega-pega ou esconde-esconde? Já foi para o playground com elas? Vai te cansar e queimar calorias. Se seus filhos são um pouco maiores, jogue bola com eles, basquete, arremesso, ande de bicicleta, vá andar de patins. Você sabe que acredito nessas brincadeiras para você – agora torne isso um assunto de família. Eles vão adorar e você ficará impressionada em quanto estresse e pressão você vai dissipar enquanto faz seu exercício.

NÃO HÁ LUGAR COMO O NOSSO LAR • • • 3 PONTOS

Ainda que tenhamos falado antes sobre o valor de ter uma coleção de DVDs de ginástica, não vai ajudar em nada se você não usá-la – o que, com as crianças por perto, pode ser um desafio. Tente fazer com que elas façam parte de sua malhação. Perdi a conta de quantas mães me mandaram fotos fofas de seus filhinhos dando ordens enquanto elas usam meus vídeos de ginástica. As crianças acham graça e você vai garantir sua queima de calorias – você só tem a ganhar.

MITO
Um banho quente vai prevenir dores musculares.

FATO: Água fria ou gelada é a forma de minimizar dores musculares. Quando você se exercita, suas veias se dilatam e ficam dessa forma pelo menos até 1 hora depois. A dor acontece quando substâncias eliminadas como o ácido lático se infiltram em seus músculos através dessas veias dilatadas. Temperaturas frias contraem as veias, limitando a quantidade de dejetos que se acumulam.

LEVE-AS COM VOCÊ • • • 3 PONTOS

Entre numa academia com serviço de creche ou uma sala para crianças. Elas podem brincar enquanto você levanta peso e cuida de si mesma. A maioria das academias oferece algo – faça proveito disso.

SEM ELAS

REALIZE VÁRIAS TAREFAS AO MESMO TEMPO • 1 PONTO

Responda e-mails no StairMaster. Faça chamadas de conferência na elíptica. Leia um documento de trabalho na bicicleta ergométrica. Você entendeu a ideia. Embora essa seja a última coisa que eu quero ver você fazendo (meu objetivo é que você treine com intensidade e foco para os melhores resultados), há dias em que eu não tenho escolha. Deve ser o mesmo com você. Este conselho cai no clichê de que fazer alguma coisa é melhor do que não fazer nada.

FAÇA UM RODÍZIO • • • 3 PONTOS

Se você está num relacionamento, alterne quem cuida das crianças. Esta dica funcionou muito bem com Heide e eu; além disso, permite que cada uma de nós tenha um minuto de sanidade e o tempo indispensável sozinha. Ela faz ioga enquanto eu cuido das crianças; depois, à noite ou no dia seguinte, eu ando de bicicleta ou dou uma corrida enquanto ela cuida deles. Se você não está num relacionamento, experimente fazer isso com uma amiga. Faça um rodízio de babás, e difunda a boa forma.

CHAME A VOVÓ • • • 3 PONTOS

Sabe quem ama seus filhos tanto quanto você ama? Seus pais! É por isso que Deus nos deu os avós. Sério. Se você tem pais ou família por perto, peça a eles para cuidar de seus filhos uma vez por semana, enquanto você malha. Eles terão um tempo juntos, você fica em forma e todo mundo fica feliz. Tenho sorte de minha mãe sempre estar disponível numa tarde de domingo. Graças a Deus.

DÊ SUAS ESCAPADINHAS • • • 3 PONTOS

Acorde cedo e faça seus exercícios enquanto eles ainda estão dormindo. Esta dica eu nunca vou seguir, mas para os matutinos, funciona muito bem. Simplesmente coloque seu vídeo de ginástica ou vá para a academia. Se tiver equipamento em casa e você possa malhar, vá nessa. Se a manhã não for a melhor hora para você, como não é para mim, você pode tentar quando eles tiverem ido para a cama. Eu já fiz isso, e funciona muito bem. Eu coloco meus filhos na cama por volta das sete, coloco meu vídeo de ginástica, malho e depois janto. Não é minha solução favorita, mas é uma opção para aqueles dias quando nada mais funciona, e me ajuda a completar meu 4 ou 5 treinos semanais.

Tic-tac: superando limitações de tempo

Outra desculpa que as pessoas usam para não comer certinho ou malhar é o tempo. Você já tem as respostas para esse problema, já que eu me certifiquei de espalhá-las através do *Magra para sempre* – você já deve ter notado que várias dicas cumprem vários propósitos. Para não ser dolorosamente repetitiva, deixe-me apenas enfatizar os truques para superar questões de tempo que tornam essa desculpa totalmente inválida. Aliás, você não ganha pontos extras por usar essas dicas repetidas, você já contou seus pontos e foi recompensada em outros capítulos por encaixar sua malhação na rotina e comer alimentos saudáveis, mesmo com pressa.

QUEIME CALORIAS – DICAS RÁPIDAS

1. Malhe na hora do almoço.
2. Faça uma academia em casa ou use DVDs para encaixar uma sessão rápida de queima de 30 minutos antes ou depois do trabalho.
3. Use as dicas TASE das páginas 131 e 168.
4. Malhe na sua sala e certifique-se de ficar de pé e caminhar quando estiver no telefone.
5. Se você tem filhos, malhe com eles ou peça para uma amiga ou familiar cuidar deles algumas vezes por semana para que você possa fazer seu treino.
6. Marque seu treino usando quaisquer métodos que funcionem melhor para você – uma hora do dia, seu alarme. Trate com importância, como você faria com qualquer compromisso.

7. Exercite-se durante os comerciais de TV do seu programa favorito (apesar de que, se você tem tempo de ver TV, você tem tempo de malhar direito!).
8. Seja uma guerreira do final de semana e malhe sábado e domingo.

COMA SAUDÁVEL – DICAS RÁPIDAS

1. Leve seu almoço de casa.
2. Traga lanches saudáveis sempre com você. (Você pode até investir numa geladeirazinha ou isopor. Não há desculpa aqui!)
3. Coloque o contato do seu restaurante favorito no seu telefone ou numa lista fácil. Dessa forma, você pode pedir sua refeição magra na hora da pressa. Apenas ligue antes e peça para viagem o que você quiser de saudável.
4. Personalize o seu pedido quando for comer fora para criar a refeição mais saudável das opções do restaurante.

Acesso negado?

Assim como os problemas de tempo, eu também já tratei da questão de acesso anteriormente neste livro, mas caso você não tenha captado os benefícios duplos desses conselhos, eu vou te dar uma rápida lembrada para que você possa somar dois mais dois. (Nota: se você acha que vai ganhar pontos por essas dicas, não: isso seria somar duas vezes. Assim como as dicas para superar as limitações de tempo, já tratamos disso e acrescentamos em capítulos anteriores.)

EXERCÍCIOS

MITO
Malhar de estômago vazio queima mais gordura.

FATO: Não malhe de estômago vazio. Se fizer isso, você terá consideravelmente menos energia e correrá o risco de canibalizar seu próprio tecido muscular. Veja, seu corpo precisa de uma certa quantidade de açúcar como combustível, quando treina. Quando você não tem açúcar disponível no sangue ou estocado em seus músculos, seu corpo vai converter seus próprios tecidos musculares em energia. Além disso, quanto mais duro você treinar, mas calorias e gordura você vai queimar, e se não comeu, você provavelmente não terá um treino muito intenso. Coma um lanchinho uma hora antes de malhar – algo com carboidrato e proteína, como um shake de proteína ou uma maçã com manteiga de amêndoa.

1. Faça uma academia em casa.
2. Use seu ambiente local, de trilhas de corrida e calçadas para caminhada até as escadas do seu prédio, casa ou hotel.
3. Traga DVDs e equipamentos portáteis com você nas viagens, para que mesmo que não haja uma academia por perto, você esteja amparada.
4. Não deixe que um clima ruim lá fora a impeça de malhar. Essa desculpa não tem pé nem cabeça – literalmente. Se você é ávida por exercícios ao ar livre, tente essas alternativas de malhação para ficar em forma durante o inverno, assim como evitar ganhar peso no inverno.

✔ Caminhe no shopping ou compre um passe de inverno numa academia até poder voltar a sair.

✔ Nade em piscina aquecida e varie a forma de usá-la. Invista num cinto de flutuabilidade para correr em águas profundas; este é dos exercícios mais pesados que você pode fazer. É um ótimo treino; saiba mais em www.aquajogger.com ou www.splashinternational.biz [em inglês].

✔ Coloque sapatos de neve e caminhe (não que eu tenha feito isso, ou conheça alguém que tenha feito, mas dizem que é um exercício incrível).

Ou skis cross-country (bem mais realista) para um ótimo exercício aeróbico para os membros inferiores – você vai queimar aproximadamente 263 calorias a mais em 30 minutos (tomando como base uma mulher de 65 kg). Descubra mais em www.caloriesperhour.com [em inglês].

COMIDA

1. Compre comida saudável online. Todo supermercado oferece isso agora, de Whole Foods a Vons. Na verdade, até Walmart e Amazon têm esse serviço.
2. Lembre-se de procurar os palitinhos de queijo, o ovo cozido, a barra de cereal e as opções de castanhas nas lojas de conveniência, se for sua única opção quando estiver fora de casa.
3. Em lanchonetes, escolha as opções mais saudáveis e personalize os pratos para se encaixar nas suas necessidades emagrecedoras.
4. Quando for viajar, pesquise antes na internet sobre a região para onde está indo ou busque por "Locais" no GPS do seu telefone – essa ferramenta esperta (vem de graça nos iPhones e na maioria dos Androids) identifica os locais próximos à sua localização. Então, ela te dá informações sobre restaurantes, cafés, lanchonetes e coisas assim para que você saiba as escolhas de comida que a cercam. Essa tecnologia moderna é bem bacana – não há absolutamente nenhuma desculpa para dizer "não sei onde comprar comida saudável".

CORTE FÁCIL DE CALORIAS

Em vez de pedir sorvete de casquinha, peça numa tacinha.
Corte: 121 calorias

Saia do peso estacionado

Aposto que você estava esperando que eu tratasse desse assunto espinhoso num capítulo inteiro. Bem, aí vai. Eu não acredito de fato na ideia de estacionar no peso. Por quê? Porque na minha experiência, 90% das vezes, se uma pessoa estaciona é simplesmente porque ela está comendo demais e não controlando as calorias; ou está boicotando a intensidade, frequência ou ambos em sua ginástica. Há uma ocasição rara e real em que estacionar no peso é real. É a seguinte: você perdeu uma grande quantidade de peso, sua ingestão de calorias diminuiu significativamente, seu gasto calórico aumentou devido aos exercícios e, então, seu corpo pode entrar em pânico e acionar o freio. Biologicamente, seu corpo pode pensar que está se aproximando de uma fase de fome extrema e vai automaticamente lançar hormônios para diminuir a perda de peso para poder sobreviver. Aqui estão as melhores formas de corrigir esse problema o quanto antes.

ADAPTE O SEU PROGRESSO

INVESTIGUE • • • 3 PONTOS

Abra um caderno e anote o que você comeu por 3 dias. Veja se você deixou calorias escaparem sem intenção e se está comendo demais. Se for isso, a solução é fácil: puxe um pouco as rédeas.

AUMENTE AS CALORIAS • • • 3 PONTOS

Se você investigou adequadamente, não está comendo demais e estacionou, daí você precisa de fato aumentar sua ingestão de calorias.

Faça isso: comece a próxima semana com 1 dia de ingestão de 2.000 calorias. Durante os 6 dias seguintes, aumente sua ingestão anterior de calorias em 10%. Então, se estava ingerindo 1.200 calorias quando estacionou, nos próximos 6 dias (seguintes ao primeiro dia de altas calorias), coma 1.320 calorias por dia. Isso vai assegurar ao seu corpo que você não está passando fome e ele voltará ao modo de queimar gordura. Sei que a ideia de aumentar suas calorias vai te fazer surtar, mas sou mestra nisso. E mesmo que eu estivesse errada (o que não estou), você só terá 1.700 calorias a mais durante a semana. É cerca de 200 g. Então respire fundo, relaxe e faça o que eu digo.

MITO
A dieta Master Cleanse desintoxica seu corpo.

FATO: Sempre que eu escuto a palavra limpa num termo relacionado à dieta, eu não posso evitar uma risada. A única coisa que desintoxica seu corpo é comer de forma adequada e beber água. Pare de comer porcarias e comece a comer limpo. É simples assim. A ciência mostra que os rins e o fígado quebram adequadamente a toxicidade do corpo. Pensar que uma combinação de chá laxante, limão, xarope, pimenta-caiena e água salgada podem "desintoxicar" seu corpo e criar uma perda de peso permanente não é apenas incorreto, mas contraprodutivo. Pode até ser perigoso, a longo prazo.

NÃO EXAGERE • • • 3 PONTOS

Esta regra se aplica àqueles com 5 ou menos quilos a perder. Com frequência, vocês despirocam e vão longe demais, terminam comendo muito pouco e malhando demais. Amiga, você tem de entender que perder quilinhos de vaidade contra perder peso não saudável são duas coisas completamente diferentes de uma perspectiva biológica. Seu corpo quer perder peso quando está obeso, mas se você quiser apenas vestir um número menor, seu corpo não vai cooperar com isso. Você ainda é saudável, com um "pouquinho de banha nos ossos" (e digo "pouquinho" mesmo). De uma perspectiva evolutiva, este é um estado ideal para seu corpo, no caso de ter fome. Sim, você e eu sabemos que isso não vai acontecer, mas seu corpo e seus genes ainda não chegaram aos tempos modernos. A solução é criar um déficit não maior do que 750 a 800 calorias por dia no máximo. Por exemplo, se você queima 2.500 calorias por dia, então não coma menos de 1.700 calorias. Se você não tem certeza de como calcular qual é sua taxa de metabolismo, volte ao "Viva no vermelho", no Capítulo 1. Dessa forma, seu corpo não vai entrar em pânico, achar que está passando fome e mudar para o modo de armazenamento de gordura.

VARIE • • • 3 PONTOS

Se está batendo cartão na academia e tem feito as mesmas coisas há semanas, mude sua rotina. Lembre-se, seu corpo é uma máquina muito eficiente. Ela se adapta aos estímulos externos bem rapidamente. Conforme você fica mais em forma, um treino que costumava requerer uma tonelada de energia para se fazer pode requerer muito menos; seu corpo se habituou e se tornou perito a realizá-lo. Não se esqueça de que você precisa trocar seu treino pelo menos a cada 2 semanas, para que não vire uma rotina para o seu corpo.

AUMENTE O VOLUME • • • 3 PONTOS

Esta é meio complicadinha, porque eu quero deixar você sozinha um pouco. Você vai ter de avaliar em que direção girar o botão de intensidade dos seus exercícios. Você poderá ter de aumentá-lo, treinando mais dias, ou diminuí-lo, tirando alguns dias de folga. Essa é a forma de saber: se você está malhando firme e notando uma fadiga frequente ou uma diminuição no seu desempenho na academia, você está exagerando e precisa de uns dias de folga. (Por sinal, isso não deveria acontecer com você, se você seguisse as especificações que eu dei no Capítulo 2.) Por outro lado, se você tem feito os mesmos exercícios de resistência, mantendo a mesma intensidade cardíaca e não se sentindo realmente cansada ou dolorida depois de seu treino, você precisa mexer esse bumbum e aumentar o ritmo. Corra mais rápido, levante mais peso, faça suas flexões apoiada nas mãos e pés em vez de mãos e joelhos. Entendeu? Que bom!

GANHE E PERCA

GANHE 3 PONTOS

- [ ] Reflita bem
- [ ] Faça um inventário
- [ ] Verifique a sede
- [ ] Grite do alto da montanha
- [ ] Coma livremente
- [ ] Lembre-se das regras
- [ ] O que os olhos não veem o coração não sente
- [ ] Tenha um plano de emergência
- [ ] Tente zerar o que comeu
- [ ] Três é demais
- [ ] Elimine o criminoso escondido
- [ ] Feche os olhos
- [ ] Tire férias
- [ ] Saiba dizer não
- [ ] Fique na horizontal
- [ ] Escute Beatles – help!
- [ ] Não há lugar como o nosso lar
- [ ] Leve-as com você
- [ ] Faça um rodízio
- [ ] Chame a vovó
- [ ] Dê suas escapadinhas
- [ ] Investigue
- [ ] Aumente as calorias
- [ ] Não exagere
- [ ] Varie
- [ ] Aumente o volume

GANHE 2 PONTOS

- ☐ Desacelere a mandíbula
- ☐ Varra as ruas
- ☐ Comece com uma sopinha
- ☐ Experimente sabores
- ☐ Ocupe-se
- ☐ Escove bem os dentes
- ☐ Alimentos para diminuir o estresse
- ☐ Ria até cansar – Literalmente
- ☐ Arrume um novo melhor amigo
- ☐ Pratique junto

____

Total de *pontos* do Capítulo 6

____

Total de *dicas* que estou aplicando

GANHE 1 PONTO

- ☐ Eleve o astral
- ☐ Coma castanhas e nozes
- ☐ Fique fria
- ☐ Pule os comerciais
- ☐ Dê uma esquentada
- ☐ Pratique ioga
- ☐ Tome um chazinho
- ☐ Estimule suas papilas gustativas com canela
- ☐ Use seu nariz
- ☐ Cheira tão bem
- ☐ Experimente um tônico
- ☐ Diga xiiis
- ☐ Seja positiva
- ☐ Respire fundo
- ☐ Diga ommmm
- ☐ Aceite de segunda mão
- ☐ Contrate um profissional – Uma vez
- ☐ Movimente-se
- ☐ Brinque
- ☐ Realize várias tarefas ao mesmo tempo

CAPÍTULO 7

Potencialize a sua magreza

Este capítulo vai revelar formas extremamente novas de comer, se exercitar e se vestir para ficar e parecer mais magra! A maior parte do que você vai descobrir aqui são ideias pouco conhecidas e algumas podem até soar absurdas, mas todas são seguras, e todas funcionam. Eu prometo! (Você também vai encontrar algumas dicas mais gerais que não se encaixavam diretinho nos outros capítulos. Eu as coloquei aqui para que você tenha até mais ferramentas no seu arsenal de emagrecimento.)

A questão deste capítulo é te dar um toque a mais – ponto. Minha vida toda eu procurei formas de vencer o status quo: não porque sou uma rebelde tentando reinventar a roda, mas porque eu prefiro pensar em mim mesma como uma visionária (ou um indivíduo extremamente impaciente) que procura formas mais rápidas e eficientes de trabalhar e transformar o corpo humano. Ainda que seja verdade que novas pesquisas surgem todos os dias, eu me sinto confiante que tenha percorrido todos os atalhos modernos, exóticos e supereficientes para emagrecer neste livro, que tem neste capítulo um grand finale.

Vamos começar com o básico e depois avançar para informações mais novas, avançadas e raras.

Aproveite a supereficiência.

A vida magra

SEGREDOS PARA VIVER MAGRA

NÃO ENFIE O PÉ NA JACA • • • 3 PONTOS

Sério. Cresça e deixe isso para os tempos da faculdade. Drogas, cigarros e bebida excessiva – nada disso é charmoso. A palavra "trágico" combina melhor. E, além disso, festa pesada provoca uma confusão na sua saúde e seu metabolismo. Apenas diga não. Sinta loucura pela vida.

TENHA UM COMPROMISSO COM A BALANÇA • • • 3 PONTOS

A balança pode ser o maior pesadelo de alguém, e com razão. Com frequência é usada demais ou de menos, e é capaz de entregar notícias bem desagradáveis. Dito isso, quando usada corretamente, a balança pode ser uma das suas ferramentas mais valiosas na perda de peso. Pense nela como uma bússola. Ela simplesmente a deixa saber quando você está no eixo, fazendo as coisas certas, ou quando sai do eixo e precisa acertar a direção.

Aqui está o que não fazer: não se pese todo dia. Seu peso vai mudar não apenas dia após dia, mas de acordo com diferentes horários do dia, devido à flutuação dos fluidos corporais. Você pode comer um picles uma noite e estar meio quilo acima da balança no dia seguinte por causa de todo o sódio que contém. Lembre-se, sal faz você reter líquido. Ou talvez você não tenha ido ao banheiro ainda (nojento, eu sei, mas tem de ser dito) e isso literalmente a faz pesar um pouco mais. O problema com fanáticos por pesagens é que quando o número da balança flutua diariamente, eles podem surtar e ficar facilmente desencorajados, assim como extremamente ansiosos.

A melhor forma de usar a balança é uma vez por semana, a mesma balança, mesmo dia da semana, mesma hora do dia. Se você escolheu sexta-feira às 9 da manhã, então é seu dia de se pesar toda semana. Essa consistência te dá uma leitura bem mais precisa; ao esperar 1 semana, você dá tempo à balança para realmente mostrar a perda de peso. Se seguir esse guia e a balança subir ou não se mover da semana anterior, você saberá que precisa fazer ajustes no seu plano de exercício ou de alimentação. É simples assim.

MITO
Perder 1 kg por semana é saudável.

FATO: Perder 1 kg por semana é realista, mas não é necessariamente mais saudável do que perder 2 ou 3. O ponto-chave para uma perda saudável de peso é o método que você usa para perder. Se estiver malhando e comendo certo, então é perfeitamente saudável perder mais de 1 kg por semana.

FIQUE EM PÉ • • 2 PONTOS

Em vez de se sentar, fique em pé sempre que puder. Ficar em pé queima calorias 1,5 vezes mais rápido do que ficar sentado. Permaneça em pé quando estiver na sala de espera do médico, quando trabalhar no computador (eu coloco o meu na bancada da cozinha) e para assistir a TV. Apenas fique em pé. Além disso, algumas pesquisas sugerem que sentar-se pode de fato acelerar a produção de gordura do seu corpo. A teoria é que quando estamos num sofá ou cadeira, nós exercemos pressão sobre nossas células de gordura, fazendo-as se alongarem e gerarem até mais gordura. Não tenho certeza se acredito totalmente nessa ideia, mas sei que o acréscimo na queima de calorias proveniente do ficar em pé é garantido. Certifique-se de ficar em pé o máximo possível.

SARACOTEIE • • 2 PONTOS

O Dr. James Levine, médico da Clínica Mayo em Rochester, Minnesota, passou anos estudando o efeito que movimentos diários têm no nosso metabolismo. Suas descobertas podem surpreendê-la. Apesar de eles poderem ser irritantes, indivíduos que não conseguem parar de se mover, que constantemente se mexem, batem o pé, giram os braços e caminham queimam até 350 mais calorias por dia do que pessoas sedentárias. Essa diferença em queima de calorias pode acrescentar até 15 kg por ano! A mensagem é clara; mesmo que você trabalhe sentada, encontre uma forma de se mexer. Quando eu trabalhava num escritório, eu costumava brincar com baquetas de bateria numa bateriazinha. Tente essa. É superdivertido, e fazia com que eu me sentisse bem.

LIMITE O TEMPO DE TV • • • 3 PONTOS

Mantenha o tempo de TV para não mais do que 14 horas por semana (não mais que 2 horas por dia). Você pode estar pensando "ah", mas espere um pouquinho, me dê algum crédito – há mais aí do que você pensa. É verdade que a TV a mantém sedentária, mas pode te deixar gorda por outro motivo: como os pesquisadores de Harvard relataram, afundar-se no sofá ativa os efeitos de genes que promovem a obesidade. Eles rastrearam 32 variedades genéticas que são conhecidas por terem associações genéticas com o IMC (índice de massa corporal) em participantes do estudo que assistiam a mais de 40 horas de TV por semana. Essas variantes promovedoras de gordura acabaram sendo três vezes mais potentes do que aquelas em indivíduos geneticamente similares que passavam muito menos tempo diante da TV, independentemente de seus exercícios físicos. A TV detona seu cérebro, de toda forma; sua mãe nunca te disse isso? Eu não sei quanto à sua, mas minha mãe nunca está errada. Encontre outra coisa que estimule seu corpo e sua mente na maior parte do tempo.

FIQUE QUENTE E FRIA • 1 PONTO

Diminua o ar-condicionado e o aquecedor, ou melhor ainda, desligue se aguentar. Eu não quero que você morra congelada no inverno ou tenha insolação no verão, mas quero que você force seu corpo a regular sua temperatura o máximo possível. Queima mais calorias. Quando a temperatura do seu corpo muda, sua frequência cardíaca aumenta, porque ela trabalha mais tentando evitar o superaquecimento ou esfriamento. Como resultado, você queima significativamente mais calorias. De acordo com um estudo de 2000 publicado no *Medicine and Science in Sports and Exercise*, o IMC muda em 7% para cada mudança de 0,9°F. A outra boa notícia é que você economizará na sua conta de luz!

ACERTE SUA VIDA • • 2 PONTOS

Quanto a isso eu não estou dizendo necessariamente para você ficar mais organizada, arrumada ou mais pontual, apesar de nada disso fazer mal. Mas eu quero dizer para você organizar sua vida a fim de abrir tempo e espaço para todas as grandes oportunidades que a vida tem a oferecer. A desorganização atrasa você criando o caos na sua vida e obstáculos que tornam difícil você agarrar as oportunidades quando elas surgem. Manter seu ambiente organizado, em casa e no trabalho, pode beneficiar sua vida mental e física de várias formas. Ter controle sob a bagunça vai permitir que você faça e conquiste mais no seu dia. Sinceramente, quanto tempo você desperdiça por dispersão? Pense em todas as coisas que você poderia fazer com esse tempo! Você poderia ir para a academia, ter mais horas de sono ou passar bons momentos brincando com os seus filhos.

A organização também ajuda na autoestima. A forma como você mantém o ambiente em que você vive é um reflexo direto do seu relacionamento consigo mesma. Se seu escritório é uma bagunça, você ficará distraída e improdutiva no trabalho. Uma cozinha desarrumada pode significar que você não está dando a devida atenção à sua própria nutrição. Um banheiro bagunçado pode indicar que você está negligenciando sua higiene. Finalmente, quanto mais organizada, limpa e arrumada você mantiver sua vida, mais você poderá obter. Não acredita em mim? Um estudo da Indiana University mostrou que pessoas com lares limpos têm níveis muito maiores de atividade em todos os aspectos de suas vidas do que aquelas cujos lares são bagunçados e malcuidados. Ao manter sua vida e tudo o que a cerca organizado e bem cuidado, você está se dando de presente mais um tempo precioso para encaixar na sua agenda de emagrecimento. E está fazendo uma afirmação de que você se valoriza e merece uma boa qualidade de vida.

DÊ O PONTAPÉ INICIAL DA SEMANA NO FINAL DE SEMANA • 1 PONTO

Implemente uma iniciativa saudável no sábado ou domingo. As segundas-feiras são normalmente caóticas para todo mundo. Em geral, você é puxada para várias direções, de obrigações de trabalho a compromissos de trabalho. Na verdade, estudos mostram que, ao empregar energia e autocontrole numa área da sua vida, pode tornar difícil de empregar em outras. É por isso que eu te digo que força de vontade é como um músculo – quanto mais você usa, mais fatigada ela se torna. Então, transforme o sábado ou o domingo no seu dia voltado para o sucesso. Faça sua malhação pesada nesses dias. Planeje seu treino para a semana, faça sua compra de alimentos saudáveis, e prepare-se para uma semana de boa alimentação para que você possa carregar sua comida com você quando o tempo for apertado de segunda a sexta.

CORTE FÁCIL DE CALORIAS

Em vez de 180 g de batatas fritas, coma uma batata assada de 180 g.

Corte: 400 calorias

DICAS ESTRANHAS DE COMIDA E EXERCÍCIOS QUE FUNCIONAM

FIQUE FRESCA • 1 PONTO

Esta é uma frescura, literalmente. Mas um estudo conduzido pela Wheeling Jesuit University descobriu que o cheiro de hortelã pode ajudá-la a malhar mais pesado e mais rápido, aumentando sua queima de calorias em até 15%. Atletas que cheiram hortelã agarram com mais força, correm mais rápido e levantam mais peso. Eu pingo algumas gotinhas de óleo de hortelã no pescoço e pulso antes da malhação, daí vou para a luta.

MÃOS FRIAS, TREINO FATAL • 1 PONTO

A chave para um treino mais longo pode estar bem na palma da sua mão. Um estudo recente da Stanford University descobriu que mulheres que esfriaram suas mãos enquanto estavam na esteira duraram mais de 8 minutos a mais que suas colegas de mãos quentes. Outro estudo revelou que mulheres que usavam uma luva esfriadora durante os exercícios por 12 semanas aumentavam a velocidade de caminhada, diminuíam a pressão sanguínea e perdiam 7,5 cm a mais da cintura do que aquelas que não fizeram isso. Esfriar as mãos devolve sangue mais frio de volta ao coração, ajudando a esfriar a temperatura central, o que diminui a fadiga enquanto aumenta a resistência. Você pode experimentar a Cool Point Hand Cooler por aproximadamente U$ 20 na www.amazon.com.

Outra opção é simplesmente trazer uma garrafa de água gelada com você para a academia e segurá-la em suas mãos. Dar goles gelados a cada 10 minutos também pode ajudar a diminuir seu calor corporal. Por último, considere caminhar no tempo frio sem suas luvas.

PISE FIRME • • 2 PONTOS

Pesquisas sugerem que você pode inconscientemente correr menos na esteira do que ao ar livre. Quando pedem que as pessoas sigam um passo na esteira equivalente ao passo típico que dão ao ar livre, elas escolhem uma velocidade que é 27% mais baixa do que a verdadeira velocidade ao ar livre. Isso porque a esteira não tem "fluxo ótico de retaguarda" – a percepção de movimento conforme você passa por objetos ou pessoas. Então, em vez de aumentar sua intensidade arbitrariamente, aumente de acordo com a frequência cardíaca. Verifique a frequência quando você corre ao ar livre e certifique-se de que seja a mesma quando correr na esteira.

MASSAGEIE • 1 PONTO

Da próxima vez que estiver num daqueles treinos em que você pensa: "vou ficar dolorida por vários dias", considere ter uma massagem rapidinha logo depois do treino. Pesquisadores fizeram 11 mulheres jovens e saudáveis passarem por um treino pesado e, então, imediatamente deram 10 minutos de massagem estilo sueca. Para ver os efeitos da massagem nos músculos, eles fizeram biópsias dos músculos de suas pernas antes e depois do treino e depois da massagem. A breve massagem afetou dois genes específicos nas células musculares: uma que diminui a inflamação causada pelos exercícios, e uma que aumenta a produção das mitocôndrias nos músculos. As mitocôndrias são a casa das máquinas das células, que usam oxigênio e os subprodutos da alimentação para gerar a energia necessária para as células. Agora, se você não tem dinheiro para a massagem a cada sessão de exercício, pegue um espaguete de borracha. Eles geralmente têm na academia, mas você pode comprar um por U$6 a U$15 online. Então, esfregue seus músculos e os massageie efetivamente para acelerar sua recuperação, aumentando os resultados do seu treino.

MITO
AINEs ajudam na recuperação de treinos difíceis e músculos doloridos.

FATO: Por muitos anos, medicamentos anti-inflamatórios não esteroides (AINEs), como Advil, Motrin, ibuprofeno e paracetamol, prescritos para todos os tipos de dores provenientes de esportes, foram um item básico da medicina esportiva. Porém, pesquisas recentes sugerem que usar AINEs para reduzir a inflamação na verdade prejudicam a recuperação em todos os tipos de tecidos, de músculos a tendões, ossos e cartilagens.

COMA GENGIBRE • 1 PONTO

Aqui está outra dica para ajudá-la a administrar sua dor pós-treino. Vamos dizer que você está planejando ir àquela aula de *bodyshred*, mas você bem que gostaria de poder se sentar na privada ou levar suas mãos à cabeça na cama, no dia seguinte. Coma um pouco de gengibre antes de suar, e mastigue um pouco depois também. Pesquisas indicam que 2 g de raiz de gengibre podem efetivamente diminuir dores musculares causadas por exercícios, se ingerida antes e vários dias depois de uma malhação pesada. Você pode usar gengibre fresco ou tentar o Chimes Ginger Chews (disponível em muitos supermercados, assim como na Amazon.com).

COMA NA FRENTE DO ESPELHO • 1 PONTO

Um estudo descobriu que quando comemos na frente do espelho, a quantidade de comida que consumimos se reduz em um terço. Parece que olhar para si mesmo nos olhos reflete de volta alguns de seus objetivos internos e aspirações de magreza, lembrando-a de que você está tentando perder peso e ficar saudável.

SIRVA-SE DIRETO DO FOGÃO • • 2 PONTOS

Um estudo da Cornell University revelou que pessoas comem até 35% menos quando servem seus pratos direto do fogão em vez de uma travessa na mesa. Esconda a bela porcelana e coloque a barriguinha no fogão.

LARGUE O GARFO • 1 PONTO

O que quero dizer aqui é trocar o garfo por palitinhos orientais [hashis]. Comer com palitinhos vai deixá-la mais lenta e pode ajudá-la a comer até 25% menos calorias por refeição. Não apenas você parecerá mais culta e viajada, como vai afinar a cinturinha ao mesmo tempo.

BEBA UMA GELADA • 1 PONTO

Não, não cerveja – bela tentativa. Água gelada. Parece haver certa verdade no velho conselho sobre beber água gelada para queimar mais calorias. Aparentemente, não é apenas uma lenda das dietas. Realmente são necessárias calorias para aquecer a água à temperatura do corpo. De acordo com um estudo alemão recente, o efeito é pequeno, mas suficiente para queimar um adicional de 17.400 calorias por ano, o que se traduz num peso de aproximadamente 2 kg. Ainda que beber água gelada não vá compensar comer mal, é um jeito fácil e gratuito de queimar mais umas calorias todos os dias.

FATIE E PIQUE • • 2 PONTOS

Muitos estudos mostraram que quando nossa comida é picada em porções menores, nós comemos menos dela. Ao ver, de fato, pedaços de comida em seu próprio prato, você pode enganar seu cérebro em acreditar que está ingerindo mais do que de fato está. Pesquisas da Arizona State University descobriram que pessoas que receberam um bagel com cream cheese cortado em quatro pedaços comeram menos do que aqueles que receberam um inteiro.

MITO

Lavagens intestinais são ótimas para perder peso e desintoxicar.

FATO: Nenhuma pesquisa médica verdadeira apoia qualquer benefício das lavagens. A única perda de peso que uma lavagem promove será a remoção dos resíduos no seu intestino. Ironicamente, a longo prazo isso pode de fato inibir a ação do verdadeiro ajudante do seu corpo para a perda de peso: o equilíbrio probiótico. Uma lavagem pode privar a flora intestinal (as boas bactérias do intestino) de uma nutrição vital, e as bactérias do intestino têm um papel na administração do peso e de um sistema digestivo saudável. Minha última palavra sobre lavagem intestinal: é sabido que ela cria desequilíbrio de eletrólitos, que pode resultar em náusea, vômitos, inchaço, câimbras e, em casos extremamente severos, ataques epilépticos. Por favor, evite essa maluquice a todo custo. Quem quer alguém enfiando uma mangueira no seu bumbum? Fala sério.

FOTOGRAFE • 1 PONTO

Em vez de anotar cada migalha do que você come, após algumas semanas de jornalismo gastronômico, tente manter um registro fotográfico de suas refeições diárias. Estudos sugerem que tirar fotos e olhar para elas pode fazer pessoas pararem e pensarem antes de abusarem. Pegue seu celular e faça uma foto rápida do que está prestes a comer; faça uma pausa por um segundo, então olhe para isso. Uma simples foto de seu prato cheio pode fazê-la pensar duas vezes antes de comer os croutons de queijo na salada ou aquele monte de purê de batata. O grande lembrete visual pode te levar a uma pausa antes de você arruinar sua dieta. Quando você colocar na balança no final da semana e pensar que não representa seus esforços em comer menos ou controlar calorias, você pode voltar para as fotos que fez das suas refeições e avaliar o que fez de errado.

VEJA TUDO AZUL • 1 PONTO

Eu mencionei no "Fique fria" (na página 216) que cores afetam nosso apetite. Cores quentes nos deixam com fome, enquanto cores frias inibem comer em excesso. Se você estiver num restaurante durante o dia (ou à noite, se você não se importa de parecer um pouquinho estranha), use óculos escuros com lentes azuis. Você pode não se sentir a mais bela com essas lentes coloridas, mas quando estiver arrasando no seu jeans skinny, você vai me agradecer.

CAUSE UMA DEVASTAÇÃO • • 3 PONTOS

Esta é minha dica favorita de todos os tempos. Isso me salvou literalmente de milhares de calorias indesejadas. No minuto em que você tiver aquela suspeita de que terminou a sua refeição, destrua o que tiver sobrado para que não possa ser comido. Sério. Vire o sal sobre o resto no seu prato. Pique o guardanapo e jogue na comida. Faça o que for necessário para tornar a comida impossível de comer. Na verdade, enquanto eu escrevo essa dica, eu acabo de borrifar xampu nos biscoitos que Heidi trouxe do almoço dela e deixou na mesa da cozinha. Pense em quantas vezes você se sentia satisfeita, mas não podia evitar de beliscar a comida. Força de vontade frequentemente é um momento passageiro de vanglória. No minuto que tiver um surto disso, aja imediatamente, já que você sabe que pode se enfraquecer pelo uso excessivo. Agora, se você é uma daquelas pessoas que odeiam desperdiçar comida, especialmente quando está comendo fora (eu tenho essas coisas também), pense um pouco. A comida que você não come não será mandada para pessoas passando fome do outro lado do mundo; mas se você comê-la, vai para a sua barriga, coxas ou bumbum. Você escolhe.

MAIS CHÁ • • 2 PONTOS

Em "Tome um chazinho" (p. 222), falamos sobre chás que ajudam a afastar desejos e a fome. Mas os seguintes chás poderosos podem de fato ajudar a queimar gordura e acelerar seu metabolismo! Experimente:

- *King Peony White Tea.* O ingrediente ativo neste chá é o EGCG, que inibe o acúmulo de gordura e promove a lipólise. Beba duas xícaras desse chá após uma refeição pesada. Além disso, a teanina, um aminoácido encontrado em folhas brancas e verdes, pode aumentar a energia e ajudar a reduzir a ansiedade e o estresse.

- *Loose Leaf Pu'erh.* O chá Pu'erh, conhecido como "antiguidade bebível", vem das montanhas de Yunnan, no sul da China, onde antigas árvores de chá crescem. O Pu'erh é diferente de outros chás porque, como o vinho, seu gosto melhora com a idade, tornando-se mais saboroso e suave. Cientistas alegam que há uma enzima ativa neste chá que literalmente encolhe células de gordura. Beba 1 ou 2 xícaras de manhã para ter melhores resultados.

FAÇA UM LAÇO • • 2 PONTOS

Este é um truquezinho que aprendi com uma amiga francesa, e funciona muito bem. Quando sair para jantar, amarre uma fita ao redor da sua cintura, debaixo de suas roupas. Quando estiver cheia, você sentirá o laço se apertar. Isso criará uma consciência de seu corpo e a lembrará de prestar atenção a quanto você está consumindo. Vai evitar que você abuse sem pensar e sem necessidade.

COMA COMIDA PICANTE E NATURALMENTE DÊ MENOS MORDIDAS • 1 PONTO

Já discutimos (em "Tempere", p. 121) que você deveria usar ervas e temperos para dar sabor à sua comida porque eles são saudáveis para você, assim como alternativas aos molhos, açúcares e sal são que extremamente baixas em calorias. Mas os benefícios não param aqui. Uma reportagem no periódico Flavour mostrou que aromas fortes de comida podem ajudá-la a comer de 5 a 10% menos da sua comida. Aparentemente, cheiros fortes de alimentos fazem as pessoas inconscientemente darem mordidas menores para regularem a quantidade de sabor que provam. Experimente as seguintes sugestões e veja quais funcionam para você:

- Acrescente 2/3 de colher (chá) de alecrim à carne, frango ou filé de salmão.

- Acrescente ¼ de xícara de maçã fatiada, 1 colher (chá) de gengibre ralado e ½ colher (chá) de canela no mingau de aveia ou nas panquecas.
- Marine o peito de frango em iogurte grego sem açúcar com uma colher (sopa) de hortelã picada na hora.
- Misture ¼ de colher (chá) de tempero *five spice* chinês numa xícara de feijão, peru ou chili de carne orgânica.
- Esmague uns dentes de alho e acrescente-os ao molho da sua massa.

NÃO ESCONDA AS EVIDÊNCIAS • • 2 PONTOS

Deixe as embalagens e pacotes de petiscos na sua mesa para lembrá-la do quanto você tem comido. Percebi que isso evita que eu fique beliscando e mastigando sem pensar porque percebo que não tem como eu estar com fome.

PRATINHOS DELICADOS, POR FAVOR • • 2 PONTOS

Nenhum prato em que você come deve ser do tamanho de uma bandeja. O prato do seu jantar não deve ter mais de 25 cm de diâmetro. Um estudo da Cornell University descobriu que pessoas que comem em pratos menores acreditava que estava comendo uma média de 18% a mais de calorias do que realmente estava. Aqueles que comiam de pratos maiores não tinham a mesma proporção de distorção. Você realmente come com seus olhos, não com seu estômago. Então vá ao mercado e compre pratos pequenos!

SEM CARBOIDRATOS À NOITE • • • 3 PONTOS

Sei que eu digo que você deve comer porções equilibradas de proteínas, gorduras e carboidratos saudáveis durante o dia, mas há de fato uma exceção. Eu quero que você corte todos os carboidratos (exceto verdes) pelo menos 3 horas antes de dormir. Na verdade, você pode cortá-los totalmente do jantar, que seria até melhor. A razão é que você libera a maior parte de hormônios responsáveis pela queima de gordura, antienvelhecimento e formação de músculos e hormônios de crescimento durante seu primeiro ciclo de sono. Amido e carboidratos de açúcar liberam mais insulina, e insulina abaixa os níveis desses hormônios. Então, carboidratos antes de dormir podem de fato atrapalhar sua preciosa produção hormonal.

EVITE COMIDAS CAFONAS • • 2 PONTOS

Isso é especialmente aplicável durante as férias. Toda vez que chegam as férias, as grandes empresas de alimentos e cadeias de *fast-food* lançam alimentos com nomes ridículos e números obscenos de calorias.

Na época do Natal, a IHOP oferece suas Eggnog Pancakes, panquecas que têm 2.150 calorias por um prato com quatro (quase o dobro de calorias de uma porção normal de panquecas). Que tal o Reese's Peanut Butter Snowman, um boneco de chocolate com 760 calorias (3 vezes e meia mais do que um pacote normal com dois Reese's)? E no dia de ação de graças, a Dunkin' Donuts oferece o Warm Cinnamon Swirl Muffin, um bolinho que contém 630 calorias e um terço a mais de açúcar do que o muffin normal da empresa. Esse tipo de sobrecarga comemorativa acontece em todos os feriados, da pizza em formato de coração Heartbreaker da Papa Murphy's, no Dia dos Namorados, ao Fourth of July Declaration Burger nas lanchonetes FUKU Burger. E todos têm mais açúcar, calorias e porcarias do que as versões normais de todo dia. Faça a você e ao seu quadril um favor, encontre outra forma de comemorar.

MITO
Não coma antes de dormir.

FATO: Enquanto muitas dietas te dizem para não comer após um certo tempo à noite, isso não poderia ser mais irrelevante em relação ao seu emagrecimento. Calorias não contam o tempo. Pesquisadores frequentemente estudam quando as pessoas consomem sua última refeição em conjunção com a hora de dormir e não encontraram nenhuma indicação de que faz algum impacto no peso. Num estudo da Dunn Clinical Nutrition Centre em Cambridge, no Reino Unido, voluntários foram colocados num calorímetro de corpo inteiro, que mede as calorias queimadas e armazenadas. Receberam um almoço grande e um pequeno jantar para um teste, depois um pequeno almoço e um jantar grande durante o segundo teste. Os resultados revelaram que a refeição grande feita à noite não fez o corpo armazenar mais gordura. A única razão pela qual comer tarde da noite é associado com a obesidade é porque você geralmente exagera quando come muito tarde. Você teve suas três refeições principais e um lanchinho, e agora você volta para comer mais. É a quantidade de comida que está te deixando gorda, não o fato de ter comido antes de dormir.

SEJA ADAPTÁVEL • • 2 PONTOS

Dê às suas papilas gustativas tempo para se adaptar aos alimentos. Quando eu apresento aos participantes do *Biggest Loser* meus alimentos favoritos como parte do plano regular de alimentação deles, frequentemente eles fazem cara de nojo ou olham para mim de forma incrédula. Suas papilas têm de se adaptar à nova comida e se desintoxicar de toda a porcaria engordativa à qual eles se viciaram. Essas comidas têm o mesmo

CORTE FÁCIL DE CALORIAS

Você adora hambúrguer com os acompanhamentos? Coma metade do pão, a carne toda e pule os condimentos e o queijo.

Corte: 150 calorias

tipo de atração dos cigarros. Para um fumante, cigarros são o paraíso; para um não fumante, eles têm gosto de uma bola de algodão arrastada na sarjeta. Um não fumante pega um cigarro e fica com dor de cabeça e náusea. O mesmo acontece quando se trata de comidas viciantes – livrar-se delas pode ser duro. Mas quando você consegue, elas têm um gosto terrível para você – são doces demais ou salgadas demais – e voltar a comê-las pode fazê-la sentir enjoo.

Se a troca de comidas ultraengordativas para ultraemagrecedoras é um salto muito grande para seu sistema e mente, tente ir devagarzinho. Aqui há exemplos do que quero dizer:

1. Primeiro, troque frango frito por frango barbecue. (Você corta a maior parte das calorias da gordura, mas ainda pode ter um pouco de açúcar e sal no molho de churrasco.) Depois, migre para o frango com queijo parmesão, com no máximo quatro colheres (chá) de parmesão. (Agora você eliminou o açúcar.) Por fim, experimente frango com crosta de ervas, assado ou grelhado. Agora você acrescentou os benefícios saudáveis das ervas e cortou o açúcar, o sal e cerca de 300 calorias daquele primeiro frango frito.
2. Troque a salada de alface coberta de blue cheese ou molho ranch e croutons por uma salada romana com uma colher (sopa) de molho cremoso, sem croutons. A alface romana tem muito mais nutrientes que ajudam no metabolismo e você corta pelo menos 100 calorias ao diminuir a quantidade de molho. Então, troque para salada de espinafre com vinagre balsâmico à parte. Agora você está ingerindo a gordura saudável do azeite de oliva e, ao colocar o molho à parte, você tira mais 100 calorias.

MELHOR JUNTO: COMBINANDO ALIMENTOS PARA OTIMIZAR A QUEIMA • • 2 PONTOS

Quer tirar o melhor proveito da sua comida? Bem, esta é a parte certa, já que se trata de combinar certos alimentos para reforçar seu potencial de queima de gordura. Eu não quero confundir esse conceito com as ideias daquele livro dos anos 1980, *Fit for life*, que expunha um bando de bobagens sobre não consumir amido e proteína junto porque eles precisavam de diferentes ambientes digestivos (ácido contra alcalino). De acordo com algumas crenças, comer esses alimentos juntos estressa o sistema digestivo, fazendo o carboidrato (amido) fermentar e as proteínas basicamente apodrecerem. Uma grande besteira. Porém, há certas comidas-chave que, quando combinadas, oferecem a máxima absorção de nutrientes e acabam ajudando você a queimar mais gordura. Aqui estão as cinco melhores combinações de alimentos para melhor utilização da gordura:

- **Espinafre e cítricos.** A vitamina C (encontrada em frutas cítricas) ajuda o corpo a absorver o não heme ou ferro de plantas (como o espinafre). Isso é bem importante para as mulheres (já que nossas regrinhas mensais podem ocasionalmente nos tornar quase anêmicas) e para vegetarianas. Aqueça um pouco de espinafre no vapor, então frite rapidinho com um pouquinho de azeite de oliva e suco de limão. Ou jogue umas fatias de mexerica na sua próxima salada de espinafre. Ferro é vital para manter a energia dos exercícios, já que tem um papel crucial no transporte do oxigênio e utilização do combustível. Lembre-se, quanto mais duro você treinar, mais calorias vai queimar.
- **Legumes e gordura saudável.** Prepare legumes com um pouquinho de gordura saudável, como azeite de oliva, para máxima absorção de fitoquímicos protetores. Muitos nutrientes são

solúveis em gordura e, portanto, mais bem absorvidos pelo corpo quando consumidos com gorduras saudáveis. Hormônios são predominantemente sintetizados por blocos constituintes de vitaminas e minerais; portanto, uma melhor absorção irá ajudar em tudo, da função correta da tireoide ao equilíbrio do estrogênio e testosterona. Os três têm um papel fundamental em como seu corpo queima e armazena gordura.

- **Vitamina D e cálcio.** A vitamina D ajuda o corpo a absorver o cálcio; então, certifique-se de comprar laticínios fortificados com ela. Muitas marcas de leite de coco também acrescentam vitamina D. Se o processo de fortificação a preocupa, você pode comer alimentos ricos em cálcio, depois tomar um pouco de sol. Pesquisas atuais apontam que a vitamina D é crucial para a saúde do coração e como possível defesa contra hipertensão, câncer e várias doenças autoimunes. Pesquisas também sugerem que dietas ricas em cálcio podem ajudar a reduzir a gordura corporal. Em vez de ficar louca virando copos de leite com queijo, utilize esse truque para otimizar sua ingestão de cálcio sem acrescentar calorias
- **Vinho tinto ou uvas, e peixe ou castanhas.** Alguns mililitros de vinho tinto ou um punhado de uvas pode aumentar a absorção das gorduras ômega 3 em peixes e castanhas. O ômega 3 há muito é celebrado por beneficiar a saúde do coração e o poder do cérebro, e agora sabemos que ele tem um papel na perda de peso. Óleo de peixe contém ácido docosa-hexaenoico (DHA) e ácidos gordurosos eicosa-pentaenoico (EPA). Pesquisadores na Austrália relataram que aqueles que ingerem ômega 3 de óleo de peixe e se exercitam moderadamente queimam mais gordura e perdem mais peso do que

aqueles que se exercitam, mas não ingerem o óleo de peixe. A teoria é de que o óleo melhora o fluxo sanguíneo para os músculos, que aumenta os benefícios do exercício. Nesse estudo, aqueles que ingeriram o óleo de peixe se exercitaram por 45 minutos, três vezes por semana. Além disso, os ácidos essenciais de gorduras produzem hormônios chamados eicosanoides, que regulam a digestão e a produção de insulina. A insulina promove o acúmulo de gordura. Quando uma pessoa consome regularmente ômega 3 e óleo de peixe, os níveis de insulina caem 50%, permitindo que se use uma maior porcentagem de gordura para ter energia. (Falo mais sobre óleo de peixe adiante.)

- **Proteína e amido, ou carboidratos açucarados.** Quando você consome um alimento, ele passa por um processo complexo de digestão e absorção. O corpo quebra os carboidratos de alto índice glicêmico (açúcar e amido), fazendo rapidamente o açúcar no sangue chegar ao pico. Conforme os níveis de açúcar no sangue sobem, a insulina entra no fluxo sanguíneo para entregar moléculas de açúcar os seus destinos apropriados de células. O problema é que, quando as células não usam o açúcar imediatamente para combustível, eles armazenam como gordura. Então, estabilizar os níveis de insulina e o nível de açúcar é outro ponto importante para a manutenção de peso. Quando os carboidratos são consumidos com proteínas, o processo digestivo é mais lento. Os açúcares do carboidrato levam mais tempo para serem absorvidos no fluxo sanguíneo, nivelando o aumento do açúcar no sangue em vez de elevar até um pico, ajudando assim a controlar a fome e diminuindo a promoção do acúmulo de gordura. Então, se você comer mingau de aveia no café da manhã, ponha algumas claras de ovo junto. Se estiver comendo batatas assadas com molho como lanche, enrole umas fatias de peito de peru e coma junto.

Truques de magreza

Ainda que tenha se tornado impopular sugerir que certos suplementos ajudam na perda de peso, a realidade é que alguns ajudam. Vamos distinguir a diferença entre farmacêuticos e suplementos. Um suplemento é algo que aparece naturalmente na nossa alimentação, como cafeína, ômega 3, picolinato de cromo ou quercetina. Um produto farmacêutico, por outro lado, pode ter se originado de uma planta ou animal, mas foi isolado e sintetizado a ponto de ser irreconhecível, subsequentemente se tornando um novo químico, que pode ser patenteado.

Não quero nunca que você tome drogas farmacêuticas como Phentermine, Alli ou Qysimia por dois motivos. Primeiro: tomar esse remédio não adianta para manter uma perda de peso duradoura. Você precisa aprender a como se alimentar bem e se mexer com mais eficiência para obter e manter sua magreza. Segundo, elas são perigosas e têm efeitos colaterais perigosos: dores de cabeça, dores nas costas, dor abdominal, palpitações, constipação, náusea, sede, problemas nas articulações, insônia, tontura, ansiedade, depressão, erupções, acne, hipertensão pulmonar primária, doença valvular cardíaca regurgitante, pressão alta, impaciência, diarreia, impotência – e por aí vai. Não é legal. Essas drogas devem ser evitadas sempre que possível.

Mas se estiver seguindo uma boa dieta saudável, malhando bem e só quer reforçar um pouco, pesquisas sugerem que há formas saudáveis e naturais de fazer isso. É disso que vou tratar: suplementar com segurança para desenvolver seu metabolismo e sua resistência aos exercícios.

BOICOTE A FAVOR DA MAGREZA

FIQUE LIGADA — TOME CAFEÍNA • • • 3 PONTOS

Preciso te dar essa dica com a advertência de que você deve conversar com o seu médico antes de adotá-la. Qualquer um que vivencia ansiedade ou tem pressão alta ou qualquer problema relacionado à saúde que seja negativamente afetado pela cafeína não deveria ingerir bebidas que a contém. Tirando isso, se você não tem nenhuma dessas restrições, a cafeína, quando tomada da forma certa e na dosagem certa, tem uma tonelada de benefícios para a saúde, de ajudar a enfrentar o câncer pancreático e diabetes tipo 2 a prevenir o Alzheimer, Parkinson e demência. Vários estudos mostraram que tomar café diariamente pode até contribuir com a longevidade!

Lembre-se: café é "sem calorias" até você começar a acrescentar chocolate, creme, leite e açúcar. Mas em relação ao nosso compromisso de emagrecimento, o benefício mais importante da cafeína é que nos ajuda a queimar gordura. De acordo com a Mayo Clinic, ela traz uma supressão a curto prazo do apetite e estimula o sistema nervoso, resultando numa leve queima de calorias. Mas não é nesse uso de calorias que está seu verdadeiro potencial de queimar gordura. Para a cafeína ser mais eficiente no que se refere a emagrecer, você tem de combiná-la com exercícios. Ela melhora drasticamente o desempenho da malhação porque diminui nossa percepção de intensidade ou dificuldade de nossos esforços. Assim, somos capazes de nos exercitar numa intensidade maior por mais tempo, sem de fato sentirmos que estamos nos esforçando mais. E, claro, quanto mais duro malhamos na academia, mais calorias queimamos durante o treino e mesmo horas depois do treino – particularmente quando fazemos treino de resistência. Além disso, a cafeína poupa o glicogênio do músculo (carboidrato acumulado) e promove o uso de depósitos de gordura como energia.

O ponto-chave para o consumo saudável de cafeína é não consumir mais do que 400 mg por dia, de preferência divididas em 2 "doses" separadas de 200 mg por vez. (No total, é o equivalente a duas xícaras fortes de café.) Tome uma logo que acordar, depois outra por volta de 45 minutos antes de se exercitar, a não ser que seja depois das 3 da tarde. (Desconsidere isso se você é um desses raros indivíduos que podem beber café independentemente da hora do dia e ainda dormir à noite – perceba que eu usei a palavra raro.) Certifique-se de não consumir mais de 400 mg porque cafeína demais pode ter o oposto do efeito desejado. Pode sobrecarregar as glândulas adrenais, estressá-las, liberar o hormônio da gordura abdominal – cortisol – e perturbar os padrões de sono. Ruim, ruim, ruim.

Café é uma fonte boa de cafeína, mas não a ideal. O café pode elevar os "maus" níveis e desidratá-la. E, se não for orgânico, pode ter altos níveis de pesticidas. Eu sugiro um suplemento natural de cafeína como EBoost. Eu me apaixonei tanto por esse produto que resolvi investir na empresa. Aqui está o motivo: ele contém por volta de 160 mg de cafeína do chá-verde, mas não produz nenhum dos efeitos colaterais nocivos do café. Além disso, ele tem eletrólitos para ajudar a prevenir a desidratação, assim como antioxidantes e elevadores da imunidade para a saúde em geral. Você tem muito resultado pelo seu dinheirinho.

ACIONE O SEU "MUUU" • • 2 PONTOS

Pesquisas recentes sugerem que 3 ou 4 porções diárias de laticínios com pouca gordura pode ampliar o potencial de queima de gordura do nosso corpo. Numerosos estudos mostraram que dietas orgânicas ricas em laticínios (baseadas na proteína do leite, também conhecida como *whey*) podem ajudar a perder peso, melhorando a habilidade do corpo de queimar gordura, e pode ser melhor do que a suplementação de cálcio. Mas dois estudos da University of Tennessee, publicados em 2011, sugerem que ingerir produtos ricos em cálcio pode causar um aumento na temperatura corporal, levando a queimar gordura mais facilmente. Em outra análise, pesquisadores descobriram que mulheres em dieta que receberam 1.000 mg de suplementos de cálcio todo dia perderam em média mais peso e mais gordura corporal do que mulheres tomando placebo. Apesar de as diferenças da quantidade de perda de peso e gordura nos dois grupos não serem enormes, a informação sugere uma correlação entre a ingestão de cálcio e o metabolismo da gordura. Pesquisadores dizem que isso acontece porque o cálcio armazenado em células de gordura desempenham um papel importante no armazenamento de gordura e na quebra.

Se estiver usando suplementos de cálcio, é importante escolher aqueles com acréscimo

MITO
Leite com chocolate é uma ótima bebida de recuperação para treino.

FATO: O leite com chocolate te deixa gorda e praticamente não tem benefícios nutricionais. Está carregado de açúcar, hormônios e antibióticos. Mesmo se você tomar o orgânico, ainda tem toneladas de açúcar e calorias. Um estudo alega que leite achocolatado tem "a quantidade certa de proteína e carboidratos" para suprir sua recuperação. Absurdo. Adivinha quem financiou esse estudo? O National Dairy Council e o National Fluid Milk Processor Promotion Board. Então eu questiono sua validade. Novamente, quando algo é bom demais para ser verdade, é balela. Há muitas fontes mais saudáveis e limpas de proteína e carboidratos com menos açúcar e calorias. Experimente substituir por um shake de whey protein com frutas frescas.

de vitamina D, zinco e magnésio, que podem ajudar o corpo a absorver melhor o cálcio. Se você quer obter seu cálcio da comida, aqui há algumas dicas para escolher: iogurte grego orgânico desnatado, queijo orgânico, leite orgânico e folhas escuras (especialmente para as veganas aí).

PEGUE UMA COR • • 2 PONTOS

A vitamina D é o melhor suplemento de queima de gordura com verdadeira credibilidade científica. Uma tonelada de pesquisas publicadas até agora sugerem que a deficiência em vitamina D contribui para a obesidade e, pelo lado contrário, que ter a vitamina D adequada ajuda a afastar isso. Quando você tem vitamina D suficiente em sua corrente sanguínea, as células de gordura desaceleram seus esforços em produzir e acumular gordura. Mas quando os níveis de vitamina D estão baixos, os níveis de hormônio da paratireoide (PTH) e calcitrol aumentam, e altos níveis desses dois hormônios colocam seu corpo no modo "acúmulo de gordura". Na verdade, um estudo norueguês descobriu que níveis elevados de PTH aumentam o risco de o homem ficar acima do peso em 40%. A vitamina D também é conhecida por trabalhar com o cálcio para reduzir a produção de cortisol, aquele incômodo hormônio do estresse que faz com que você acumule gordura na barriguinha. Quando você tem os níveis adequados de vitamina D, seu corpo libera mais leptina, o hormônio que transmite uma mensagem de "estou cheia, pare de comer" ao seu cérebro. Um estudo australiano mostrou que pessoas que tomam um café da manhã rico em vitamina D e cálcio diminuíram seus apetites nas próximas 24 horas. Por último, a deficiência em vitamina D é ligada à resistência à insulina, que leva à fome e a comer demais.

O sol é de longe nossa melhor fonte de vitamina D; então, sua opção número um é passar 15 minutos por dia no sol, fora do horário de pico (no final da tarde). Se isso não é uma opção para você, então tome um suplemento que contenha não apenas vitamina D, mas cálcio e magnésio. É muito fácil encontrar um suplemento que combine esses nutrientes. Um milésimo de unidades internacionais (UIs) de vitamina D é a quantidade sugerida para se consumir todo dia. A marca que eu tomo é a Bone Strength da New Chapter Organics. Tem 1.000 UIs de vitamina D3 com cálcio e magnésio.

Outra forma de bombar a sua ingestão de vitamina D e cálcio sem suplementos é tomar iogurte, e eu digo iogurte saudável, livre de HFCS, excesso de açúcar e aditivos. Pessoalmente, eu adoro a consistência do iogurte grego Oikos. Pesquisadores da University of Tennessee descobriram que aqueles que comem até três porções de iogurte por dia perdem 22% mais peso e 61% mais gordura corporal do que aqueles no estudo que apenas cortam calorias e não incluem uma suplementação de cálcio. É seguro dizer que o iogurte é uma boa fonte tanto de vitamina D como de cálcio, ajuda a queimar gordura e promove a perda de peso. Há incontáveis formas de incluí-lo na sua dieta também, se você não curte comer um contêiner disso. Substitua a maionese por iogurte quando estiver fazendo o molho de uma salada. Use como um smoothie. Misture no cereal integral para o café da manhã em vez de usar leite.

FIQUE DE OLHO NO PEIXE • • 2 PONTOS

Óleo de peixe oferece uma ampla gama de benefícios à saúde, e você deve ingeri-lo como suplemento, se não for alérgica. Pesquisas recentes sugerem que óleo de peixe pode ajudá-la a perder gordura e criar músculo. Vários estudos com animais mostraram claramente que dietas ricas em ácidos gordurosos de ômega 3, especialmente ácido eicosa-pentaenoico (EPA) e ácido docosa-hexaenoico (DHA), encontrados em abundância no óleo de peixes de águas frias, levam a um depósito total de gordura corporal significativamente mais baixo do que aquelas dietas ricas em outros ácidos gordurosos. As razões exatas são desconhecidas, mas esses estudos mostram que o EPA e o DHA suprimem a "expressão do gene lipogênico" e aumentam a oxidação mitocondrial lipídica (desculpe, sei que eu prometi não dar aulas de ciências). Basicamente isso quer dizer que o ômega 3 suprime as tendências de acúmulo de gordura do seu corpo e apoia e potencializa sua capacidade de queimar gordura. Há evidências limitadas de que uma suplementação regular de óleo de peixe também possa reduzir níveis de cortisol; se isso for verdade, então diminuir os níveis de cortisol pode reduzir o percentual de gordura corporal.

Se você não come peixe regularmente (especialmente peixe gordo de águas profundas), ou se come muita comida processada e óleos (mesmo que eu tenha dito para você não fazer isso), considere seriamente acrescentar óleo de peixe ao seu regime diário. Marcas boas como Barlean's, Nature's Made, Nordic Naturals e Solgar têm políticas restritas e procedimentos em relação à manufatura do óleo de peixe, que passa por uma destilação molecular para remover o mercúrio e outros contaminantes nocivos. Uma diminuição da gordura e um aumento de músculos requer tomar de 2 a 3 g de EPA e DHA por dia. E não se esqueça, combinar alguns mililitros de vinho tinto ou um punhado de uva com o seu ômega 3 aumenta a absorção do sangue. Uma advertência: qualquer pessoa que toma um anticoagulante deve conversar com um médico e discutir se é seguro tomar esse suplemento e qual a dose.

TOME O SEU "DUAS VEZES AO DIA" • • 2 PONTOS

Como um multivitamínico pode afetar seu peso? Sabemos que hormônios e bioquímica saudável são construídos através de nutrição saudável. Hormônios da tireoide, por exemplo, que afetam seu metabolismo e peso, requerem selênio, zinco e iodo em quantidades adequadas. Embora, num mundo perfeito, nós garantiríamos a nossa nutrição ao comer comida saudável, frequentemente nossas dietas não são variadas o suficiente ou orgânicas o suficiente para obter os nutrientes de que precisamos para o melhor funcionamento. Por essa razão, um multivitamínico de qualidade é uma ótima ideia, não apenas para o seu coração, mas também para o seu físico. A palavra aqui é qualidade! Vitaminas baratas não são apenas inúteis, podem acabar fazendo mal a você se estiverem cheias de porcaria artificial como gordura trans, adoçantes e corantes artificiais. Se for seguir esta dica, gaste dinheiro num suplemento de qualidade, e certifique-se de verificar os ingredientes para garantir que não tem porcarias. Rainbow, New Chapter Organics, Source Naturals e Ultimate Nutrition são boas marcas.

ALIMENTE SEU INTESTINO • • 2 PONTOS

Os bichinhos no seu intestino são superimportantes para a sua saúde em geral, mas também são ótimos amigos da perda de peso. Os probióticos impulsionam a capacidade do seu corpo de absorver vitaminas e minerais e eles alteram a saúde e o equilíbrio das bactérias do seu intestino, ajudando assim na perda de peso. Os benefícios da absorção são incrivelmente importantes, porque, como eu mencionei, as vitaminas e minerais são fundamentais para sintetizar hormônios. Para produzir o hormônio da tireoide, por exemplo (um importante regulador metabólico), você precisa de iodo, zinco e selênio. Se seu corpo não puder absorver devidamente esses minerais, a função da sua tireoide irá sofrer.

Em relação ao papel exato que as bactérias saudáveis do intestino desempenham ao promover a perda de peso, pesquisadores não estão tão certos sobre qual é o mecanismo, mas a prova está nos resultados. Em 2006, a Stanford University descobriu que pessoas obesas têm diferentes níveis de bactérias intestinais do que aquelas que têm um peso saudável, uma clara indicação de que a flora intestinal tem um papel no peso como um todo. Outro estudo feito por pesquisadores da Lunds Universitet, na Suécia, descobriu que acrescentar bactéria probiótica à dieta reduzia o ganho de peso. E outro estudo ainda sugeria que os probióticos podem ajudar a regular o processo pelo qual a energia é usada pelo corpo. Mais um: o Center for Health Policy, da Escola de Medicina da Stanford University, descobriu que o uso de probióticos pode ajudar pacientes que fizeram cirurgia de redução de estômago a perder peso mais rapidamente. Faz sentido reforçar essas bactérias benéficas, não faz?

AUMENTE AS FIBRAS • • 2 PONTOS

Se quer acabar com a fome, coma fibras; ou se ainda está adaptando à sua nova dieta a inclusão de alimentos ricos em fibras, tome um suplemento de fibras. Um estudo recente descobriu que pessoas acima do peso e obesas que tomaram suplemento de fibra todos os dias relataram menos fome após as refeições do que pessoas tomando placebo. Isso porque a fibra ajuda a "atrasar o esvaziamento gástrico," o que significa que a comida fica mais tempo no estômago, deixando-a satisfeita por um período maior de tempo.

Idealmente, você deveria comer mais legumes e verduras para aumentar sua ingestão de fibras, mas se você decidir aumentar suas fibras com suplementos, certifique-se de fazer isso lentamente (não exagere) e beba muita água para evitar ficar constipada. O Instituto de Medicina da National Academy of Sciences recomenda que homens com idade abaixo de 50 consumam 38 g de fibras por dia, e 30 g por dia acima de 50 anos. Mulheres abaixo de 50 devem consumir pelo menos 25 g por dia e 21 g acima dos 50. A maioria das pessoas consome apenas metade dessa quantidade. Você pode ter suplementos sofisticados de fibras, mas uma simples embalagem de cápsulas de semente de psilum vai fazer a mágica. Tome conforme instrução da bula.

LIVRE-SE DO INCHAÇO • 1 PONTO

Inchaço a faz se sentir muito desconfortável. Mesmo que você seja magra, passar por aquele período do mês, comer uma refeição rica em sódio ou estar com pouco potássio pode fazer qualquer uma se sentir gorducha. A solução: beba água. Quanto mais água você beber, menos água vai reter. Além disso, reduza sua ingestão de sódio para 1.500 mg por dia, e coma alimentos ricos em potássio. Fazer isso vai ajudar seu organismo a fluir, assim como eliminar qualquer inchaço causado por sódio em excesso. Você poderá se sentir instantaneamente mais magra apenas pela mudança de hábito. Aqui vão algumas ótimas opções de comida que previnem o inchaço e são ricas em potássio: Água de coco, banana, mamão, iogurte, feijão-de-lima, melão-cantalupo e beterraba. Se você não quer desperdiçar calorias, pode apenas tomar um suplemento como Electro Mix (disponível em qualquer casa de produtos naturais), que tem 400 mg de potássio e nenhuma caloria.

IMPULSIONE SUA BOA FORMA • 1 PONTO

Já falei muito e em detalhes nos meus livros e no meu site sobre o papel importante que os nutrientes desempenham nas funções metabólicas, imunidade e bem-estar em geral. Agora eu quero tratar especificamente de quais alimentos (e os nutrientes neles) apoiam e melhoram o desempenho do seu treino. Lembre-se, quanto mais duro você treina, mais calorias você queima.

MITO
Eu tenho um problema de peso porque como alimentos como trigo ou laticínios que meu corpo não pode processar.

FATO: Adoro quando as pessoas que não têm conhecimento algum de nutrição ou perda de peso dizem esse tipo de coisa para mim. É completamente ilógico. A incapacidade de "processar" alimentos significaria que os alimentos não são metabolizados e as calorias não são absorvidas. Isso levaria a perda de peso, não ganho. Por sinal, mesmo que você tenha alergia a um alimento, não há evidência científica que sugira que essa alergia leve a ganho de peso. Desconforto, sim. Inchaço, talvez. Ganho de peso, não.

- **Ferro.** Auxilia na contagem sanguínea ao acrescentar a formação de glóbulos vermelhos, que transportam o oxigênio através do corpo, melhorando assim nossa absorção total de oxigênio e facilitando um treino mais intenso.

  Encontrado em carne orgânica, gema de ovo, folhas verde-escuras.

- **Quercetina.** De acordo com estudos recentes, a quercetina fornece uma melhora moderada na desempenho/resistência em atletas treinados e um efeito mais significativo em indivíduos não treinados. Acredita-se que isso aconteça porque a quercetina impulsiona a biogênese mitocondrial, que por sua vez impulsiona o VO2máx (o máximo de oxigênio que um indivíduo pode utilizar), aumentando assim a resistência para os exercícios. Pesquisadores acreditam que atletas experientes não veem muita diferença no desempenho porque já maximizaram sua produção mitocondrial. Para concluir, você poderia tomar suplementos de quercetina em pílulas, mas ingerir alimentos que a possuem certamente não faz mal, especialmente se você acabou de começar seu plano de exercícios. Encontrada em casca de maçã e frutas vermelhas.

- **Óxido nítrico.** Reduz a quantidade de oxigênio queimado pelo corpo durante o treino, aumentando assim a energia corporal e a resistência. Uma fonte é suco de beterraba, que os pesquisadores creem que possa funcionar impulsionando o vigor, ao afetar como o corpo processa o nitrato em óxido nítrico. Outra fonte são pimentas e alimentos apimentados que contêm capasaicina; ela ativa o receptor encontrado no revestimento das células sanguíneas que levam ao aumento da produção de óxido nítrico. Encontrado em beterraba, jalapeños e pimenta-caiena.

- **CoQ10 e CoQH.** As coenzimas Q10 (CoQ10) e QH (uma forma mais estabilizada da CoQ10) são encontradas apenas em pequenas quantidades em alimentos, particularmente carnes e peixe. Porém, elas existem em todas as células do nosso corpo. A CoQ10 e a CoQH influenciam as mitocôndrias das células do nosso corpo, que são responsáveis por converter ácidos lipídicos e glicose em energia. Especificamente, elas são vitais para produzir o trifosfato de adenosina (ATP), a fonte de energia para o seu corpo (que dá a você o poder e a resistência para treinar duro). Como eu disse: quanto mais duro você malha, mais calorias queima! Encontrados em carne de boi orgânica, porco, frango, salmão, sardinha e cavala.

Conselhos de moda magra

VISTA-SE MAGRA

Deixe-me ser bem clara sobre estes próximos conselhos: não há peça de roupa ou estratégia de moda que vá literalmente tirar peso do seu corpo (por isso não estou dando pontos para as dicas desta seção). Porém, as roupas que você veste, e a forma como as veste, podem fazer você parecer 5 kg mais magra em segundos. Eu não posso ser chamada de estilista, mas os seguintes segredos foram dados a mim por top stylists em Los Angeles, Miami e Nova York— e funcionam! Quando eu vi essas dicas e vi a diferença imediata que elas fazem na aparência do meu corpo, eu pensei, por que essa informação não é de conhecimento comum?

Ainda que seja crucial que você de fato "pegue pesado" quando se trata de atingir seu corpo sexy e magro, um pouco de ilusão de ótica aqui e ali é uma grande forma de destacar os resultados de seu estilo de vida magro. Eu sou magra e uso essas dicas o tempo todo. Então preste atenção e vista-se bem.

USE GOLA V

Alonga o pescoço e mostra o seu colo.

SEJA MONOCROMÁTICA

Vestir-se de uma cor só, dos pés à cabeça, é o truque de magreza mais fácil de todos porque cria uma longa linha contínua e não quebra o seu corpo em diferentes partes visuais. Também a faz parecer mais magra. Esta dica é ótima para nós baixinhas.

COMPRE APENAS O QUE PERMITE QUE VOCÊ SE MEXA

Não se enfie em roupas que não servem. Se fizer isso, vai causar ondas e protuberâncias até na mais magra das mulheres. Se você tem de se contorcer para conseguir vestir, devolva ao cabide.

PRATIQUE A ARTE DA CAMUFLAGEM

Cores mais escuras vão minimizar e cores mais claras e brilhantes vão destacar. Então, se você tem uma cintura mais grossa, use um cinto marrom ou preto. Se quiser diminuir um peito grande, evite usar uma blusa dourada ou prateada.

ESCOLHA TECIDOS QUE VALORIZAM

Quando você estiver tentando tirar a atenção da "área problemática", use um tecido com textura, em vez de tecidos muito justos que mostram tudo o que você está tentando disfarçar. Por outro lado, quando você quer mostrar a área do seu corpo com a qual você se sente bem, use materiais aderentes. Se tem pernas fatais, mas a parte de cima meio gordinha, escolha um jeans com uma camisa folgada por dentro em vez de um suéter de lã apertado e calças largas.

NÃO USE ROUPAS GRANDES

Tamanhos grandes fazem você parecer maior. Estou te dizendo, é verdade. Aprendi isso em primeira mão numa foto de biquíni para a revista *Shape*. Eu queria usar um maiô bonitinho com pernas, e eles queriam que eu vestisse um biquíni pequeno. Eu insisti que o maior era melhor, mas quando vi as fotos, eu percebi que estava errada. Quanto maior o maiô, maior eu parecia. A diretriz que você deveria seguir aqui vem direto da famosa designer de figurino Edith Head: "Use roupas largas o suficiente para provar que você é uma dama, mas apertadas o suficiente para provar que você é uma mulher."

AJUSTE SUAS ROUPAS

Você não pode esperar que todo tamanho P caiba em toda mulher. Pegue uma costureira de quem você goste e confia para ajustar suas melhores roupas em seu corpo. Eu sei que isso pode ser um pouco caro, mas quando você tiver as belas peças básicas ajustadas em seu guarda-roupa, você estará pronta para qualquer necessidade ou evento de moda.

PEGUE LEVE NAS ESTAMPAS

Esta eu aprendi num ensaio de capa para a *Redbook* que eu fiz, quando o estilista me vestiu em jeans com estampa Paisley. Eu fui extremamente resistente, pensando que essse jeans iria fazer com que eu parecesse ter pernas gordas. Errado. Ele ficou ótimo e emagrecedor, e aqui está o motivo: quanto menor o padrão, menor você fica. Listras finas, pontinhos e estampa Paisley pequena são a forma certa de usar uma estampa.

APERTE O CINTO

Todo estilista me diz para prestar atenção na minha cintura. Isso porque acentua a menor parte de uma mulher. Jogar um cinto sobre qualquer coisa vai ajudar seu corpo a parecer mais magro – só não aperte demais. É assim que se criam pneuzinhos.

ESCOLHA OS BOLSOS CERTOS

O tamanho ideal para um bolso de trás da calça super sexy é não menor do que sua palma e não maior do que sua mão. Saia dessas margens e estará brincando com fogo (a ilusão de um bumbum muito maior, e não de um jeito bom.) Certifique-se de que a parte do seu bolso nunca caia abaixo do bumbum de verdade.

VÁ DO MESMO

Combine qualquer cor de calça com um sapato da mesma cor para ter pernas mais longas. Isso também funciona com sapatos nude se você estiver usando um vestido.

INVISTA NA LEVANTADINHA PERFEITA

Esta dica mudou a minha vida. Perdi a conta de quantos boatos circularam na internet de que eu tinha colocado silicone depois que encontrei o sutiã certo. Seios maiores, mais empinados em segundos, sem cirurgia, com custo mínimo – eu quero. Além do mais, quanto mais alto ficam seus seios, mais magra fica sua cinturinha. Não lide com isso sozinha. Procure ajuda profissional. Vá até uma especialista e seja profissionalmente medida. Fazem isso em grandes lojas de departamento, no setor de roupa íntima, ou em lojas específicas de lingerie, como a Victoria's Secret. Apesar de você poder ficar um pouco envergonhada no momento, vale a pena.

GANHE E PERCA

GANHE 3 PONTOS

- ☐ Não enfie o pé na jaca
- ☐ Tenha um compromisso com a balança
- ☐ Limite o tempo de TV
- ☐ Cause uma devastação
- ☐ Sem carboidratos à noite
- ☐ Fique ligada – Tome cafeína

GANHE 2 PONTOS

- ☐ Fique em pé
- ☐ Saracoteie
- ☐ Acerte sua vida
- ☐ Pise firme
- ☐ Sirva-se direto do fogão
- ☐ Fatie e pique
- ☐ Mais chá
- ☐ Faça um laço
- ☐ Não esconda as evidências
- ☐ Pratinhos delicados, por favor
- ☐ Evite comidas cafonas
- ☐ Seja adaptável
- ☐ Melhor junto: combinando alimentos para otimizar a queima
- ☐ Acione seu "muuu"
- ☐ Pegue uma cor
- ☐ Fique de olho no peixe
- ☐ Tome o seu "duas vezes ao dia"
- ☐ Alimente seu intestino
- ☐ Aumente as fibras

GANHE 1 PONTO

- ☐ Fique quente e fria
- ☐ Dê o pontapé inicial da semana no final de semana
- ☐ Fique fresca
- ☐ Mãos frias, treino fatal
- ☐ Massageie
- ☐ Coma gengibre
- ☐ Coma na frente do espelho
- ☐ Largue o garfo
- ☐ Beba uma gelada
- ☐ Fotografe
- ☐ Veja tudo azul
- ☐ Coma comida picante e naturalmente dê menos mordidas
- ☐ Livre-se do inchaço
- ☐ Impulsione sua boa forma

____

Total de *pontos* do Capítulo 7

____

Total de *dicas* que estou aplicando

CAPÍTULO 8

A contagem final

Aqui estamos nós. Você conseguiu ir até o fim. Parabéns! Agora, antes que nós duas demos tapinhas uma nas costas da outra, vamos ver o seu lugar no grande esquema no nosso programa de emagrecimento. Sabendo o quanto você alcançou com os seus esforços e quão empenhada você está para continuar no caminho do sucesso, vamos mantê-la na direção certa à medida que você continua nessa nova forma de vida.

Vamos avaliar sua vida magra de duas formas. Primeiro, vamos analisar sua pontuação total, baseando-se no número de dicas que você optou por seguir em cada capítulo. Então, vamos estimar o percentual de dicas neste livro que você escolheu utilizar.

Por que se preocupar com isso? Atribuir pontos aos seus hábitos nos leva a algumas coisas positivas, concretas. Ajuda você a ver quais estratégias são mais poderosas do que outras. Permite que você veja os resultados das escolhas que fez ou não fez e te permite que você ajuste o seu plano daqui para a frente, para que você esteja 100% direcionada ao sucesso.

Um dos pontos-chave que queremos sintonizar com o seu sucesso é analisar a porcentagem de dicas (o número de dicas do *Magra para sempre* que você decidiu seguir). Ao levar em consideração tanto sua pontuação total de dicas quanto sua porcentagem, podemos ter uma ideia concreta não apenas da quantidade, mas da qualidade das dicas que você seguiu. Por exemplo, se o seu total de pontos está entre 200 e 300, mas você tem uma porcentagem baixa de dicas, isso mostra que você escolheu as dicas mais poderosas, mais dicas com o valor 3. Por outro lado, se você tem uma pontuação baixa, mas uma porcentagem maior de dicas, isso indica que você não se comprometeu com as dicas poderosas. Essas ideias são as mais potentes do livro, que proporcionam as mudanças mais intensas, com foco em vários aspectos de um estilo de vida magro. Antes de eu falar mais sobre isso, vamos ver com que frequência você deve estar empregando as dicas que escolheu.

No começo do livro, eu disse que você não precisava escolher todas as dicas, ou seguir o tempo todo as que você escolheu. Antes de entrarmos em minúcias e ver como suas escolhas realmente fizeram a diferença, deixe-me esclarecer qual é a frequência que você deveria estar empenhada neste novo comportamento que decidiu adotar. Você se lembra da regra de 80/20? Eu adoraria vê-la seguindo as sugestões que você escolheu em 80% do tempo. Essa é realmente a fórmula mágica que dá espaço para diversão e prazer, sem pôr em risco seus resultados.

Está pronta para ver a sua pontuação? Eu também! Vamos calcular.

PONTUAÇÃO TOTAL

Pegue uma caneta e um papel, ou seu laptop, e volte ao final de cada capítulo. Vamos somar sua pontuação total de todos os capítulos combinados. Lembre-se, cada dica tinha um valor de pontos de 3, 2 ou 1. O número de pontos disponíveis em cada capítulo é a soma desses valores. Anote seus resultados aqui.

Total de pontos do Capítulo 1 = 57. **Sua pontuação** ___________
Total de pontos do Capítulo 2 = 52. **Sua pontuação** ___________
Total de pontos do Capítulo 3 = 113. **Sua pontuação** ___________
Total de pontos do Capítulo 4 = 116. **Sua pontuação** ___________
Total de pontos do Capítulo 5 = 77. **Sua pontuação** ___________
Total de pontos do Capítulo 6 = 118. **Sua pontuação** ___________
Total de pontos do Capítulo 7 = 70. **Sua pontuação** ___________

Espere! Antes de contarmos sua pontuação total, adivinhe só? Eu tenho alguns bônus para te dar. Eu adorava créditos extras quando era menina. Eu não dei pontos para as dicas sobre "Orçamento" e "Vestir-se magra", nem nos quadros de "Cortes fáceis de calorias" e "TASE", mas se você está seguindo esses conselhos, isso deveria contar pontos. Ações como tornar-se membro de uma cooperativa alimentícia, comparar preços ou vestir de forma que faça bem ao seu físico não queimam calorias em si, mas mostram que você está sendo proativa e escolhendo focar em você e no seu bem-estar, o que é muito bom no panorama geral.

Se você sinceramente planeja adotar mais da metade das sugestões nos quadrinhos, junto a várias recomendações para economizar dinheiro e vestir-se magra, então ganhe 10 pontos de bônus. Se você vai fazer metade do que eu sugiro aqui, ganhe 5. Menos do que isso, azar o seu – não vai ganhar créditos extras. Não me leve a mal, eu ainda quero que você faça essas coisas, sempre que puder. Mesmo um punhado fará a diferença, mas para que elas tenham um impacto significativo, você precisa adotar mais algumas. Já que não são dicas que afetam diretamente o seu emagrecimento, seu verdadeiro potencial está na força conjunta.

Está bem, agora vamos somar tudo!

TOTAL DE PONTOS DISPONÍVEL EM TODOS OS CAPÍTULOS: 603
PONTOS DISPONÍVEIS DE BÔNUS: 10

(SOME AS 7 PONTUAÇÕES TOTAIS QUE VOCÊ ANOTOU ANTES E ESCREVA ABAIXO.)

Sua pontuação total ___________

TOTAL DE DICAS ADOTADAS

Antes de eu explicar o que significa sua pontuação total, precisamos descobrir a porcentagem de dicas que você está utilizando entre todas as que somam pontos. Há 289 dicas para você ganhar pontos. Eu criei um esquema a seguir para que você possa anotar o número de dicas que está usando de cada capítulo. Volte mais uma vez às suas anotações de cada capítulo e acrescente o número de dicas "valiosas" que você escolheu, e liste esse número logo a seguir.

Você está se perguntando o que estou tramando agora? Apesar de isso não afetar sua pontuação, o que me diz em conjunto com sua pontuação total é que tipos de escolhas você fez em termos de ideias que planejou utilizar. Novamente, isso vai possibilitar que eu te dê um retorno mais preciso e amplie os seus resultados – se você precisar.

CAPÍTULO 1 Total de dicas = 28: **Dicas adotadas =** ________

CAPÍTULO 2	Total de dicas = 25:	**Dicas adotadas =** ________
CAPÍTULO 3	Total de dicas = 49:	**Dicas adotadas =** ________
CAPÍTULO 4	Total de dicas = 54:	**Dicas adotadas =** ________
CAPÍTULO 5	Total de dicas = 37:	**Dicas adotadas =** ________
CAPÍTULO 6	Total de dicas = 56:	**Dicas adotadas =** ________
CAPÍTULO 7	Total de dicas = 39:	**Dicas adotadas =** ________

Total = 288: **Total de dicas adotadas =** ________

Vamos dar uma olhada no que isso significa em termos de descobrir qual a porcentagem de dicas que você escolheu seguir; em seguida, eu vou explicar o que isso significa em relação ao panorama geral.

- Se você adotou um total de 1 a 29 dicas, você escolheu fazer entre 1 e 10% das sugestões deste livro.
- Se você adotou entre 30 e 58 dicas, você escolheu fazer entre 10 e 20% das sugestões deste livro.
- Se você adotou entre 59 e 87 dicas, você escolheu fazer entre 21 e 30% das sugestões deste livro.
- Se você adotou entre 88 e 116 dicas, você escolheu fazer entre 31 e 40% das sugestões deste livro.
- Se você adotou entre 117 e 145 dicas, você escolheu fazer entre 41 e 50% das sugestões deste livro.
- Se você adotou entre 146 e 174 dicas, você escolheu fazer entre 51 e 60% das sugestões deste livro.
- Se você adotou entre 175 e 203 dicas, você escolheu fazer entre 61 e 70% das sugestões deste livro.
- Se você adotou entre 204 e 232 dicas, você escolheu fazer entre 71 e 80% das sugestões deste livro.

- Se você adotou entre 233 e 261 dicas, você escolheu fazer entre 81 e 90% das sugestões deste livro.
- Se você adotou entre 262 e 288 dicas, você escolheu fazer entre 91 e 100% das sugestões deste livro.

SEUS RESULTADOS FINAIS

Que rufem os tambores – senhoras e senhores, o momento pelo qual todos vocês estavam esperando chegou. É hora de analisar sua pontuação e ver como vamos medi-la. Então vamos utilizar sua porcentagem de dicas para ajudar a guiá-la para melhores resultados, se for necessário – pode muito bem não ser.

O QUE SEUS PONTOS TOTAIS DIZEM

1 A 199 PONTOS

Hummm... É uma pontuação bem baixa. Não vou te paparicar, pois não estou impressionada. Se você caiu nessa pontuação, isso me diz algo importante – que seu nível de comprometimento consigo mesma e com a sua saúde e bem-estar não tem consistência. Mesmo que você tenha marcado cada dica nos Capítulos 1 e 2, que são essenciais para a perda de peso, você deixou de lado a incorporação das dicas dos outros capítulos. Isso mostra uma grande incoerência, já que as dicas com menos pontos existem para ajudá-la a implementar as dicas nos dois primeiros capítulos. Ou talvez seja o oposto: talvez você tenha marcado muitas das dicas menos importantes no Capítulo 3 a 7, mas não se comprometeu o suficiente para os conceitos gerais de perda de peso dados nos Capítulos 1 e 2. Pior ainda, possivelmente você não se dedicou o suficiente em todas as categorias, deixando de selecionar um número satisfatório de dicas em geral e selecionando poucas sugestões de qualidade para ganhar essa pontuação. Mesmo assim, a implicação é a mesma: inconsistência e fracasso em tentar e comprometer e/ou realmente aplicar.

Acredite ou não, há boas notícias: um pouco é melhor do que nada. Se você está nesta categoria, você não vai continuar a ganhar peso. É algo bom – muito bom. As ações que você decidiu tomar vão eliminar qualquer chance de que você absorva mais calorias do que queima. Porém, se você vai perder peso e ganhar o corpo magro e sexy que você procurava quando comprou este livro, isso já é questionável. Se você perder peso, a velocidade será lenta. Se tiver sorte, você vai perder meio quilo a cada 1 ou 2 semanas. Com esse nível de comprometimento, eu também questiono se você não vai recuperar os quilos que perdeu.

Não quero desencorajá-la. Você ainda merece um tapinha nas costas por tentar mudar e cuidar de você. Mas que isso sirva de alerta. Por que você comprou este livro? Está disposta e pronta para assumir a responsabilidade e fazer mais? Porque você pode fazer mais.

Para trocar o disco – ou sair do disco, quando se trata da balança – precisamos avaliar sua porcentagem de dicas, daí fazer alguns ajustes de acordo com o lugar em que você caiu.

- Se você se comprometeu com mais de 50% das dicas deste livro, então você precisa voltar e escolher mais dicas poderosas, aquelas que dão 3 pontos nos Capítulos 1, 2 e 3.
- Por outro lado, se você está abaixo de 50%, mas está bem no final desse percurso, isso me diz que você escolheu muitas das dicas poderosas. Agora você precisa pensar seriamente em como

implementá-las para fortalecer o seu estilo de vida magro. Você precisa rever especificamente os Capítulos 4 e 6 e descobrir onde o seu emagrecimento pode estar sendo sabotado. Você precisa se equipar e planejar de antemão se pretende ficar com as dicas dos primeiros capítulos.

- Se está abaixo dos 50% e na parte baixa dessa pontuação, você precisa começar de novo! Volte aos Capítulos 1, 2, 3, 4, 5 e 6 e acrescente, de cada um desses capítulos, pelo menos quatro dicas que você sente que pode realmente fazer na sua vida diária.

200 A 350 PONTOS

Está bem, ainda que eu espere que você esteja no ponto mais alto desse grupo, no geral essa não é uma categoria ruim para se ter de pontuação. Mostra que você entendeu a ideia e que você viu como ligar os pontinhos que levam à magreza. Você é receptiva aos princípios gerais que levam a um estilo de vida magro, e você está disposta a fazer o suficiente para implementá-los com sucesso. Esta pontuação não vai te trazer os resultados mais rápidos, mas você terá resultados, e é o que importa mais. Minha única preocupação se você caiu neste grupo é que, se você não vir uma transformação no corpo rápida o suficiente, você pode ficar desencorajada. Se quiser seguir num ritmo mais rápido, aqui estão as minhas recomendações:

- Se sua porcentagem de dicas está entre 30 e 50%, isso mostra que você escolheu mais as dicas de 2 e 3 pontos no geral, o que é uma coisa boa. Mas eu sugiro enfaticamente que você acrescente mais dicas em geral. Reveja o Capítulo 5 e pense um pouco mais no que a deixará psicologicamente motivada a ir um pouco mais fundo. Busque acrescentar pelo menos 20 pontos aqui. Além disso, dê outra olhada nos Capítulos 2 e 3 para ver onde você pode melhorar sua meta de emagrecimento com alguns pontinhos 1 simples, mas bem eficazes em "Chef magra", "Jantar magro" e "Comer no escritório".

- Se sua porcentagem de dicas está entre 50 e 70%, com base na sua pontuação total e na sua porcentagem, parece que você escolheu uma boa parte de dicas de todos os capítulos em todos os tipos de pontuação. Para aumentar aqui, eu quero que você tente acrescentar mais 10 pontos de cada Capítulo (1, 2, 3, 4 e 7). Isso vai trazer um pouco mais de movimento para o seu plano geral e isso vai realmente acelerar os seus resultados.
- Agora, se você está na porcentagem de dicas de 70%, você definitivamente está na parte inferior deste grupo. Se caiu nesta categoria, isso me diz que você escolheu muitas das dicas com menor pontuação. Você precisa acrescentar algumas das dicas poderosas de exercícios – algumas de 3 pontos. Vá direto para o Capítulo 2 e acrescente o máximo que puder de dicas de "Maximize seus músculos" e "Aumente sua frequência cardíaca".
- Mais uma vez, se você acabou caindo nesta categoria, você não está em má forma, mas para aprimorar e acelerar os resultados, siga minhas recomendações apontadas anteriormente.

351 A 450 PONTOS

Agora, esta pontuação me deixa feliz. Mesmo. Este é o ponto ideal. Ainda que você possa pensar que conseguir a maior pontuação é o ideal, a verdade é que viver daquela forma pode não ser sustentável ou realista para a sua vida diária. Cair neste grupo me diz que você teve uma compreensão firme do que é preciso para ser magra e que você está disposta a fazer funcionar, mas você é sensata e objetiva com o que você pode encaixar e manter permanentemente. Conseguir esta pontuação significa que você escolheu não apenas um número suficiente de dicas, mas muitas das dicas poderosas, para que chegasse a resultados altos, transformadores e duradouros.

Se sua pontuação está na parte superior deste grupo (401 a 450), não mude nada! Você está numa ótima posição de sucesso! Para aquelas que estão na parte inferior do grupo (351 a 400) e querem melhorar um pouquinho e acrescentar alguns toques finais, aqui está o que devem fazer:

- Se sua porcentagem de dicas é de 40% ou menos, você deve voltar aos Capítulos 3 e 4 e acrescentar mais 5 a 10 dicas poderosas por capítulo para averiguar que você reteve regras suficientes para aplicar os princípios gerais de magreza delineados nos Capítulos 1 e 2.
- Além disso, dê uma rápida olhada no Capítulo 5 para se certificar de que sua motivação esteja firmemente estabelecida. Eu buscaria verificar pelo menos um terço das dicas nesse capítulo para que seu plano contínuo de ataque fique à prova de balas.
- Se sua porcentagem de dicas ficou entre 40 e 80%, você escolheu um bom número de dicas de pontuação. Eu proponho que você reveja o Capítulo 6 para se certificar de que você realmente memorizou este conteúdo. Lembre-se, você pode malhar e comer certo, mas se está constantemente com fome e desejos, seus resultados vão ser mais lentos. Se algo inesperado surge e te derruba num salto, é imperativo que você esteja preparada para se levantar de novo. Além disso, certifique-se de passar pelo Capítulo 7 mais uma vez e brincar mais uma vez com essas dicas potencializadas. Elas vão ajudá-la a maximizar seus resultados e a hora de obtê-los.

451 A 613 PONTOS

Mentirosa. Ah, sério, você é fanática assim? Nem eu me encaixo nesta categoria! Este é um compromisso sério mesmo, e só pode significar que você pegou uma porcentagem de dicas absurdamente altas e escolheu quase todas as dicas mais poderosas. Estou muito feliz por você, superimpressionada, e não tenho nenhum conselho para você melhorar os seus resultados. Mas eu tenho um breve alerta. Ainda que eu ame sua empolgação, se você está na parte mais alta deste grupo, acima de 500, tome cuidado para não cair naquela mentalidade de tudo ou nada. Este resultado extremo é muito difícil de obter. Estou preocupada que você possa estar obcecada demais com seu estilo de vida magra. Quando você escorregar um pouquinho (e todas nós escorregamos, ninguém é perfeita o tempo todo), fico preocupada que você possa surtar, ficar desencorajada e desistir. Já conheci muita gente de dieta que começou com 100%, daí ficou exausta, pressionada e acabou desistindo completamente. Elas apenas não conseguiam manter um nível tão opressivo de comprometimento. Além disso, se você for certinha demais, a vida não terá graça nenhuma.

Lembra-se da minha promessa na página 11? Eu jurei que você conquistaria resultados impressionantes sem fazê-la se sentir triste. Aqui está o meu conselho: eu adoro o fato de a maior parte das minhas dicas ser executável para você, mas pense em se permitir certa complacência. Lembre-se de viver na regra do 80/20. Você vai precisar mesmo daqueles 20% de alívio para manter esse compromisso e a sua sanidade.

Por exemplo, eu raramente bebo, mas uma vez ou outra eu tomo uma margarita com as minhas amigas. Outro exemplo: eu sigo todas as dicas sobre como maximizar meus músculos, mas há algumas semanas em que estou tão louca que só vou uma vez para a academia. Acontece. Dê um tempo e saiba que tudo bem se permitir um pouco de farra. Tudo bem se sair da linha de vez em quando. Se você puder manter essas dicas 80% do tempo, você terá resultados impressionantes sem esquentar a cabeça.

NENHUMA DICA DEIXADA PARA TRÁS

No começo deste livro, eu sugeri que você escolhesse dicas que fizessem sentido para você e que fossem administráveis no seu estilo de vida. O que você faz com as dicas que não escolheu? Mantenha-as no banco de ideias e deixe-as para depois. Nos próximos meses, fique com as que você escolheu, viva com elas, experimente e veja os resultados que essas ideias trazem para você. Então, depois de um tempo, volte aos capítulos e adeque seu plano de acordo com as suas necessidades: substitua dicas ou acrescente algumas a mais no seu arsenal para manter uma boa pontuação.

Não quero que este livro seja lido só uma vez, quero que você releia e use as dicas continuamente, com o máximo de frequência que precisar das informações que estão aqui, para a sua segurança. Com ele, você pode manter uma combinação especial que pertence apenas a você, aquela que segue o caminho de como emagrecer e ficar magra para sempre.

ATÉ MAIS, MAGRA

Bem, aqui estamos, no final do livro, mas é o começo de sua vida magra. Ao viver, realmente viver com essa nova informação, você está basicamente à prova de balas no seu caminho de magreza. Eu posso garantir que agora você sabe tudo o que precisa para conseguir os resultados que deseja, e num espaço de tempo que vai mantê-la encorajada. Conhecimento é poder. Agora você o tem. Fortalecida, você é capaz de realizar ações efetivas que vão provocar a mudança que você quer e merece.

Como você provavelmente já percebeu, *Magra para sempre* não é bem um livro de dieta. Livros de dieta frequentemente são sobre passar algumas semanas ou meses fazendo algo que você não vai querer fazer mais a longo prazo. Em vez disso, este é um livro que te ensina uma nova forma de vida, uma forma muito mais feliz e emagrecedora. É uma forma de vida em que você nunca mais vai ficar confusa ou perdida sobre o que fazer para ter um corpo magro, sexy e ter a melhor saúde possível. Já se foram os dias de ser enrolada por dietas da moda, enganada por bugigangas inúteis de ginástica (olá, Shake Weight), iludida por empresas farmacêuticas que te empurram remédios perigosos ou marcada por cirurgias que ameaçam a sua vida. Eles acabaram. Você agora sabe bem o que fazer, e por causa disso, ninguém mais vai poder f**** com você novamente. (Passei o livro todo sem dizer essa palavra, mas não pude evitar aqui. O maldito editor que censurou.)

Falo sério. Ninguém pode se meter com você, Magra.

Se duvida, não se equeça de que eu nunca conheci uma pessoa de quem eu não tenha conseguido arrancar peso. Tudo o que eu faço com o meu próprio corpo e saúde está neste livro, assim como tudo o que eu já fiz e implementei para ter resultados radicais nas milhares de outras pessoas que eu ajudei a encontrar o seu caminho para ficarem magras.

Agora vá e arrase. Comemore. Você conquistou isso!

Bibliografia

ARTIGOS DE PERIÓDICOS

Behm, D. G.; A. Chaouachi. "A Review of the Acute Effects of Static and Dynamic Stretching on Performance." European Journal of Applied Physiology 111, no. 11 (2011): 2633-51. Epub 2011 Mar 4.

Børsheim, E.; R. Bahr. "Effect of Exercise Intensity, Duration and Mode on Post-Exercise Oxygen Consumption." Sports Medicine 33, no. 14 (2003): 1037-60.

Broom, D. R., et al. "Influence of Resistance and Aerobic Exercise on Hunger, Circulating Levels of Acylated Ghrelin, and Peptide YY in Healthy Males." American Journal of Physiology 296, no. 1 (2009): R29-R35.

Burgomaster, K. A., et al. "Similar Metabolic Adaptations During Exercise After Low Volume Sprint Interval and Traditional Endurance Training in Humans." Journal of Physiology 586, no. 1 (2008): 151-60. Epub 2007 Nov 8.

Burleson, M. A., et al. "Effect of Weight Training Exercise and Treadmill Exercise on Elevated Post-Exercise Oxygen Consumption." Medicine and Science in Sports and Exercise 30 (1998): 518-22.

Carlson, O., et al. "Impact of Reduced Meal Frequency Without Caloric Restriction on Glucose Regulation in Healthy, Normal-Weight Middle-Aged Men and Women." Metabolism 56, no. 12 (2007): 1729-34.

Daussin, F. N., et al. "Effect of Interval Versus Continuous Training on Cardiorespiratory and Mitochondrial Functions: Relationship to Aerobic Performance Improvements in Sedentary Subjects." American Journal of Physiology: Regulatory, Integrative and Comparative Physiology 295 (2008): R264-72.

Dyck, D. J. "Leptin Sensitivity in Skeletal Muscle Is Modulated by Diet and Exercise." Exercise Sport Science Reviews 33, no. 4 (2005): 189-94.

Elliot, D. L., et al. "Effect of Resistance Training on Excess Post-Exercise Oxygen Consumption." Journal of Applied Sport Science Research 6, no. 2 (1992): 77-81.

Evero, N., et al. "Aerobic Exercise Reduces Neuronal Responses in Food Reward Brain Regions." Journal of Applied Physiology 112, no. 9 (2012): 1612-19. Epub 2012 Mar 1.

Finlayson, G. "Low Fat Loss Response After Medium-Term Supervised Exercise in Obese Is Associated with Exercise-Induced Increase in Food Reward." Journal of Obesity 2011 (2011). doi:10.1155/2011/615624. Epub 2010 Sep 20.

Hall, C., et al. "Energy Expenditure of Walking and Running: Comparison with Prediction Equations." Medicine and Science in Sports and Exercise 36, no. 12 (2004): 2128-34.

Hall, Kevin D., et al. "Quantification of the Effect of Energy Imbalance on Bodyweight." Lancet 378, no. 9793 (2011): 826-37. http://www.thelancet.com/journals/lancet/article/PIIS0140-6736%2811%2960812-X/abstract.

Haltom, R. W., et al. "Circuit Weight Training and Its Effects on Excess Post Exercise Oxygen Consumption." Medicine and Science in Sports and Exercise 31 (1999): 1613-18.

Heden, T., et al. "One-Set Resistance Training Elevates Energy

Expenditure for 72 H Similar to Three Sets." European Journal of Applied Physiology 111, no. 3 (2011): 477-84.

Helgerud, J., et al. "Aerobic High-Intensity Intervals Improve V02max More Than Moderate Training." Medicine and Science in Sports and Exercise 39, no. 4 (2007): 665-71.

Knab, A. M., et al. "A 45-Minute Vigorous Exercise Bout Increases Metabolic Rate for 14 Hours." Medicine and Science in Sports and Exercise 43, no. 9 (2011): 1643-48.

Kohler, J. J., et al. "Muscle Activation Patterns While Lifting Stable and Unstable Loads on Stable and Unstable Surfaces." Journal of Strength and Conditioning Research 24, no. 2 (2010): 313-21.

Kravitz, L. "Resistance Training: Adaptations and Health Implications." IDEA Today 14, no. 9 (1996): 38-46.

________. "New Insights Into Circuit Training." IDEA Fitness Journal 2, no. 4 (2005): 24-26.

________. "Aerobic and Resistance Training Sequence." IDEA Fitness Journal 4, no. 4 (2007): 20-21.

Melby, C., et al. "Effect of Acute Resistance Exercise on Post-Exercise Energy Expenditure and Resting Metabolic Rate." Journal of Applied Physiology 75 (1993): 1847-53.

Peterson, J. M., et al. "Ibuprofen and Acetaminophen: Effect on Muscle Inflammation After Eccentric Exercise." Medicine and Science in Sports and Exercise 35, no. 6 (2003): 892-96.

Samson, M., et al. "Effects of Dynamic and Static Stretching Within General and Activity Specific Warm-Up Protocols." Journal of Sports Science and Medicine 11 (2012): 279-85, http://www.jssm.org/vol11/n2/11/v11n2-11pdf.pdf.

Spennewyn, K. C. "Strength Outcomes in Fixed Versus Free-Form Resistance Equipment." Journal of Strength and Conditioning

Research 22, no. 1 (2008): 75-81.

Tabata, I., et al. "Effects of Moderate-Intensity Endurance and High-Intensity Intermittent Training on Anaerobic Capacity and VO2max." Medicine and Science in Sports and Exercise 28, no. 10 (1996): 1327-30.

Talanian, J., et al. "Two Weeks of High-Intensity Aerobic Interval Training Increases the Capacity for Fat Oxidation During Exercise in Women." Journal of Applied Physiology 102, no. 4 (2007): 1439-47.

Trapp, E. G., et al. "The Effects of High-Intensity Intermittent Exercise Training on Fat Loss and Fasting Insulina Levels of Young Women." International Journal of Obesity 32, no. 4 (2008): 684-91.

Wilkin, L. D. "Energy Expenditure Comparison Between Walking and Running in Average Fitness Individuals." Journal of Strength and Conditioning Research 26, no. 4 (2012): 1039-44.

OUTRAS REFERÊNCIAS

"The Best Diet Is the One You'll Follow." Harvard School of Public Health, November 11, 2012, http://www.hsph.harvard.edu/nutritionsource/healthyweight/best-weight-loss-diet/.

Brody, J. E. "An Oldie Vies for Nutrient of the Decade," February 19, 2008, http://www.nytimes.com/2008/02/19/health/19brod.html?_r=0.

Carolyn, R. "Does Exercise Make You Eat Less or More?" Healthy Eating Blog on Calorie Count, May 2, 2012, http://caloriecount.about.com/doesexercise-make-you-eat-less-b568816.

"Confirmed Again: Statin Drugs Accelerate Cardiovascular Disease."

Food Consumer, October 15, 2012, http://www.foodconsumer.org/newsite/Non-food/Drug/statin_drugs_accelerate_cardiovascular_disease_1015120825.html.

Connealy, L. E. "Aspartame: Is the Sweet Taste Worth the Harm?" Food Matters, April 28, 2010, http://www.foodmatters.tv/articles-1/aspartame-is-the-sweet-taste-worth-the-harm.

"Exercise Reduces Hunger in Lean Women but Not Obese Women." Endocrine Society, November 6, 2012, http://www.endo-society.org/media/ENDO-08/research/Exercise-reduces-hunger-in-lean-women.cfm.

"Fat Epidemic Linked to Chemicals Run Amok." MSNBC, March 8, 2010, http://www.msnbc.msn.com/id/35315651/ns/health-diet_and_nutrition/t/fat-epidemic-linked-chemicals-run-amok/#.UKAJy9UU-So.

Gorman, M. O. "A New Study Found That Just as Food Odors Can Trigger Hunger, Food Odors Can Also Activate Areas of the Brain That Trigger the Feeling of Fullness." Rodale, November 2011, http://www.rodale.com/appetite-control.

Haupt, A. "Food and Mood: 6 Ways Your Diet Affects How You Feel." U.S. News & World Report, August 31, 2011, http://health.usnews.com/health-news/diet-fitness/diet/articles/2011/08/31/food-and-mood-6-waysyour-diet-affects-how-you-feel.

Hopf, S.-M. "You Are What You Eat: How Food Affects Your Mood." Dartmouth Undergraduate Journal of Science, 2010, http://dujs.dartmouth.edu/fall-2010/you-are-what-you-eat-how-food-affects-your-mood.

"How the Smell of Food Affects How Much You Eat." Science Daily, March 19, 2012, http://www.sciencedaily.com/releases/2012/03/120321094137.htm.

"Inflammatory Pathway Genes Belong to Major Targets of Persistent Organic Pollutants in Adipose Cells." Environmental Health Perspectives 120, no. 4 (2012): 508-14. doi: 10.1289/ehp.1104282, PMCID: PMC3339464. Epub January 19, 2012.

"Is There Any Nutritional Difference Between Wild-Caught and Farm--Raised Fish? Is One Type Better for Me than the Other?" George Mateljan Foundation, 2010, http://www.whfoods.com/genpage.php?tname=george&dbid=96.

Jennings, T. "Does Your Body Burn More Calorias if You Are Hot or if You Are Cold?" Livestrong, August 24, 2011, http://www.livestrong.com/article/526014-does-your-body-burn-more-calories-if-you-are-hot-or-if-you-are-cold/#ixzz2BxxBz5Y9.

Krieger, E. "Bigger Portions of the Right Foods Can Help Dieters." USA Today, September 18, 2012, http://usatoday30.usatoday.com/news/nation/story/2012/09/18/bigger-portions-of-the-right-foods-can-help-dieters/57802742/1.

Larson, N. I., et al. "Making Time for Meals: Meal Structure and Associations with Dietary Intake in Young Adults." Journal of the American Dietetic Association 109, no. 1 (2009).

Leong, K. "Does Drinking Cold Water Burn Calorias,?" Yahoo Voices, May 10, 2010, http://voices.yahoo.com/does-drinking-cold-water-burncalorias-5994106.html?cat=51.

Main, E. "Your Allergy Meds Could Be Making You Fat." Women's Health Magazine, May 15, 2012, http://www.womenshealthmag.com/health/allergy-side-effects.

"Mood-food Connection: We Eat More and Less-Healthy Comfort Foods When We Feel Down, Study Finds," Cornell University Chronicle, January 23, 2007, http://www.news.cornell.edu/stories/Jan07/food.mood.sl.html.

"Morning Workout Benefits Include Curbing Appetite and More," Huffington Post, September 12, 2012, http://www.huffingtonpost.com/2012/09/20/morning-workouts-curb-appetite_n_1900889.html.

"New Almond Study Finds Chewing Is More than Meets the Mouth: Thorough Chewing," Reuters, May 7, 2009, http://www.reuters.com/article/2009/05/07/idUS212378+07-May-2009+PRN20090507.

"NSAIDs (Ibuprofen, Acetaminophen/Paracetamol) for Runners, Impairs Healing and Interferes with Hydration," August 19, 2011, http://fellrnr.com/wiki/NSAIDs_and_Running.

"Obesogens: An Environmental Link to Obesity." Environmental Health Perspectives, U.S. National Library of Health, National Institutes of Health, February 2012, http://www.ncbi.nlm.nih.gov/pmc/articles/PMC3279464/.

O'Calaghan, T. "Study: Quick Weight Loss May Yield Lasting Results." Time, May 6, 2010, http://healthland.time.com/2010/05/06/study-quickweight-loss-may-yield-lasting-results/#ixzz2ByKKZvDG.

Parker-Pope, T. "The Risks and Rewards of Skipping Meals." New York Times, December 26, 2007, http://well.blogs.nytimes.com/2007/12/26/the-risks-and-rewards-of-skipping-meals/.

"Research Summary: Dairy and Healthy Weight," National Dairy Council, 2012, http://www.nationaldairycouncil.org/Research/ResearchSummaries/Pages/DairyandHealthyWeightResearchSummary.aspx.

Sawyers, M. "CHR Study Finds Keeping Food Diaries Doubles Weight Loss." Center for Health Research, July 8, 2008, http://www.kpchr.org/research/public/News.aspx?NewsID=3.

"The Secrets to Weight Loss: Keep a Food Journal, Don't Skip

Meals, Eat In." Time, July 13, 2012, http://healthland.time.com/2012/07/13/the-secrets-toweight-loss-keep-a-food-journal-dont-skip-meals-eat-in/#ixzz2BwmXeV7k.

Shy, Leta. "Comment on 'Why Exercise Makes You Eat More,'" Fitsugar Blog, April 18, 2012, http://www.fitsugar.com/Why-Exercise-Makes-You-Eat-More-22721812#comments.

Song, S. "What Does a Clean House Have to Do with Health?" Time, June 2, 2010.

Springen, K. "Pets: Good for Your Health?" Daily Beast, January 10, 2008, http://www.thedailybeast.com/newsweek/2008/01/10/pets-good-for-yourhealth.html.

"Vacations Provide Mental Health Benefits for Women," Marshfield Clinic, November 28, 2005, http://www.marshfieldclinic.org/patients/?page=newsreleases&id=2831.

Warren, E. "You'll Buy Less Junk Food If You Pay in Cash." Chicago Tribune, January 25, 2012, http://articles.chicagotribune.com/2012-01-25/health/schealth-0125-bit-of-fit-20120125_1_junk-food-credit-card-cash.

"When 3,500 Calorias Do Not Equal a Pound: New Study," Stone Hearth News, August 26, 2011, http://www.stonehearthnewsletters.com/when-3500-calorias-do-not-equal-a-pound-new-study/exercise/.

"A Widely Used, Understudied Chemical Alters Inflammation." Environmental Health News, December 12, 2008, http://www.environmentalhealthnews.org/ehs/newscience/a-widely-used-understudied-chemical-alters-inflammation.

Wilcox, C. "Understanding Our Bodies: Serotonin, the Connection Between Food and Mood." Nutrition Wonderland, J une 2 4, 2 009, h ttp://nutritionwonderland.com/2009/06/understanding-bodies-serotonin-connection-between-food-and-mood/.

Woodward, M.; Tunstall-Pedoe, H. "Coffee and Tea Consumption in the Scottish Heart Health Study Follow Up: Conflicting Relations with Coronary Risk Factors, Coronary Disease, and All Cause Mortality." Journal of Epidemiological and Community Health 53 (1999): 481-87, doi:10.1136/jech.53.8.481.

"Yogurt Increases Fat Loss, UT Study Shows," Tennessee Today, University of Tennessee, April 14, 2003, http://www.utk.edu/tntoday/2003/04/14/yogurt-increases-fat-loss-ut-study-shows/.

Zerbe, L. "Does This Chemical Make Me Look Fat? 'Obesogens' Lurk All Around Us." Rodale, February 24, 2012, http://www.rodale.com/obesogens.

Agradecimentos

Meus agradecimentos especiais vão para a minha equipe incrível na Empowered Media: Ray, Julie, Danny, Autumn, Brittany e Erica. Eles trabalham incansavelmente para tornar o mundo um lugar melhor – especialmente meu sócio Giancarlo Chersich. Você é um amigo querido e meu companheiro mais fiel de batalha.

Para a minha incansável e extremamente paciente editora, Heather Jackson, que me guiou com rapidez e sucesso, o tempo todo, com verdade e excelência.

Para as equipes da Crown Publishing, Archetype e Harmony Books, por sempre me apoiarem.

Para minha talentosa e sábia conselheira e parceira na escrita, Linda Shelton.

Para meu destemido advogado, David Markman.

Para meus colegas na Everyday Health que cuidam do jillianmichaels.com.

E, claro, para a minha família linda: Heidi, Lu e Phoenix. Obrigada pelo amor e apoio. Vocês estão sempre no meu coração.

Índice remissivo

Nota: os números em ***itálico*** indicam as receitas.